LA RUSSIE

AU BAN DE L'UNIVERS

ET DU CATHOLICISME.

LA
RUSSIE
AU BAN DE L'UNIVERS

ET DU CATHOLICISME,

PAR

ADRIEN PELADAN,

De l'académie des Arcades de Rome,

ANCIEN RÉDACTEUR EN CHEF DE L'ÉTOILE DU MIDI.

PARIS ET LYON,

St.-H. BLANC ET Cie.

—

1854.

Roanne. — Imprimerie de FERLAY.

Ce Livre, dicté par le patriotisme et par la foi, est, sur une
échelle réduite, la représentation de la Russie politique et sociale. Ce panorama de faits effroyables demandait à être placé
sous les yeux de tous, dans son rigoureux ensemble. A ces
titres divers, ces pages sont mises sous la sauvegarde des
hommes de principes et de bonne volonté, et par eux, elles
s'adressent à cette considérable partie du public à qui l'empire moscovite est si peu connu, dans les us et coutumes de
ses habitants, dans les intentions, dans la conduite de ses
maîtres.

Les premiers chapitres de cet écrit, consacrés à des considérations générales, sont l'acheminement aux questions pal-
pitantes du moment, auxquelles ils servent de portique ; les
considérations sur les événements actuels embrassent les dernières parties du travail. Ce que nous avons à cœur de signaler en débutant, c'est le fracas d'orthodoxie et de sainteté
prétendues, fait par l'empereur Nicolas, à propos d'une guerre
entreprise et provoquée par une longue suite de perfidies.
Le Czar, qui tend à détruire le Catholicisme, qui passionne
ses peuples en les assurant que l'Occident, qualifié par lui
d'idolâtre, veut leur enlever leur croyance, ne s'attend-il pas
à rencontrer, dans l'intervention de la France, une haute et
légitime pensée de religion, un esprit de croisade ? Notre pa-

trie est le bras droit du Catholicisme. Le pouvoir n'a pas démenti cette prérogative, puisqu'il a chassé la révolution du Vatican, où l'Autocrate l'avait poussée (1). N'est-ce pas bien interpréter les intentions du Gouvernement, après cette délivrance de la Jérusalem nouvelle, que de croire à la portée religieuse envisagée par lui dans sa part à la guerre d'Orient ? Pourquoi d'ailleurs aurait-il placé ses armes sous la protection divine, si cette vue n'était la sienne ?

Il y a donc à se préoccuper de quelque chose de plus, dans l'appui donné à la Turquie, que de sauver l'indépendance de Constantinople ; c'est la volonté de favoriser, de hâter le retour de l'Occident au Christianisme, au respect de la morale, l'un et l'autre trop oubliés. Qui oserait se dissimuler que la société européenne n'est pas rentrée dans les voies régulières que Dieu ne déserte pas, où il se plaît à conduire les générations, et que les flots humains du Nord, qui plusieurs fois ont visité la vieille Europe, pour la châtier providentiellement, sont de nouveaux mutinés, plus pressés que jamais, pour la submerger encore, si elle persiste dans son indifférence pour la vertu.

Mais en fait de démoralisation, la Russie n'en est-elle pas autrement saturée que tout le reste du monde, elle qui sue la dépravation par tous les pores ; et partant n'est-elle pas bien moins à l'abri des colères d'en-haut ? Qu'une pensée éminemment évangélique soit donc l'esprit qui souffle sur nos drapeaux, pour les diriger dans une entreprise de laquelle dépend la civilisation du monde, et l'expiation sera réservée à l'injurieux potentat, aux 70,000,000 d'hommes qui menacent l'univers, et le Gouvernement français, que son initiative, son activité dans les préparatifs de la lutte honorent déjà, aura commandé, pour cette mémorable campagne, à toutes les généreuses sympathies.

(1) Il sera ultérieurent parlé de cette grave circonstance, ainsi que de l'action révolutionnaire de la Russie sur tous les continents et dans tous les royaumes

Préliminaires.

—

Tout ce qui, dans notre patrie, n'est pas abusé par des considérations captieuses ou par l'esprit de parti, trop souvent immolateur de l'esprit national, a applaudi à l'initiative de la France, dans la résistance qui est opposée aux envahissements de l'Autocrate. Ce souverain, digne émule de son devancier, Pierre Ier, s'est écrié comme lui. « Dieu n'a fait qu'une Russie, nulle puissance ne doit lui être égale. » Nicolas a ensuite épousé sans restriction la politique et les projets de son aïeul, et se proposant d'être le héros ou plutôt le conquérant de son époque, il s'est mis en marche, aspirant à l'empire de l'univers.

L'empereur de Russie règne sur un territoire plus étendu que celui de l'empire romain, sur soixante millions d'habitants, où l'on trouve à peine, en comptant bien, douze ou quinze cent mille hommes libres, propriétaires, employés ou marchands, le reste étant comme n'étant pas, ou ne fonctionnant que pour le maître des maîtres, le Czar, qui s'estime un Dieu. Non satisfait de cette incommensurabilité de pays et de cette population abondante qui rampe à ses pieds, l'Autocrate, par ses calculs subtils, par sa diplomatie tortueuse, s'est promis d'attacher à son char les autres potentats de la terre. On se figure le peu de prix qu'un pareil monarque attache au sang versé, le sans-gêne avec lequel il remplit les coffres de l'Etat, et dispose ensuite à son gré de ces monceaux d'or humide de la sueur et des larmes de ses sujets.

Les tendances envahissantes remontent haut dans les annales de la Russie; mais ce fut le czar Pierre, comme nous le verrons bientôt, qui arrêta le système des conquêtes. Remplissant ponctuellement les préliminaires du programme laissé, les Czars, depuis Pierre, ont arrondi leurs possessions de toutes les provinces limitrophes qu'ils ont pu, n'importe comment, s'approprier. Le grand pas à faire, celui qui fraie le chemin à la domination attendue, c'est l'obtention de Constantinople, objet constant des convoitises de tous les successeurs de Rourik. Nicolas, encore plus dévoré que ses devanciers, de ce fiévreux et héréditaire désir, a cru le moment venu de transférer sa capitale, si bien nommée un camp de lattes et de plâtre, malgré sa magnificence, dans la métropole baignée par le Bosphore et dont la position est incomparable.

La religion, dont les Autocrates font parade, est pour eux un mot, un moyen, un levier: la religion, c'est l'amour de Dieu et de nos semblables; les Czars n'aiment que leur orgueil. Louis IX était religieux; car, ne croyant pas équitablement pouvoir garder Perpignan, acquis à la couronne avant son avènement, il rendit volontairement cette place aux Aragonais; le cri incessant des princes Russes, des uns aux autres, est celui-ci : Envahissons! envahissons! Un prélat de la maison de Fitz-James refusa l'absolution à Louis XV, parce que ce monarque avait chez lui une favorite, et le roi de France rougissant, s'inclina devant la noble sévérité épiscopale; Pierre Iᵉʳ narguait les prélats schismatiques, et se substituait à eux dans l'ordre spirituel, en leur disant : Le patriarche, c'est moi! » Napoléon, à Sainte-Hélène, gourmandait en ces mots le fidèle Bertrand, qui doutait de la divinité de Jésus-Christ : «Vous ne comprenez pas que Jésus-Christ est Dieu; eh bien! j'ai eu tort de vous faire général. » L'empereur Alexandre, qui assistait un jour à la messe, dans un village, et se jouant de la piété, s'approcha du prêtre pour lui baiser la main, que l'officiant retira par respect pour son souverain : « Veux-tu me donner la main, *iebo namat* (j. f.), » lui dit-il, faisant ainsi comprendre qu'il mystifiait les paysans.

Religion et politique, pour les Autocrates, c'est une seule et même chose : ne sont-ils pas empereurs et pontifes tout ensemble? Ces forces positives concentrées en leurs personnes, sans contrepoids ni contrôle, ont inévitablement aveuglé les souverains Moscovites. D'ailleurs, ils ont sucé l'idée de la toute-puissance avec le lait; elle leur a été infiltrée par tous les pores, au moyen d'une éducation qui ne varie jamais : ayant ensuite la transmission d'un sang si malheureusement connu par les excès ou les fureurs du despotisme, un czar peut-il être différent, quand il a une organisation vigoureuse, de ce que nous voyons Nicolas? Maître absolu de ses sujets, païen avec des formes pieuses, affectant de poursuivre pour Dieu une gloire, une renommée uniquement recherchée pour lui, il considère indifféremment les convulsions qui risquent d'ébranler la terre et de remplir les royaumes de désolation.

On ne saurait refuser un talent supérieur à l'Autocrate: il n'invente rien, il est vrai; car, architecte du moment, il poursuit les plans d'un architecte antérieur; mais toutes ses idées préconçues, dénotent qu'elles ne datent pas d'hier, et le penseur s'étonne que les desseins mitonnés depuis trente ans dans l'esprit de ce roué illustre, aient échappé, jusqu'à la question des Lieux-Saints, aux esprits perspicaces de la politique. C'est sans doute que nos temps ont eu plus de brillant que de profondeur, plus d'éclat que de portée réelle. Cela est manifeste: car Nicolas, depuis son intronisation, négocie d'une part, de l'autre se prépare à la guerre pour obtenir Constantinople. Sur les dernières années de la Restauration, il avait offert à Charles X, par un remaniement de la carte d'Europe, les limites des Alpes et du Rhin; l'Autriche recevait aussi quelque dédommagement, et le Czar allait s'installer dans la riante Stamboul; mais l'exilé de Goritz se garda, en roi chevalier, du piége qui lui était tendu. Les forces maritimes qu'on pensait inutiles à la Russie, les évolutions militaires dont, à Pétersbourg, la fréquence surprenait les voyageurs, l'état permanent de guerre de l'armée, tout décelait la conflagration qui éclate.

Nicolas, prenant enfin conseil de ses instincts, parmi lesquels se loge le fatalisme, et redoutant sans doute de mourir avant d'avoir tenté de mener à fin ses entreprises, puisqu'il n'aboutissait pas par l'astuce diplomatique, a fini par jeter le gant à l'Europe, et il s'est avancé avec ses Slaves, ses Finois, ses Cosaques et ses Tartares. Il est vrai qu'il s'attendait peut-être à ce que ses menées en Grèce, en Perse, en Servie, dans le Monténégro, en Allemagne, auraient un meilleur sort que cela n'a lieu. Quoi qu'il en soit de ses efforts corrupteurs et excitateurs, autour comme au loin de ses frontières, il n'en est pas moins maintenant en présence de deux nations qui ont pour aïeux Philippe-Auguste et Richard-Cœur-de-Lion : attendons le sort des combats ; la bonne cause des alliés, égale à leur valeur, leur est d'avance le gage et le garant du succès.

L'empereur de Russie a cru l'Europe déchue, parce qu'à travers les brumes qui enfument sa capitale, il a observé de son regard pénétrant la grande consommation d'intelligence qui a eu lieu en Occident, sans beaucoup de profit, depuis le commencement du siècle. Le génie militaire de Napoléon, encore si débordant de sève lorsque la fortune l'abandonna, avait paru en effet se deverser çà et là dans la littérature, dans les arts, dans les sciences exactes. Chacune de ces branches de l'entendement se dilatant sur le vaste tronc de la pensée, étala d'abord une végétation luxuriante, promettant des fruits miraculeux ; mais des souffles corrosifs ont desséché ces magnifiques espérances et les ont emportées : la littérature a fini presque par se résumer dans les futilités du roman ; la philosophie s'est précipitée dans l'utopie et dans le rêve ; l'art n'a plus rien produit bientôt de monumental et de sublime ; la science positive seule a tenu ses promesses. Mais si les progrès de l'industrie, de la mécanique, contribuent à la prospérité des États, c'est à la partie la plus éthérée de la pensée à veiller à leur conservation et à leur gloire. La halte des hautes conceptions artistiques et scientifiques dont nous sommes témoins a donc été, pour Nicolas, un signal de départ : car le litige des Lieux-Saints n'est pour ce monarque qu'un échappatoire.

Toutefois, était-elle donc bien secrète l'ambition de la Russie, pour qu'on fermât ainsi les yeux sur ses préparatifs, et pour n'être point prévenu de ce qui se dessinait ostensiblement pour un avenir prochain ? Mably, J.-J. Rousseau, d'Argenson et autres écrivains n'avaient-ils pas, de leur temps, jeté le cri d'alarme ? Cet avertissement n'arriva pas alors jusqu'aux cabinets de l'Europe, comme aussi depuis 1830 jusqu'à nos dernières dissensions publiques, ces cabinets occupés de paperasses et enfermés dans les détours de la bureaucra-

tie, n'ont pas pensé au-delà de ce cercle borné.
Depuis quinze ans, cependant, des esprits d'élite
avaient dans plusieurs écrits courageux arraché
le masque sous lequel l'Autocrate se cachait : le
testament de Pierre Ier n'était pas ignoré,
et les parties de détail qu'il renferme recevaient
leur scrupuleuse application. Les statistiques si-
gnalaient depuis 1832, un excédant de naissances
sur les morts de un et demi, accroissement qui
dans le délai d'un siècle doit tripler la population de l'empire. Cette dernière considération était
de nature à éveiller l'attention sur un pays qui
depuis quatre siècles n'a pas discontinué de se
dilater. Devait-on d'ailleurs oublier un seul jour
la faute commise par la France et par les contrées voisines, d'avoir laissé usurper et diviser la
Pologne, le boulevard de l'Occident contre les ex-
tensions de la Russie, boulevard qui eût été gardé par un peuple chevaleresque, depuis sa chute
si déplorablement asservi et décimé? Celui qui écri-
rait aujourd'hui l'histoire de la campagne de
1812, appréciée de trop bas par le plus grand
nombre, jugerait aujourd'hui, en principe du
moins, cet événement, sous un point de vue différent de ce qui a eu lieu.

C'est donc ainsi que Nicolas, observant l'anarchie des idées en Europe, et sachant bien que
les grandes puissances, émues encore des com-
motions qui ont marqué les dernières années,
se souciaient peu de la guerre, a choisi ce moment pour commencer sa route de feu. Qui ne

pénètre pas ses calculs? Son or soldera l'insurrec
tion partout où elle pourra créer des embarras
à la Turquie; il promettra monts et merveilles
à tout ce qu'il pourra attirer dans son alliance,
sauf à ne jamais tenir parole, ou à reprendre,
après l'accomplissement des faits, ce qu'il aura
momentanément cédé. « Serais-je réduit à mes
seules ressources, s'est-il dit enfin à lui-même,
mes flottes resteront à l'abri dans les ports de
Kronstadt et de Sébastopol; j'éviterai les rencontres avec les forces unies; je ferai traîner la guerre en longueur, ne livrant pas de batailles, mais
m'en tenant à des escarmouches. Kronstadt a des
forteresses inexpugnables. Huit mois de l'année,
les glaces protégent cette place; les distances
de mon empire et les frimas me mettraient à l'a-
bri d'une invasion, si je n'avais à opposer des
forces colossales. En attendant, la Turquie, la
France, l'Angleterre gêneront leurs finances:
elles se dégoûteront, et la partie me restera
quand même. » Erreur! Sire, les armées alliées
de l'Occident opposeront à l'astuce temporisatrice
le génie de l'activité et le courage qui les anime;
elles savent le rang auquel les réduirait Constantinople sous le joug moscovite; et Sébastopol,
Kronstadt, Pétersbourg et vos flottes en cendres,
donneront raison au bon droit des troupes anglo-
françaises et des Turcs. Odessa a reçu une foudroyante visite, et n'a dû d'être épargnée en-delà
du port et des batteries, qu'à la clémence de
l'escadre assaillante. Cette généreuse modéra-

tion ne perd rien devant l'étrangeté comique du *Te Deum* commandé par vous, en mémoire d'un prétendu prodige dont l'invocation vous couvre au moins de ridicule.

L'ardeur des corps expéditionnaires, la promptitude avec laquelle a été effectué l'emprunt du Gouvernement, proclament ce qu'est toujours et ce que peut la France. Seulement les hommes de cœur ont regretté l'engourdissement du génie poétique, qui n'a pas exalté un mouvement tout national dans notre pays, par quelques-uns de ces hymnes frappés au coin de l'inspiration patriotique. C'est là une preuve de ce que nous avons avancé touchant l'atténuation de la robusticité intellectuelle de nos temps.

Les nations ne sont grandes et ne s'élèvent que par la glorification des lois éternelles, le respect des mœurs, le culte de la famille, le beau dans les arts, la justice pour tous. C'est la religion qui alimente ces sources de fécondation et de bien-être. Si les croyances disparaissent, ces réservoirs de conservation s'épuisent, et l'humanité laissée à elle-même, sent la tête lui tourner, et elle tâtonne dans l'obscurité, comme un aveugle qui palpe le mur pour s'assurer de son chemin. Pourquoi tergiverser? Pourquoi ne pas aborder de front l'indifférentisme de nos jours, et le persuader au moins au nom de son égoïsme, si ce n'est par son dévoûment à la vérité, que l'absence de la foi conduit aux abîmes? Numa, Zoroastre, Moïse, tous les fondateurs et les réformateurs des peuples, ont créé par la religion.

Le Christ a recueilli le monde expirant de consomption morale, et l'a vivifié sur le sein de sa doctrine adorable. Abdel-Kader, ce chef hardi qui a tenu tant d'années nos soldats en haleine, n'enhardissait ses compagnons d'armes que par l'ascendant religieux. Cherchez maintenant les peuples où les autels ont été désertés ou pollués; le terme de leur existence a été le terme de leur foi. Où sont les Juifs comme corps de nation? Où sont les Grecs du Bas-Empire? Où en a été la France, il y a soixante ans, après la déchéance de l'Evangile? Aux tueries, aux renversements de 1793. Hé bien! si nous ne revenons pas sur nos pas, si l'Europe ne redevient pas chrétienne, de sceptique, d'incrédule qu'elle se trouve, Dieu lui fait entendre au loin un nouveau bruit de peuples barbares, et la prévient qu'on ne brave pas impunément ses préceptes, les principes immuables de sa justice. Les hordes du Nord châtiées, iront végéter à jamais dans leurs steppes arides, si nous demeurons des hommes sociaux dans la société; l'Europe s'expose à payer chèrement ses erreurs et son mépris pour les avertissements d'en-haut, si elle persiste à refuser à Dieu ce qui lui est dû; les descendants des Huns et des Tartares, pour qui nous partageons actuellement un si légitime dédain, sont dans les mains du Tout-Puissant, qui les rendra, si cela lui plaît, les vengeurs providentiels de son nom méprisé.

Mais nos armées, notre jeunesse, nos fortunes!..
Tout devient inutile quand il n'y a plus de cohé-
sion parmi les citoyens, qui ne sauraient être rap-
prochés, si ce n'est par l'attraction surnaturelle
du vrai et de l'honnête. Quand les saintes aspirations de la morale, de la vertu, de la sagesse,
ont cédé la place à l'immoralité, à la dépravation, à l'adoration de la matière, les plus terribles appareils sont bientôt anéantis ; les corps
belligérants les plus colossaux et les mieux disci-
plinés, sont détruits par des agents invisibles ou
imprévus, comme les 185,000 guerriers de Sen-
nacherib, en une nuit, sous les murs de Jérusalem; l'homme s'agite, en un mot, et Dieu le mène.
Contemplez plutôt cette grande armée qui part
pour la Russie, en 1812 : tout plie devant elle,
tout lui cède; encore une victoire, et l'empire du
monde sera à la veille d'être réalisé, sous le
sceptre du plus étonnant capitaine de tous les
siècles, avec la nation la plus polie et la plus
instruite des temps modernes, pour point de
mire et pour centre... L'incendie d'une capitale
brûlée par ses propres maîtres, et les frimas an-
ticipés d'un hiver extraordinaire, ont détruit
tant de superbes bataillons, empêché peut-être
l'établissement le plus prodigieux qui ait jamais
préoccupé un sublime cerveau.

Retournons au peuple Russe, dont M. de Custine disait en 1839: « Tout est obscur dans l'a-
venir du monde; mais ce qui est certain, c'est
qu'il verra d'étranges scènes qui seront jouées de-

vant les nations par cette nation prédestinée. »

Ne sera-t-on pas saisi par la citation suivante due aux *Révélations sur la Russie, par un Résident Anglais* : « Excitées ensuite (les races Cosaque, Mongole, Tartare), par l'attrait des conquêtes et le génie de la destruction, ces bandes réunies au nombre de 700,000 guerriers, sous la conduite d'un chef Mongol, le célèbre Timugen, plus connu sous le titre pompeux de Gengis, ou le plus grand, portent leur domination et leurs ravages au nord, au midi, à l'est, à l'ouest. Quelques années après, leurs successeurs s'élancent des murs de Pékin aux rives de la Baltique, marquant partout par le feu et le sang leur passage. A la bataille de Lignitz, où ils vainquirent le grand-duc de Silésie, des palatins de Pologne et le grand-maître de l'ordre Teutonique, ils remplissent neufs sacs des oreilles droites des guerriers tués pendant le combat, et mettent ainsi en péril l'existence du monde chrétien. Rentrés dans leurs déserts, quand la fièvre des conquêtes et des aventures a commencé de se calmer parmi eux, on voit les successeurs de Gengis, après leur repas de mouton rôti et de lait de jument, se partager pour butin cinq cents chariots chargés d'or et d'argent.

» Deux siècles après, le même esprit d'envahissement, sous Timour le Tatar, se renouvelle avec une violence près de laquelle pâlissent tous les exploits de ses prédécesseurs. Ce guerrier boîteux, pâtre sanguinaire, philosophe envahisseur, législateur sans foi, soumet dans une longue carrière de sang et de rapines, la Perse, la Géorgie, la Tartarie actuelle, la Russie, l'Inde, la Syrie, l'Anatolie, et mérite le nom de fléau du genre humain, en immolant dix-huit millions de ses semblables en trente-cinq années. Telle fut la terrible mission des hordes Tartares et Mongoles.

» C'est une question de savoir si ces tribus réunies furent jamais plus nombreuses qu'elles ne le sont à présent : mais quoique séparées les unes des autres, sans rapport entre elles et gardées à vue, si elles ne semblent pas plus à craindre pour l'Europe que les *Romains modernes*. Cependant personne ne peut prévoir que leur ancien esprit de conquête ne sera pas réveillé un jour par le gouvernement Russe, et employé avec succès à l'extension de sa domination sur les côtes Asiatiques.

» Elles possèdent encore la même force de persévérance, la même faculté d'affronter le désert ; ce qui fait que des obstacles insurmontables à toute autre race sont pour elles de simples difficultés. »

Ecoutons maintenant l'autorité du génie, celle de Napoléon méditant sur la situation des esprits en Occident : « L'anarchie intellectuelle que nous subissons, a-t-il dit, est une suite de l'anarchie morale, de l'extinction de la foi et de la négation des principes qui a précédé. — Bientôt nous subirons les convulsions de l'anarchie matérielle ; quand les riches auront mis tout frein de côté, le peuple se précipitera aussi vers les jouissances matérielles. L'Europe est atteinte du mal de l'idéologie, mal incurable ! elle en mourra ! »

Laissons enfin parler Bossuet, prouvant de toute la hauteur de sa logique, l'action de la Providence dans les événements humains : « Ce long enchaînement de causes particulières, qui font et défont les empires, dépend des ordres secrets de la divine Providence. Dieu tient du haut des cieux les rênes de tous les royaumes ; il a tous les cœurs en sa main : tantôt il retient les passions, tantôt il leur lâche la bride, et par-là, il remue tout le genre humain. Veut-il faire des législateurs ? Il leur envoie son esprit de sagesse et de prévoyance ; il leur fait prévenir les maux qui menacent les états, et poser les fondements de la tranquillité publique ; il connaît la sagesse humaine toujours courte par quelque endroit, il l'éclaire, il étend ses vues, et puis, il l'abandonne à ses ignorances : il l'aveugle, il la précipite, il la confond par elle-même : elle s'enveloppe, elle s'embarrasse dans ses propres subtilités, et les précautions lui sont un piége. Dieu exerce par ce moyen ses redoutables jugements, selon les règles de sa justice toujours infaillible. C'est lui qui prépare les effets dans les causes les plus éloignées, et qui frappe ces grands coups, dont le contre-coup porte si loin. Quand il veut lâcher le dernier et renverser les empires, tout est faible et irrégulier dans les conseils. L'Egypte, autrefois si sage, marche enivrée, étourdie et chancelante, parce que le Seigneur a répandu l'esprit de vertige dans ses conseils : elle ne sait plus ce qu'elle fait, elle est perdue. Mais que les hommes ne s'y trompent pas : Dieu redresse, quand il lui plaît le sens égaré ; et celui qui insultait à l'aveuglement des autres, tombe lui-même dans des ténèbres plus épaisses, sans qu'il faille souvent autre chose pour lui renverser le sens, que ses longues prospérités.

» C'est ainsi que Dieu règne sur tous les peuples. Ne parlons plus du hasard ni de la fortune, ou parlons-en seulement comme d'un nom dont nous couvrons notre ignorance. Ce qui est hasard à l'égard de nos conseils incertains, est un dessein conçu dans un conseil plus haut, c'est-à-dire dans ce Conseil éternel, qui renferme toutes les causes et tous les effets dans un même ordre. De la sorte, tout concourt à la même fin, et c'est faute d'entendre le tout, que nous trouvons du hasard ou de l'irrégularité dans ces rencontres particulières.

» Par-là se vérifie ce qu'a dit l'Apôtre, que « Dieu est heureux et le seul puissant roi des rois, et Seigneur des seigneurs. » Heureux, dont le repos est inaltérable ; qui voit tout changer sans changer lui-même, et qui fait tous ces changemens par un conseil immuable, qui donne et qui ôte la puissance, qui la transporte d'un homme à un autre, d'une maison à une autre, d'un peuple à un autre, pour montrer qu'ils ne l'ont que par emprunt, et qu'il est le seul en qui elle réside naturellement.

» C'est pourquoi tous ceux qui gouvernent se sentent assujétis à une force majeure. Ils font plus ou moins qu'ils ne pensent, et leurs conseils n'ont jamais manqué d'avoir des effets imprévus. Ni ils ne sont maîtres des dispositions que les siècles passés ont mises dans les affaires, ni ils ne peuvent prévoir le cours que prendra l'avenir, bien qu'ils le puissent forcer. Celui-là seul tient tout en sa main, qui sait le nom de ce qui est, et de ce qui n'est pas encore, qui préside à tous les temps, et prévient tous les conseils.

» Alexandre ne croyait pas travailler pour ses capitaines, ni ruiner sa maison par des conquêtes. Quand Brutus inspirait au peuple romain un amour immense de la liberté, il ne songeait pas qu'il jetait dans les esprits le principe de cette licence effrénée, par laquelle la tyrannie qu'il voulait détruire devait être un jour rétablie plus dure que sous les Tarquins. Quand les Césars flattaient les soldats, ils n'avaient pas dessein de donner des maîtres à ses successeurs et à l'empire. En un mot, il n'y a point de puissance humaine qui ne serve malgré elle à d'autres desseins que les siens. Dieu seul sait tout réduire à sa volonté ; c'est pourquoi tout est surprenant, à ne regarder que les causes particulières, et néanmoins tout s'avance avec une suite réglée. »

La longueur de ces citations n'a pas rebuté l'auteur de cet écrit : outre la majesté du langage qui entraîne, ne sommes-nous pas en face des destinées de l'Europe, et en particulier de notre patrie? Si les nations Occidentales sont dévoyées, n'en doutons pas, elles retrouveront leur route en regardant le ciel; et la Russie qui prétend forger des fers, pour en charger l'univers, sera refoulée, vaincue et amoindrie. Fille aînée du catholicisme, terre classique de l'indépendance et de l'honneur, c'est surtout notre France que hait le Czar-pontife, dont le double pouvoir repose sur un double schisme, sur le mensonge et sur l'oppression; c'est bien contre notre patrie qu'il a, en pleine paix, tenté naguère de former une nouvelle coalition diplomatique, en attendant de la rendre coalition armée. Ces vérités sont élémentaires et ne sauraient trop être popularisées. Le mot impie d'un homme d'état: « La France devrait sacrifier son dernier homme et son dernier écu pour conserver la révolution de juillet, » devient en l'appliquant à la guerre présente, un noble cri de ralliement : « La France doit sacrifier son dernier homme et son dernier écu, plutôt que de s'exposer à devenir la vassale du géant Moscovite. »

Que l'on ne soit pas surpris de l'hypothèse d'une visite armée de la part des Russes : Nicolas a-t-il rien épargné pour capter l'Angleterre, pour abuser l'Autriche, la Prusse, et sacrifier la France, une fois qu'elle serait mise à l'écart? Que les esprits prévenus ou peu initiés aux questions dont il s'agit, y songent; ils justifieront le langage qui précède, et tireront des conclusions identiques à celles de cet exposé.

« C'est un fait qui éclate maintenant à tous les yeux : Une guerre européenne a été rendue imminente par l'ambition, les intrigues, la duplicité de la Russie.... La Russie a pris une position qui doit nécessairement, si elle n'est pas dépossédée, la conduire, dans un temps donné à Constantinople, d'où elle dominerait l'Europe et l'Inde.

» Veut-on ou ne veut-on pas que le programme de Pierre Ier s'accomplisse? On ne le veut pas, dit-on ; hé bien ! c'est non-seulement la guerre entre la Turquie et la Russie, c'est immédiatement ou dans six mois, ou dans un an, une guerre européenne ; car tous les projets sont à jour, toutes les tromperies éventées.

» Devant une telle perspective, il y a économie, dignité, bénéfice de toute nature à entrer sans délai dans une action décisive (1). » C'est ce qu'ont fait collectivement la France et l'Angleterre par leur commune intervention. Ces deux anciennes rivales désormais réconciliées, se sont armées pour une autre croisade. Dieu le veut, ont-elles dit dans leur cœur ! — Elles triompheront !

Cela posé, le but de ce livre sera de mettre à nu la hideuse et formidable machine que la main vigoureuse de l'Autocrate fait mouvoir. Nous descendrons, sous le double rapport politique et religieux, dans les entrailles de ce colosse qui a nom la Russie, et dont l'organisation se compose d'une foule de rouages et d'agencements mystérieux et aveugles, donnant pour résultat une force maté-

(1) Lamarche : *Les Turcs et les Russes.*

rielle énorme. L'analyse des éléments qui ont concouru à cette vaste combinaison, présente une étude d'une haute gravité, et sur laquelle on nous semble n'avoir encore publié qu'une partie de ce qui est. La plupart des ouvrages composés jusqu'à présent sur la Russie, moins dans les derniers temps, sont remplis d'erreurs ou d'omissions capitales, échos qu'ils sont des relations apocryphes écrites sous la dictée des czars. L'histoire de ce pays ne ressemble à aucune autre histoire. Tard venu sur la scène du monde, il y reste à son origine, féroce et barbare ; puis asservi aux fils de Gengis-Khan, enfin parqué en troupeaux épars, sous un servage officiel, existant de par la loi, et sanctionné par un épiscopat sans conscience de sa dignité. Prouver donc que dès son origine, l'Etat russe s'est précipité, chaque fois qu'il l'a pu, vers Constantinople ; que depuis Pierre Ier, le but des convoitises du pouvoir, c'est la domination du monde ; que l'esclavage en Russie est plus absolu et plus dur que dans l'antiquité ; que le christianisme n'y conserve que l'ombre de lui-même ; que le clergé y est avili ; que le synode dirigeant y est simplement une chancellerie d'Etat ; révéler les persécutions éprouvées par les restes du Catholicisme qui y régna d'abord et y persévéra long-temps ; déduire le parallèle de la monarchie en France, par exemple, avec la succession des grands princes, des autocrates dont un si petit nombre échappe à la réprobation de la postérité ; tracer le tableau des mœurs russes dans le passé et particulièrement dans le présent ; établir l'inanité de ce peuple en matière d'art, de littérature, de science , de progrès en tous genre ; démontrer que ce qu'ils possède de ces derniers éléments de gloire, de plaisir de l'esprit est emprunté aux étrangers ; dire les tortures du knout et de la Sibérie ; prouver que l'autocratie , c'est le paganisme et la tyrannie ; juger sainement l'empereur Nicolas et la guerre qui se poursuit ; rapprocher enfin la haute portée qu'avait l'expédition de 1812 , et l'examen de la monarchie universelle, non comme possibilité durable , mais envisagée sous le sceptre de fer du Czar et sous l'épée de Napoléon, telle est le thème que je me suis proposé.

La Providence a ses desseins cachés : si elle se manifeste à l'Europe, pour la maintenir ou la rappeler dans le chemin de la vérité, garantie indestructible contre les calamités et les catastrophes, elle a peut-être aussi résolu d'abaisser l'arrogance de l'Autocrate, de lui donner quelque grande leçon, et de briser sur son front superbe la chaîne même dont ses devanciers et lui se sont servis pour subjuguer des races diverses, qui lui obéissent en frémissant, et en rongeant leur frein. D'un autre côté, la Turquie, pour ne pas succomber sous la raison du plus fort, et s'appuyant sur les bras réunis de deux grandes puissances chrétiennes, a définitivement délivré nos coreligionnaires de toute mesure et contrainte vexatoires. Qui sait si la reconnaissance lui apprenant à bénir le nom chrétien , qu'elle n'a haï long-temps que par ignorance , ou parce que les peuples, ayant abusé de la patience suprême, subissaient de providentielles rigueurs, une transformation ne se prépare pas aussi au sein de l'Islamisme, et si par le seul ascendant des mansuétudes évangéliques, nous ne sommes pas sur le point de voir dire la messe à Sainte-Sophie ?

Tout sert dans le ménage de la Providence : aussi les peuples en s'éloignant des histrions de la pensée qui les égarent et les corrompent, des utopistes intéressés, qui les agitent pour le malheur de tous, et revenant aux principes solides , aux idées durables qui fortifient les sociétés, peuvent-ils espérer que les Cabinets de l'Europe , débarrassés à la fois des soins de la veille , des appréhensions du lendemain, réussiraient à s'entendre dans le sens d'une régularisation européenne, qui donnerait aux arts, au commerce, à toutes les industries un essor prodigieux. Ainsi , par les négociations et les traités , les nationalités seraient refaites ; chaque pays recevrait les limites qui lui sont naturelles, la constitution qui se trouve écrite dans son histoire, et l'humanité poursuivrait de la sorte, grande, fière et heureuse, sa marche à travers les siècles.

France, France, nation souveraine, qui as produit tant d'illustrations, tant de caractères éminents, dans les armes, dans le gouvernement, dans le domaine de l'intelligence , que la mémoire de ces élus du passé enfante de nouveau parmi tes enfants des émules dans tous les genres de célébrité ; qu'elle produise des inspirés appelés à la place de ceux qui les précédèrent dans les temps écoulés, et que sur leurs traces nous marchions tous vers les destinées glorieuses qui te maintiendront, ô France ! à la tête de toutes les améliorations sociales, de tous les progrès européens !

LA RUSSIE

AU BAN DE L'UNIVERS ET DU CATHOLICISME.

CHAPITRE I.

L'Empire du monde.

Ce que poursuit la Russie, c'est une monarchie universelle ; ce à quoi s'évertuent les Czars, c'est de se proclamer rois des rois, pontifes souverains de l'Orient, et s'ils le pouvaient, de la chrétienté entière. Constantinople, que Nicolas a espéré subjuguer, deviendrait une Rome nouvelle, où les Holstein-Gottorp relèveraient le sceptre des Constantins, et l'islamisme y serait solennellement remplacé par le schisme grec, ou plus exactement par l'église gréco-russe.

On sait sur quel prétexte subtil le cabinet de Pétersbourg a basé nouvellement ses attaques contre la Turquie : c'est le protectorat religieux. Que d'astuce cachée sous ce mot ! Abd-ul-Medjid, inspiré d'ailleurs par la France et l'Angleterre, avait concédé à la jalousie de son compétiteur, tout ce que son honneur pouvait ne pas refuser aux exigences de la force numérique. Mais l'empereur de Russie avait dit : « Si on n'accède pas sans réserve à mes prétentions, je ferai la guerre ; si toute ma volonté est subie, le protectorat des chrétiens d'Orient, c'est implicitement l'abdication du Sultan, et par l'influence incalculable que j'acquiers par ce fait, son empire est en ma possession, dans un bref délai : Stamboul une fois à moi, ma souveraineté s'étend immédiatement sur les gouvernements de vingt royaumes. »

Ces desseins et ce langage de l'Autocrate sont si évidents, que ce prince, sous des raisons chimériques, déguisant une insigne mauvaise foi, ne fait qu'entrer à son tour dans une route qu'ont plus ou moins invariablement parcourue les souverains russes, à dater des compagnons de Rourik, tant qu'ils n'ont pas rencontré devant eux quelque difficulté insurmontable.

Au neuvième siècle, la république de Nowgorod, fondée par les Slaves depuis près de quatre siècles, recevait les tributs des nations dont elle était entourée, depuis la Lithuanie jusqu'aux montagnes qui bornent la Sibérie, et depuis le lac de Rostof jusqu'à la mer Blanche : les factions, l'anarchie qui désolaient cette démocratie, porta les mécontents à demander des princes aux Varaigues ou Normands, peuple qui déjà peu d'années avant avait dompté les Nowgorodiens, et ne les avait soumis qu'à de légers impôts. Les boyards, dont la puissance s'évanouissait devant celle des vainqueurs, étaient parvenus à faire expulser ces derniers, dont le joug plus doux cependant que celui de ces seigneurs, fut la cause de l'appel qui eut lieu de Rourik. Ce chef de la première dynastie russe, fit de Nowgorod sa capitale. Ascolod et Dir, hardis Varaigues qui s'étaient séparés de leur prince, partirent avec plusieurs de leurs compagnons, pour aller chercher fortune à Constantinople, et chemin faisant, trouvant la position fort à leur convenance, ils s'emparèrent violemment de Kief, ville tributaire des Khozars, sur la rive la plus élevée du Dnieper. Là de nombreux Varaigues étant venus accroître leurs forces, ils s'aventurèrent bientôt vers une audacieuse entreprise; ils réunirent une grande armée, équipèrent deux cents navires, et ayant mis les côtes du Bosphore à feu et à sang, ils assiégèrent par mer cette même Constantinople où d'abord ils allaient prendre du service.

Michel III était alors empereur, et combattait contre les Arabes sur les bords du fleuve Noir. Il se rend en toute hâte dans sa capitale. Les historiens prétendent que ces nouveaux ennemis de l'empire ne furent point repoussés par la force, mais qu'une furieuse tempête s'éleva et détruisit leurs barques, dont il ne retourna à Kief que de misérables restes. |

Rourik meurt. Igor, son fils âgé de quatre ans, lui succède, sous la régence d'Oleg. Celui-ci, par une lâche perfidie, attire dans un piége Ascolod et Dir, les fait égorger, et transfère le siége du gouvernement à Kief, où il s'installe avec le jeune Igor. En 902, sept cents Varaigues Kiéviens servent dans la flotte grecque, où ils reçoivent, dit-on, cent litres d'or. Mais Oleg, bientôt jaloux des richesses de la ville impériale, déclare la guerre à Léon-le-Philosophe, et à travers les cataractes du Dniéper, triomphant de cent difficultés, dirige deux mille barques, portant quatre-vingt mille hommes, contre Constantinople. Sa cavalerie côtoyait le fleuve. « Oleg, dit un historien, saccagea les environs de Bysance, incendia les villages, les églises et les maisons de plaisance des seigneurs Grecs. — Les Russes nagent dans le sang des infortunés habitants, faisant périr les prisonniers dans les plus cruels supplices, et précipitant sans distinction dans la mer et les morts et les vivants. » Cependant l'empereur Léon, au lieu de repousser ces barbares et de les châtier, en acheta la paix : il s'engagea à donner douze grivnas à chaque homme de la flotte, et des contributions pour Kief et autres villes russes. Oleg imposa plusieurs autres conditions humiliantes, se réserva pour les siens le libre exercice du commerce à Constantinople, et se retira de cette cité penchant vers sa ruine, par la faiblesse de ses princes et la dégénération de ses habitants.

Oleg n'est plus. Igor débarrassé d'une tutèle qui ne le laissait roi que de nom, veut à son tour marcher contre Constantinople. Il paraît donc dans le Bosphore avec des milliers de barques et une armée. Sa férocité ne dément pas la cruauté de son tuteur : temples, monastères, villages, tout est réduit en cendres. Les prisonniers sont passés au fil de l'épée. Une flotte impériale s'avance cependant à la rencontre des Russes. Comme foudroyés par le feu grégeois, au moyen duquel les Grecs embrasent une grande partie des embarcations de ceux-là, ils lâchent pied, et se retirent épouvantés et en désordre sur les côtes de l'Asie-Mineure. Là ils pillent d'abord les florissantes campagnes de la Bithynie ; mais bientôt refoulés par l'armée d'Asie, ils lèvent l'ancre pendant la nuit, pour regagner les rives de Thrace, tenter le sort d'un combat naval, d'où, après une perte considérable, ils reprennent le chemin de leur pays.

Deux ans se sont écoulés à peine, qu'Igor a réuni derechef une puissante armée. L'empereur reçoit l'avis que les barques barbares couvrent de nouveau la mer. Romain II, prince lâche et fainéant, arrête la flotte à l'embouchure du Danube, en proposant lui aussi de l'or, au lieu de se servir du fer, pour noyer la cupidité des ennemis dans leur propre sang. L'or est accepté et la paix est conclue.

Sviatoslaf, fils d'Igor, eut aussi des démêlés avec Zimiscès ; mais l'empereur grec, habile militaire, vainquit le prince Russe à Drista, et lui enleva la Bulgarie, d'abord conquise par Sviatoslaf, aux frais et pour le compte de Constantinople, à qui il fut déclaré, après la campagne, que la loi territoriale pour les vainqueurs, était la raison du plus fort et du premier occupant.

Nous sommes en 1043. Sous le prétexte spécieux d'un Russe de qualité, tué, pense-t-on, dans une querelle entre marchands, Yaroslaf fait marcher une armée sur Byzance; la bataille se livre près du Phare. Les Russes sont vaincus. « Cette guerre, dit l'historien Karamsin, fut la dernière que nos ancêtres firent contre la Grèce, et depuis cette époque, Constantinople ne vit plus, dans le Bosphore, leurs terribles flottes. La Russie, déchirée par les guerres civiles, perdit bientôt sa puissance et sa grandeur : sans cette décadence, on aurait pu voir s'accomplir une ancienne prophétie, écrite dans le dixième ou onzième siècle, on ne sait par qui, au-dessous de la statue de Bellérophon (1), sur la place Taurique, à Constantinople, et qui annonçait : *que les Russes devaient s'emparer un jour de la capitale de l'empire d'Orient.* »

Jusqu'au treizième siècle, la Russie fut donc dans l'impossibilité matérielle d'attaquer l'empire grec. De 1223 à 1462, les descendants de Rourik subirent la domination des Mongols : les enfants de Gengis-Khan envahirent à deux reprises les provinces russes, où les innombrables colonnes des Tartares couvrirent tout sur leur passage de flots de sang et de dévastations. Pendant plus de deux siècles le Khan reçut donc un tribut. Les Russes joignirent aux désastres de la servitude les calamités des guerres civiles et continuèrent à s'entr'égorger.

(1) Cette statue de bronze, amenée d'Antioche, représentait Bellérophon, vainqueur de la fameuse Chimère. Lors de la prise de Constantinople, dans le treizième siècle, les Français la firent fondre.

Toutefois Ivan III, en 1465, affranchit son royaume de la dépendance tartare. Vers la même époque, Constantinople, en retour de son luxe et de sa mollesse, et surtout de son schisme qui avait achevé son énervation, passait sous la domination turque. Dès que la Russie eut repris son rang de grande puissance, fidèle à ses propensions envahissantes, elle se remit aux prises avec les nouveaux possesseurs de Byzance. Ivan III cependant avait eu assez de sa lutte contre les Tartares, bientôt suivie d'une guerre avec la Pologne, où des deux côtés on se battit à outrance. A Ivan IV, le fameux tyran, les Tartares de Crimée échurent à soumettre de nouveau. Moscou fut incendié par ces mêmes ravageurs, auxquels s'étaient joints les Tartares d'Astrakan. Ils venaient à peine de s'éloigner, que la Suède et la Pologne s'avancèrent contre le Czar. Ce fut alors qu'il obtint la paix par la médiation du Pape. L'usurpation de Boris Godounof (1584), celle d'Otrépief (1603), celle de Chouiski (1606), un interrègue (1611), Michel Romanof appelé au trône à seize ans (1613) et ayant à soutenir le choc des Suédois et des Polonais, empêchèrent aussi toute agression contre la Porte Ottomane. Romanof traita même avec cette dernière, par l'entremise de qui il réclama des indemnités au Khan de Crimée, au sujet de ses dernières incursions sur le territoire russe. Alexis eut à résister à des troubles intérieurs, prit l'offensive sur la Pologne, à laquelle il arracha plusieurs villes, eut le dessous avec la Suède, et trembla pour son trône, à la nouvelle des désolations que semait dans ses provinces ce Cosaque du Don, Stenka-Bazin, qu'un peu plus de prudence eût peut-être rendu un autre Gengis.

Mais dès que la Russie put respirer et fut remise de ses secousses, elle tourna promptement ses armes vers

Stamboul : Fédor, fils d'Alexis, fit en effet la guerre aux Turcs avec quelque succès; mais l'empire avait besoin d'améliorations, et la paix fut signée en 1681.

Sous le gouvernement de Sophie, en 1686, un traité conclu entre l'Autriche et la Russie, établissait une alliance offensive et défensive de ses deux cours contre la Turquie. Le traité de Carlowitz, en 1699, en enlevant à la Turquie, sa province hongroise, au profit de l'Autriche; la Morée, au profit de Venise, et trois autres petits pays à la Pologne, avait d'abord borné l'ambition de Pierre Ier du côté de la Sublime-Porte. Il engagea alors sa lutte avec Charles XII, roi de Suède. L'étoile de ce héros s'était éclipsée à Pultawa. Pierre alla déployer fastueusement à Pétersbourg les dépouilles de l'ennemi et en orna son triomphe. Maintenant le Czar s'élance avec ses troupes vers le Pruth, où les Turcs l'ont précédé et ont déjà passé le fleuve. Mais réduit à la retraite, entouré par une marche savante de l'ennemi, manquant de vivres, il succombe, et est obligé de céder toutes ses acquisitions sur la mer Noire. Là échouait son projet d'agrandissement au midi de ses états, et la route qu'il voulait s'ouvrir vers les opulentes contrées de l'Inde. Le testament du Czar, que nous relaterons plus loin, nous initiera à sa politique suivie ponctuellement par ses successeurs.

Anne Ivanowna, nièce de Pierre Ier, fut appelée au trône, à la mort de Pierre II, mort à quinze ans, de la petite vérole. Cette impératrice ambitionna aussi la gloire des armes, et obtint d'abord des résultats contre les Tartares et contre les Turcs. A la fin, forcée à la paix, elle se vit contrainte à l'abandon des places enlevées sur la mer Noire et sur le Pont-Euxin.

C'est maintenant le tour de Catherine II. En 1767, la guerre s'était rallumée entre son empire et la Turquie. Les deux partis avaient lutté avec des chances diverses. « Cependant les troupes russes reprirent cette supériorité qui appartient à l'art et à la discipline encore plus qu'à la bravoure; et Catherine, impatiente d'arriver au terme d'une guerre dont l'issue devait donner à toute l'Europe la mesure de ses forces et fixer son rang parmi les puissances, voulut en attaquant dans les mers de la Grèce les Ottomans, déjà vaincus par Romiantsoff et Repnin, sur les rives du Borysthène et du Danube, les écraser d'un seul coup et se préparer ainsi un éclatant triomphe. Enivrée d'ambition et ne voyant plus rien d'impossible, Catherine se flatta dèslors de réaliser le grand projet dont elle avait puisé la première idée dans ses conversations avec l'entreprenant Munich, celui de chasser les Turcs de l'Europe; mais la fortune ne favorisa point ses généraux. L'intervention de Catherine ne fut que funeste aux Grecs et ne servit qu'à couvrir la Morée de tombeaux. (*Marco de St-Hilaire*). »

En 1771, Dolgorouki avait soumis la Crimée. Mais en 1779 les Turcs rompirent le traité de Kainardgi, et Catherine n'osant, au milieu des puissants intérêts qui s'élevaient en Europe, reprendre les hostilités contre la Porte, consentit à l'indépendance de la Crimée et renonça à la Valachie et à la Moldavie. Mais toutes ces conventions étaient temporaires. Catherine, avec l'ambition de Pierre-le-Grand, en continuait les projets. Le rétablissement de l'empire d'Orient était son rêve favori. Des troupes nombreuses couvraient les frontières de l'empire Ottoman. Les Turcs préférèrent négocier : la Czarine obtint, en 1784, par le traité de Constantinople, la Crimée, l'île de Taman et presque tout le Kouban. Toujours en poursuivant les plans de Pierre Ier, Catherine put tourner ses regards vers la Perse : cette contrée était depuis un siècle en proie aux révolutions. La Czarine espérait s'assujettir ce pays en soutenant une de ces factions ; mais vainement la mer Caspienne avait reçu ses vaisseaux : les relations qu'elle établit n'eurent pas assez de consistance, et le plan échoua.

Suivez, suivez en dernier lieu la Messaline du Nord, dans la marche magique que lui a préparée le favori Potemkin : voyez ces villages, ces villes que la souveraine admire sur les rives du Dniéper, et qui ne sont que des décorations de théâtre, des images fictives animant pour un jour le silence des déserts, lesquels reprendront demain leur désolante immobilité, après la translation opérée de nuit de ces toiles, de ces planches peintes, de ces troupeaux, de ces esclaves qui ne font que changer de lieu et de costume ; lisez, une fois arrivé à Kherson, sur la porte du côté de l'Orient, cette inscription en langue grecque : « *C'est ici le chemin de Byzance.* »

La révolution française et l'Empire occuperont suffisamment la Russie jusqu'à la fin du règne d'Alexandre Ier. Mais voici l'avènement de Nicolas, le plus entier, mais le plus trompeur peut-être des autocrates. Ce prince préludera d'abord à ses tentatives d'usurpation sur l'Orient, en dictant le traité d'Akerman et celui de Tourkmantchaï, qui enlèvera plusieurs provinces à la Perse. Un peu plus tard il prendra plusieurs forteresses au sultan Mahmoud, sur le territoire asiatique. Lors des agressions du pacha d'Egypte contre la Porte, il prêtera son appui à celle-ci, dans la pensée d'en obtenir une position inattaquable dans les Dardanelles et sur le Bosphore : le Divan en effet s'engagera, en 1833, par le traité d'Unkiar-Skélessi, à fermer les mers qui l'avoisinent à tous les peuples avec lesquels la Russie serait en guerre ; mais ce traité consenti par le faible

Mahmoud, sera heureusement mis à néant par le protocole des puissances maritimes, du 13 juillet 1841.

La Russie est tacticienne; elle s'exécute, en 1841,
avec une apparente bonne grâce, mais non sans une
arrière-pensée. Elle a repris son œuvre en 1853 et elle
la poursuit. L'occurrence n'était-elle pas favorable, en
effet, pour envahir les Principautés danubiennes, pour
reprendre directement avec ses armées la revanche sur
Constantinople? Voyez plutôt : la révolution de 1848
avait imprimé à l'Europe une profonde commotion; la
France, l'Autriche, l'Italie avaient été ébranlées par des
dissensions intérieures dont le contre-coup avait fait
vaciller les trônes des autres contrées. C'était au fond
un sujet de joie secrète pour le cabinet russe : « Tous
ces mouvements seront domptés, se disait-il, et la pros-
» périté des états révolutionnés s'amoindrissant, je
» profiterai des préoccupations de l'Europe, pour mettre
» mon sabre dans la balance, et dire à la Turquie : Mal-
» heur au plus faible! » Pour Nicolas, la question des
Lieux-Saints arrivait fort à propos, autant pour lui fournir l'occasion d'une rupture, que pour lui permettre
enfin d'exciper de la royauté sacerdotale qu'il s'arroge
sur l'Orient, véritable pivot sur lequel tourne son autocratie politique.

Ce qu'elle s'était promis, la Russie l'exécute. Seulement avait-elle trop auguré de ses menées souterraines,
de sa politique à la Machiavel, et ne pensait-elle pas
avoir à combattre avec le Sultan, la France ainsi que
l'Angleterre.

Nous ne venons de montrer Constantinople si ardem-
ment convoitée de tout temps par les souverains Russes,
qu'à cause que l'admirable position de cette grande ville
est indispensable à leurs projets héréditaires. Là les
Czars établiraient le magasin des blés nécessaires à l'Eu-

rope; là ils possèderaient une capitale à l'abri des eaux
et d'une insurrection; là ils entraveraient le commerce
maritime de l'Occident et de l'Asie, et s'en rendraient les
arbitres; là ils placeraient aux serres de leur aigle
noire cette retentissante divise :

» Le trident de Neptune est le maître du monde! »

Mais rendons plus manifeste encore l'ardeur qui entraîne la Russie vers Byzance, par un document, trop
long-temps dans l'oubli, le Testament politique de
Pierre Ier, où sont en toutes lettres les desseins de cet
autocrate, tristement célèbre, sa politique dont ses descendants n'ont pas retranché un iota.

*Copie du plan de domination Européenne laissé par
Pierre-le-Grand à ses successeurs au trône de la Russie, et déposé dans les archives du palais de Pétérhoff,
près Saint-Pétersbourg.*

« Au nom de la sainte et indivisible Trinité, nous Pierre,
empereur et autocrateur de toutes les Russies, etc. à tous nos
descendants et successeurs au trône et gouvernement de la
nation russienne (1).

» Le grand Dieu de qui nous tenons notre existence et notre couronne, nous ayant constamment éclairé de ses lumières et soutenu de son divin appui, etc. »

Ici Pierre Ier établit que, d'après ses vues, qu'il croit celles de
la Providence, il regarde le peuple Russe comme appelé, dans
l'avenir, à la domination générale de l'Europe. Il fonde cette
pensée sur ce que, d'après lui, les nations européennes sont
arrivées, pour la plupart, à un état de vieillesse voisin de la
caducité, ou qu'elles y marchent à grands pas; d'où il suit
qu'elles doivent être facilement et indubitablement conquises
par un peuple jeune et neuf, quand ce dernier aura atteint

(1) Nous prenons ce testament tel qu'il est donné par les Mémoires du
chevalier d'Eon, personnage à qui la France est redevable de cette révélation. Admis dans toute l'intimité de Catherine II, le chevalier d'Eon fit cette
découverte en fouillant dans les archives de Pétérhoff.

toute sa force et sa croissance. Le monarque Russe regarde cette invasion future des pays de l'Occident et de l'Orient par le Nord, comme un mouvement périodique arrêté dans les desseins de la Providence qui a aussi régénéré, dit-il, le peuple romain par l'invasion des barbares. Il compare ces émigrations des hommes polaires au flux du Nil qui, à certaines époques, vient engraisser de son limon les terres amaigries de l'Egypte. Il ajoute que la Russie, qu'il a trouvée *rivière*, et qu'il laissera *fleuve*, deviendra, sous ses successeurs, une grande mer destinée à fertiliser l'Europe appauvrie, et que ses flots déborderont malgré toutes les digues que des mains affaiblies pourront leur opposer, si ses descendants savent en diriger le cours. C'est pourquoi il leur laisse les enseignements dont la teneur suit, et qu'il recommande à leur attention et à leur observation constante, de même que Moïse avait recommandé les tables de la Loi au peuple Juif.

I.

« Entretenir la nation russienne dans un état de guerre continuelle, pour tenir le soldat aguerri et toujours en haleine: ne le laisser reposer que pour améliorer les finances de l'Etat, refaire les armées et choisir les moments opportuns pour l'attaque. Faire ainsi servir la paix à la guerre, et la guerre à la paix, dans l'intérêt de l'agrandissement et de la prospérité croissante de la Russie.

II.

» Appeler par tous les moyens possibles, de chez les peuples les plus instruits de l'Europe, des capitaines pendant la guerre et des savants pendant la paix, pour faire profiter la nation Russe des avantages des autres pays, sans lui faire rien perdre des siens propres.

III.

» Prendre part en toute occasion aux affaires et démêlés quelconques de l'Europe, et surtout à ceux de l'Allemagne, qui, plus rapprochée, intéresse plus directement.

IV.

» Diviser la Pologne en y entretenant le trouble et des jalousies continuelles; gagner les puissants à prix d'or; influencer les diètes, les corrompre, afin d'avoir action sur les élections des rois ; y faire nommer ses partisans, les protéger, y faire entrer les troupes russiennes, et y séjourner jusqu'à l'occasion d'y demeurer tout-à-fait. Si les puissances

voisines opposent des difficultés, les apaiser momentanément
en morcelant le pays, jusqu'à ce qu'on puisse reprendre ce
qui aura été donné.

V.

» Prendre le plus qu'on pourra de la Suède, et savoir se
faire attaquer par elle pour avoir prétexte de la subjuguer.
Pour cela l'isoler du Danemark et le Danemark de la Suède,
et entretenir avec soin leurs rivalités.

VI.

» Prendre toujours les épouses des princes Russes parmi
les princesses d'Allemagne pour multiplier les alliances de
famille, rapprocher les intérêts, et unir d'elle-même l'Allemagne à notre cause en y multipliant notre influence.

VII.

» Rechercher de préférence l'alliance de l'Angleterre pour
le commerce, comme étant la puissance qui a le plus besoin
de nous pour sa marine, et qui peut être le plus utile au développement de la nôtre. Echanger nos bois et autres productions contre son or, et établir entre ses marchands, ses matelots et les nôtres des rapports continuels, qui formeront
ceux de ce pays à la navigation et au commerce.

VIII.

» S'étendre sans relâche vers le nord, le long de la Baltique, ainsi que vers le sud, le long de la mer Noire.

IX.

» Approcher le plus possible de Constantinople et des Indes. Celui qui y règnera sera le vrai souverain du monde :
en conséquence, susciter des guerres continuelles tantôt au
Turc, tantôt à la Perse ; établir des chantiers sur la mer
Noire ; s'emparer peu à peu de cette mer, ainsi que de la Baltique, *ce qui est un double point nécessaire à la réussite du
projet* : hâter la décadence de la Perse ; pénétrer jusqu'au
golfe Persique ; rétablir, si c'est possible, par la Syrie, l'ancien commerce du Levant, et avancer jusqu'aux Indes, qui
sont l'entrepôt du monde.

» Une fois là, on pourra se passer de l'or de l'Angleterre.

X.

» Rechercher et entretenir avec soin l'alliance de l'Autriche ; appuyer en apparence ses idées de royauté future sur
l'Allemagne, et exciter contre elle, par-dessous main, la jalousie des princes.

» Tâcher de faire réclamer des secours de la Russie par les uns ou par les autres, et exercer sur le pays une espèce de protection qui prépare la domination future.

XI.

» Intéresser la maison d'Autriche à chasser le Turc de l'Europe, et entretenir ses jalousies lors de la conquête de Constantinople, soit en lui suscitant une guerre avec les anciens états de l'Europe, soit en lui donnant une portion de la conquête, qu'on lui reprendra plus tard.

XII.

» S'attacher à réunir autour de soi tous les Grecs désunis ou schismatiques qui sont répandus, soit dans la Hongrie, soit dans la Turquie, soit dans le midi de la Pologne; se faire leur centre, leur appui, et établir d'avance une prédominence universelle par une sorte de royauté ou de suprématie sacerdotale : ce serait autant d'amis qu'on aura chez chacun de ses ennemis.

XIII.

» La Suède démembrée, la Perse vaincue, la Pologne subjuguée, la Turquie conquise, nos armées réunies, la mer Noire et la mer Baltique gardées par nos vaisseaux, il faut alors proposer séparément et très secrètement, d'abord à la cour de Versailles, puis à celle de Vienne, de partager avec elles l'empire de l'Univers.

» Si l'une des deux accepte, ce qui est immanquable, en flattant leur ambition et leur amour propre, se servir d'elle pour écraser l'autre ; puis écraser à son tour celle qui demeurera, en engageant avec elle une lutte qui ne saurait être douteuse, la Russie possédant déjà en propre tout l'Orient et une grande partie de l'Europe.

XIV.

» Si, ce qui n'est point probable, chacune d'elles refusait l'offre de la Russie, il faudrait savoir leur susciter des querelles et les faire s'épuiser l'une par l'autre. Alors profitant d'un moment décisif, la Russie ferait fondre ses troupes rassemblées d'avance sur l'Allemagne, en même temps que deux flottes considérables partiraient l'une de la mer d'Azof et l'autre du port d'Archangel, chargées de hordes Asiatiques, sous le convoi des flottes armées de la mer Noire et de la mer Baltique. S'avançant par la Méditerranée et par l'Océan, elles inonderaient la France d'un côté, tandis que l'Allemagne le serait de l'autre, et ces deux contrées vaincues, le reste de l'Europe passerait facilement sans coup férir sous le joug.

» Ainsi peut et doit être subjuguée l'Europe... »

———

Quel infernal génie que celui de Pierre Ier! On l'a surnommé le Grand; mais quelle grandeur odieuse! quelle perversité! quelles basses manœuvres! quelle ambition digne des plus abominables tyrans ne découlent-elles pas du monument historique que nous avons reproduit en entier, parce que chaque mot est une négation de la justice, chaque phrase un épouvantable blasphème, le germe d'une conspiration sanglante, un projet d'asservissement et de dégradation pour une foule de royaumes.

Nous ne commenterons en peu de mots le testament de Pierre Ier, que pour prouver qu'il est la règle de conduite de ses héritiers, et que ceux-ci s'en inspirent réellement comme le faisaient les *Juifs des tables de la loi.*

Depuis l'avènement de Pierre Ier, en 1682, la Russie n'a pas cessé, selon les vues de ce prince, d'être sur le pied de guerre. Cette puissance n'a pas manqué de *choisir les moments opportuns pour l'attaque... de prendre part aux démêlés de l'Europe,* pour en retirer chaque fois une influence ou quelque province. En Pologne, elle a *entretenu les troubles,— elle y a fait nommer ses partisans,— elle y a fait entrer ses troupes,* elle a fini par *y demeurer; elle a pris le plus qu'elle a pu de la Suède, — formé ses alliances matrimoniales avec l'Allemagne, — pactisé de préférence avec l'Angleterre,* que ses promesses fallacieuses n'ont pas abusée, néanmoins, témoin les pièces diplomatiques publiées par le cabinet de Saint-James; *elle s'est étendue sans relâche sur la mer Baltique et le long de la mer Noire;* —

elle a tenté tout ce qu'elle a pu *sur la Perse et sur Constantinople* : car celui *qui y règnera sera le vrai souverain du monde.* Toujours fidèles aux COMMANDE-MENTS de leur aïeul, les Czars *ont entretenu avec soin l'alliance de l'Autriche,* sauf *à exciter contre elle, par-dessous main, la jalousie des Princes.* Ils se sont gardés d'oublier cette *sorte de royauté ou de suprématie sacer-dotale , établissant une prédominance universelle sur tous les Grecs désunis ou schismatiques.* Les cachots avec leurs chaînes et leurs supplices, les déserts et les mines de la Sibérie, les temples en deuil et peut-être encore ensanglantés, savent si le vœu du Czar tes-tateur a été sévèrement rempli, à l'endroit des Grecs unis au Catholicisme. Quant à ÉCRASER l'Autriche par la France, ou la France par l'Autriche, ou bien ÉCRASER soi-même celle des contrées qui aura refusé l'offre fallacieuse de *partager l'empire de l'univers,* cette recommandation ne deviendrait praticable qu'a-près la conquête de l'Orient. C'est alors aussi que *de la mer d'Azof, du port d'Archangel, de la mer Noire, de la mer Baltique, partiraient ces flottes chargées de hordes asiatiques, s'avançant par la Méditerranée et par l'Océan, pour inonder la France d'un côté, l'Alle-magne de l'autre, après quoi le reste de l'Europe passe-rait facilement sans coup férir sous le joug.*

Quel plan monstrueux ! Et dire que le Colosse du Nord ne néglige aucune occasion de troubler la paix du monde, en poussant tour-à-tour à la réalisation de quelque partie de ce projet non moins hardi qu'il est irréalisable, non moins gigantesque qu'il a déjà causé de maux, et qu'il porte encore en lui-même de perturbations armées pour les peuples.

Pesez bien la valeur des mots : *domination géné-rale de l'Europe,* — *moments opportuns de l'attaque,* —

celui qui régnera à Constantinople sera le vrai souve-rain du monde, — royauté ou suprématie sacerdotale, — écraser la France, écraser l'Autriche. L'Angleterre n'est pas mentionnée ici ; mais on l'a bannie des Indes, on n'a plus besoin *de son or.* Sa soumission a donc pré-cédé celle des autres états.

Et ce legs de destruction , d'audacieuse barbarie, cet héritage de conquêtes laissé à réaliser, en les ad-jurant, par Pierre, à ses successeurs, il est écrit dans le livre de vie, prétend-il, et il le jure par *la sainte et indivisible Trinité , par le grand Dieu qui l'a cons-tamment éclairé de ses lumières et soutenu de son divin appui !*

Les uns y verront peut-être un fanatisme sans frein ; nous , nous y découvrons l'athéisme se drapant sous la livrée de l'ambition et de l'hypocrisie, si on ne pré-fère reconnaître au fond de cette satanique conception , le formidable esprit de ces météores humains , qui com-muniquant partout l'incendie, n'amoncelaient que des ruines sur leur passage, et qui, poussés, disaient-ils, par le doigt de Dieu, se nommaient Attila, Genséric, Abdérame , Gengis et Timour. Nous le prouverons dans les chapitres suivants.

Qu'était-il cependant ce Pierre l'Autocrate, qui prend à témoin les augustes puissances du ciel des meurtres, des dévastations qu'il laisse à accomplir à ses suc-cesseurs ? Qu'il nous dise si la Trinité divine l'inspi-rait, lorsqu'il se donnait pour précepteurs et pour guides d'insignes aventuriers ; lorsqu'il voulut pres-ser la civilisation par la hâche et les tortures ; lors-qu'il levait l'épée , dans les vapeurs de l'orgie, contre son ami Lefort ; quand, pour punir une sédition qui s'était tramée pendant son absence , il n'avait épargné, à tort et à travers, ni l'âge, ni le sexe, ni la condition ; lorsque le triangle d'acier et la roue étant mis en activité , on creusa de vastes fosses pour y jeter ensemble les morts et les victimes encore vivantes ; que dans sa fureur il arma les juges eux-mêmes , et leur fit remplir les fonctions de bourreaux , fonction qu'il exerça à son tour lui aussi , dans cette occasion et dans plusieurs autres ?

Etait-il dirigé par une religion d'amour ce sycophante couronné, quand il répondait à un patriarche vénérable, entouré d'une pompe religieuse, et demandant merci pour le reste des condamnés : « Prêtre, re- » tire-toi : je sais ce que je dois faire, le sang d'un peuple rebelle est toujours agréable à Dieu ; » quand il coupait la tête de ceux qui ne voulaient pas couper leur barbe ; quand pour élever la métropole de Saint-Pétersbourg, il ne recula pas devant une effroyable consommation d'hommes et d'argent , et que la disette seule emporta cent mille individus, dans le temps que dura l'entreprise ; quand il envoya en Sibérie les officiers de Charles XII, par lui un peu avant invités à sa table, où il avait bu à leur santé en les appelant ses maîtres ; quand il ordonna et consomma de sa main , sous prétexte d'incapacité, la mort de son fils Alexis ; quand anéantissant la noblesse de ses états, il lançait dans la carrière des plus hautes fonctions des bouffons ignobles, des bateleurs qui avaient su le faire rire au milieu de ses fumées bachiques ; quand enfin il périt d'une maladie honteuse, s'en allant en lambeaux comme tout ce qui est impur?

Le souverain dont le revers de médaille présente ce tissu de flétrissures, a bien pu solliciter et obtenir le titre de Grand; se dire l'inspiré de Dieu : l'histoire est là pour le stigmatiser des qualifications méritées d'imposteur, de furieux, de débauché , de cruel.

Laissons M. de Ségur, l'un de ses historiens impartiaux , achever ce portrait : « Pierre , lui-même , s'écrie le général écrivain, interroge ces criminels (les Strélitz) par la torture; puis, à l'imitation d'Ivan le tyran, il se fait leur juge, leur bourreau, il force ses nobles , restés fidèles , à trancher les têtes des nobles coupables qu'ils viennent de condamner. Le cruel, du haut de son trône, assiste d'un œil sec à ces exécutions ; il fait plus, il mêle aux joies des festins l'horreur des supplices. Ivre de vin et de sang , le verre d'une main , la hâche de l'autre, en une seule heure , vingt libations successives marquent la chute de vingt têtes de Strélitz, qu'il abat à ses pieds, en s'enorgueillissant de son horrible adresse. L'année d'après, le contre-coup, soit du soulèvement de ces janissaires, soit de l'atrocité de leurs supplices, retentit au loin dans l'Empire; d'autres révoltes éclatent. Quatre-vingts Strélitz, chargés de chaînes, sont traînés d'Azof à Moscou; et leurs têtes, qu'un boyard tient successivement par les cheveux , tombent encore sous la hâche du Czar. »

Néron avait été baladin dans les jeux de la Grèce, comme Pierre dans les salons royaux de Vienne; mais il ne fut pas exécuteur de ses affreux jugements comme ce dernier. Robespierre et les tigres de la Terreur décrétèrent des boucheries et des massacres ; jamais ils ne descendirent à l'office hideux de massacreur public.

Voilà pourtant le front couronné cité par la Russie comme le Czar par excellence, celui dont les Holstein-Gottorp s'applaudissent de descendre et de suivre les traces. Roi d'abord par une usurpation voilée , puis par le droit, il s'attribue l'autorité pontificale ; enfin, Nabuchodonosor nouveau, il a voulu être adoré. Conservant le culte divin, comme apparence , et s'inféodant un clergé déjà si peu digne du saint ministère, par son abandon au schisme , il s'est substitué à Dieu. Et comme nous l'avons déjà établi, ses successeurs ne sont que ses imitateurs, ses continuateurs.

Et que signifie ce pouvoir absolu des Czars, ce droit de vie et de mort sur les grands , sur les évêques, sur les esclaves , sinon cet ordre deux fois payen : Adorez-moi !

Que signifie cette prétention à la magnificence , à l'accomplissement gigantesque de certains prodiges d'art en de courts délais , ce défi continuel jeté à toutes les majestés de la terre, alors que la Russie est en partie à peine civilisée d'hier? que signifient toutes ces forfanteries des Autocrates, si ce n'est toujours cet ordre impérieux : Adorez-moi ! adorez-moi !

C'est qu'en effet, c'est la loi pour le prince comme pour le pauvre hère ; à qui désobéit, à qui se plaint, le supplice. Faut-il s'étonner de la terreur avec laquelle les Russes obéissent à leurs maîtres? Et si en outre, vous joignez à ce qui précède la vénalité toujours commune des boyards et des fonctionnaires , l'ubiquité de l'espionnage, la vérité historique altérée , les campagnes où l'on souffre ne sachant que des nouvelles fausses, le fanatisme favorisé, entretenu par des fables et par des mensonges , étonnez-vous de trouver la Russie compacte, puisqu'un moteur, qui est le Czar, fait mouvoir les ressorts innombrables de l'Etat ! Etonnez-vous du projet héréditaire de la conquête du monde ! Etonnez-vous des hardiesses du czar Nicolas, cet autre Pierre Ier, moins peut-être la hâche qui décima les Strélitz, abattus par la main impériale.

CHAPITRE II.

Les Souverains Russes.

En Russie, l'individu est *chose* ; car l'autocrate étant
la négation de toute liberté et par conséquent du
droit de tous et de chacun, l'habitant ne peut être
envisagé comme *personne*. Le Czar est donc tout dans
son empire, ayant un pouvoir de bon plaisir et limité
seulement par sa volonté à laquelle rien ne résiste.
D'après cette violation flagrante de la justice, re-
cherchons ce qu'ont été les souverains Russes, et jugeons de l'état de ce pays par le langage de l'histoire
touchant ses maîtres.

Laissons les princes qui appartiennent aux époques
incertaines, et contentons-nous des lignes suivantes
empruntées à un auteur déjà cité, sur les descendants
de Rourik : « Presque tous les princes de cette pre-
» mière dynastie, qui gardèrent le trône jusqu'au XVe
» siècle, semblent jetés dans un moule commun de
» férocité et de barbarie ; aucun d'eux n'eut rien de
» la grandeur sauvage des rois soldats qui formè-
» rent les premières tiges de leur race. Toute cette
» époque, qui correspond chez nous à la seconde pé-
» riode de l'âge féodal, n'offre en Russie que la lutte
» constante des éléments d'une féodalité qui ne peut
» parvenir à s'établir et à se consolider.»

Nous n'envisagerons pas non plus la période où la
Russie resta tributaire des Tartares, époque d'humi-
liation nationale et de guerres intestines ; nous la
prendrons au rétablissement de l'empire par Ivan III,

qui succéda à Vassili III, en 1462. Ivan ayant refait l'unité dans l'Etat, battit pendant huit années consécutives le khan Ibrahim, réduit à demander la paix. Là finit l'imposition séculaire de la Russie aux hordes asiatiques. Le règne de ce prince fut une aurore de restauration, et les arts commencèrent à paraître. Des relations étant établies avec les autres peuples de l'Europe, il arriva de l'Italie et d'ailleurs, à Moscou, attirés par l'attrait des récompenses, des ouvriers et des artistes. L'Allemagne, Venise, le Danemark, le Pape venaient d'envoyer des ambassadeurs à Moscou, où le Kremlin fut bâti.

Ivan III mit fin à l'indépendance de Nowgorod, qui remuait pour se donner à la Pologne, et cette république alla dès-lors perdant de jour en jour son antique opulence et son commerce. Des conspirations éclatèrent. Ivan en triompha et soutint ensuite avec la Pologne une guerre qui fut atroce de part et d'autre.

Cependant quel ne dut pas être ce prince, dont Karamsin, le complaisant historien de la Russie, a pu écrire: « Ayant enfin pénétré le secret de l'autocratie, il devint comme un Dieu terrestre aux yeux des Russes, qui commencèrent *dès-lors* à étonner tous les autres peuples par une aveugle soumission à la volonté de leur souverain. Le premier, il reçut en Russie le surnom de Terrible....

» On dit qu'un seul regard d'Ivan, lorsqu'il était enflammé de colère, suffisait pour faire évanouir les femmes timides; que les solliciteurs craignaient de s'approcher du trône; qu'à sa table même les grands tremblaient devant lui, n'osant proférer une seule parole, ni faire le plus léger mouvement, lorsque le monarque fatigué d'une bruyante conversation, et échauffé par le vin, s'abandonnait au sommeil vers la

fin du repas. Tous assis dans un profond silence, attendaient un nouvel *ordre* pour le divertir, ou pour se
livrer eux-mêmes à la joie. »

Vassili IV continua avec distinction les hostilités
contre les Tartares, enleva Smolensk à la Pologne, et
consolida l'édifice si bien commencé de l'émancipation russe. Les souverains Moscovites portaient alors
le titre de *grands-ducs*. Ce fut Ivan IV, qui va nous
occuper, auquel appartint le premier la qualification
de czar.

Vassili IV meurt. Ses enfants étant jeunes, Hélène,
sa veuve, obtient la régence. Cette princesse menée par
ses favoris, fait de nombreux mécontents. Tout n'est
bientôt que factions. De mœurs dissolues, Hélène fut
aussi cruelle : son oncle lui ayant fait de sages représentations, elle lui fit crever les yeux. Ivan IV n'avait
que sept ans quand sa mère descendit au tombeau. L'a-
narchie, les frénésies jalouses de la noblesse durèrent
encore quelques années ; mais à quatorze ans, l'enfant voulut se montrer roi. Il le fut. Heureux s'il n'eût
pas mérité également le surnom de tyran, par une
longue suite de meurtres et de fureurs inouïes.

Cependant les Tartares de Crimée, tributaires de
la Russie, ayant violé leurs engagements, il fallut les
réduire par toute une série de victoires. Ivan avait établi en 1545 ces *Strélitz*, qui deviendront plus tard
si redoutables au pouvoir. Ce fut la première milice
permanente en Russie. Moscou ayant été réduit en
cendres par les Tartares d'Astrakan unis à ceux de
Crimée, la Suède et la Pologne qui avaient des représailles à exercer, reprirent les armes. Le Czar épouvanté rechercha la paix, et ne l'obtint que par la médiation du pape Grégoire XIII. L'histoire, qui lui reproche son manque de foi envers le souverain pontife,

lui rend hommage relativement à ce qu'il réalisa dans l'organisation civile de son empire : il établit une imprimerie dans sa capitale, et obtint d'Elisabeth d'Angleterre des médecins : l'art médical était encore alors inconnu dans l'empire du Nord. Un traité de commerce avec la Grande-Bretagne, Archangel bâtie sur la Dwina, un marché fondé à Narva, furent les premières causes de la renaissance du commerce, qui commença bientôt à fleurir et à favoriser de son côté l'émancipation du pays.

Mais en regard de ces bienfaits, à quels actes de démence et de cruauté ne se livra pas Ivan IV ! « Le nombre d'hommes, dit M. de Saint-Hilaire, disons mieux, d'individus de tout sexe et de tout âge qu'Ivan fit périr dans les supplices, passe l'imagination. Ce qui doit étonner bien plus encore, c'est qu'au milieu de tant de meurtres, la nation russe désolée ne fît pas surgir un vengeur, et qu'elle ne laissât pas un seul monument, un seul vestige d'indignation pour de si grands attentats. »

« Retiré, dit l'historien Lévêque, dans la retraite inexpugnable qu'il s'était fait bâtir au-delà de Moscou, et là, entouré des nombreux satellites qu'il avait choisis dans les rangs les plus obscurs, pour devenir la tige d'une nouvelle et puissante noblesse, Ivan dispersait dans son empire les ordres sanglants qu'il traçait dans les entr'actes de ses orgies. Ces hommes, nommés *Opritchnikis*, et pour la plupart lâches agents provocateurs, allaient dans les provinces exécuter les ordres de leur souverain, et venger les haines que celui-ci avait fait naître par son oppression. Les dépouilles des victimes leur étaient abandonnées; une partie de l'ancienne noblesse périt par les calculs odieux des *Opritchnikis*, qui devinrent une aristocratie de boue et de sang, et dont une secrète et générale réprobation poursuit encore l'affreuse origine. »

Nowgorod soupçonnée d'avoir voulu recouvrer son ancienne indépendance, fut presque dépeuplée par les tueries du Czar. Voulant se rendre dans cette ville, il intercepta les communications avec Moscou. Des soldats en embuscade massacraient les voyageurs pour empêcher tout avis d'arriver à Nowgorod: précédé par un corps de Tartares, il arrive dans la cité qu'il va punir. Il entend la messe, et au sortir de l'église, montant avec son fils des chevaux vigoureux, ils se précipitent ensemble l'épée au point, dans une enceinte où les magistrats et les notables étaient réunis. Ils ne s'arrêtent que lorsqu'ils sont rassasiés de massacres et épuisés de fatigue ; Ivan livre ensuite l'arène à ses sbires. Ceux-ci rompant, après leur sanglant office, les glaces du Volkof, y précipitent les habitants par centaines. La tuerie dura un mois. C'est alors que se trouvant satisfait, il ordonna à ceux qui survivaient de lui rester fidèles, *et se recommanda à leurs prières.* Quelle est cette religion de la prière et du glaive, du Saint des saints invoqué, et des plus atroces immolations pratiquées par tant de princes russes? C'est assurément la doctrine des enfers; car nous ne voyons là que le fanatisme fécondant la cruauté.

Les villes de Pleskof et de Twer furent accusées d'avoir des sympathies pour le roi de Pologne : elles furent traitées comme Nowgorod. De retour à Moscou, le Czar couvre la place publique d'instruments de supplices. Trois cents citoyens de naissance sortent des cachots, déjà tout mutilés, et cent courtisans abattent les têtes de ces infortunés. On se porte ensuite aux demeures des victimes, Ivan en tête, et leurs femmes subissent la torture jusqu'à ce qu'elles aient fait connaître les lieux où sont cachés les trésors de leurs maris.

Karamsin, dont la plume était surveillée de près, lorsqu'il retraçait l'histoire de son pays, et qui n'a pu agir autrement que de se faire en quelque sorte le panégyriste du féroce Ivan, a pourtant laissé sur ce scélérat impérial, la page suivante, bien significative, malgré quelques coups de pinceaux jetés à dessein pour désassombrir le tableau : « A peine soustraite au joug des Mongols, la Russie avait dû se voir encore la proie d'un tyran. Elle le supporta et conserva l'amour de l'autocratie, persuadée que Dieu lui-même envoyait parmi les hommes la peste, les tremblements de terre et les tyrans. Au lieu de briser entre les mains de Jean (Ivan) le sceptre de fer dont il l'accablait, elle se soumit au destructeur pendant ving-quatre années, sans autre soutien que la prière et la patience, afin d'obtenir, dans des temps plus heureux, Pierre-le-Grand et Catherine II. (Quels modèles !) Comme les Grecs aux Thermopyles, d'humbles et généreux martyrs périssaient sur les échafauds pour la patrie, la religion et la foi jurée, sans concevoir même l'idée de la révolte. C'est en vain que, pour excuser la cruauté de Jean, quelques historiens étrangers ont parlé des factions qu'elle avait anéanties ; d'après le témoignage universel de nos annales, d'après tous les documents officiels, ces factions n'existaient que dans l'esprit troublé du Czar. Si les boyards, le clergé, les citoyens eussent tramé la trahison qu'on leur imputait avec autant d'absurdité que de sortilèges, ils n'auraient point rappelé le tigre de son antre d'Alexandrowski. Non, il s'abreuvait du sang des agneaux, et le dernier regard que ses victimes jetèrent sur la terre, demandait à leurs contemporains, ainsi qu'à la postérité, justice et un souvenir de compassion.

» Malgré toutes les explications possibles , morales et métaphysiques, le caractère d'Ivan, héros de vertu dans sa jeunesse, tyran sanguinaire dans l'âge mûr et au déclin de sa vie, *est une énigme pour le cœur humain, et nous aurions révoqué en doute les rapports les plus authentiques sur sa vie, si les annales des autres peuples n'offraient des exemples aussi étonnants.* »

Retranchez de ce portrait les réticences forcées , les ménagements imposés, les préjugés d'éducation de l'auteur, quelle peinture dantesquement sinistre il ne restera pas !

Le Czar était vieux. Les boyards, qui fondaient certaines espérances sur son fils, crurent pouvoir solliciter pour lui le commandement des troupes qui partaient contre les Polonais. A cette demande , le père asséna sur la tête du czarowitz un coup de bâton ferré qui étendit l'héritier impérial raide mort.

Nous nous arrêtons à ce dernier crime, qui, assure-t-on, excita des remords dans l'esprit d'Ivan IV. Nous ne saurions pourtant passer sous silence une de ses dernières conquêtes, la Sibérie, dont le nom rappelle tant d'angoisses, tant de violences, et qui par la destination à laquelle elle est depuis long-temps affectée, s'accole si bien au nom du despote qui l'acquit par les armes.

Les forfaits d'un tel prince semblent avoir marqué la fin de la maison de Rourik : Ivan laissa deux fils , Fédor et Démétrius. L'hérédité du trône était devenue un principe ; Fédor reprit le sceptre , mais il était sans intelligence et d'une santé débile. Son père avait désigné trois boyards pour être le conseil du prince, et un quatrième seigneur pour lui servir de tuteur. Ce dernier, infidèle à la charge d'honneur qui lui était déférée, tenta de faire rejeter le frère aîné au profit du jeune Démétrius ; son insuccès le fit envoyer en exil.

L'ambition d'un autre personnage, nommé Boris Godounof, frère de la veuve d'Ivan, alla plus droit au but : le fer, le poison, l'or et tous les moyens à la disposition des scélérats, le débarrassèrent des trois boyards conseillers du prince et de tous ceux qui pouvaient lui faire ombrage. Bientôt il fit assassiner Démétrius , le moins agé des deux czarowitz, sachant bien, comme cela arriva peu après, qu'il n'en aurait pas pour long-temps avec Fédor.

C'est alors que le meurtrier, simulant la probité, eut l'air de vouloir venger l'assassinat de Démétrius. Il y eut des proscriptions et des supplices. Cette dissimulation ne se démentit point, lorsqu'il se trouva en face du trône vide par l'extinction de la race royale. L'état divisé par les factions avait besoin d'un chef. Boris ayant été le plus audacieux d'entre les puissants, ceux-ci recherchèrent ses faveurs, et le prièrent d'accepter une couronne qu'il avait poursuivie par bien des forfaits.

Habile à couvrir de velours la main de fer qu'il appesantissait sur les Russes , Boris ne fut pas moins cruel qu'aucun de ses devanciers; mais il sut mieux dissimuler son oppression. Il ne manqua pas de sens administratif, et favorisa le commerce et l'industrie. L'usurpateur eût ainsi vécu puissant, craint et respecté, sans un imposteur qui sortit tout-à-coup d'un couvent, où il était entré sans vocation. Ce jeune homme , noble de naissance, avait nom Otrépief , et ayant une grande ressemblance avec Démétrius , se donnait pour ce prince. Boris se disposait à le faire enfermer étroitement dans un monastère éloigné , quand le jeune moine trouva un asile dans une célèbre maison religieuse, à Kief, d'où sortant bientôt , il se réfugia en

Pologne. Là, s'étant fiancé à la fille d'une famille de distinction, et se donnant toujours pour être du sang royal de Russie, par ses paroles et par ses larmes, il met dans ses intérêts la diète, et bientôt il part pour Moscou, à la tête d'une armée. Boris étant haï par la noblesse, qui avait subi ses outrages, celle-ci fomente la révolte. Plusieurs villes se déclarent pour le faux Démétrius ; mais il est deux fois vaincu par les troupes de Boris, qui ne tarde pas à mourir presque subitement, d'autres disent par le poison qu'il s'était donné lui-même.

Fédor, fils de Boris, âgé seulement de seize ans, est revêtu de la pourpre ; mais Otrépief l'emporte enfin, et il fait périr ce roi enfant, sa mère et ce qu'ils avaient de parents et d'amis. Otrépief est proclamé roi ; mais des complots se forment aussitôt contre lui. Il les déjoue d'abord. Ensuite il s'unit à sa promise, la fille du palatin de Sandomir, et fait venir à Moscou une garnison de dix mille Polonais. Ces innovations déplaisent au peuple, aussi bien que les excès de ce roi de fortune. Au milieu des fêtes du mariage, le bruit que les Polonais veulent massacrer les habitants de Moscou est habilement répandu. On s'arme, pendant la nuit; au milieu de leur sommeil, les Polonais sont égorgés. On court au palais de Démétrius, qui en sautant par une fenêtre, se casse une jambe; ses serviteurs sont immolés. Il expire lui-même percé de coups, et son cadavre est brûlé.

Chouiski, qui avait conduit cette trame et ce soulèvement, marchait à la tête de la populace, une croix dans une main, un poignard dans l'autre. Un mois après il était couronné. Mais il ne fit que passer sur le trône, d'où le renversa un autre prétendu Démétrius, bientôt suivi d'un troisième. Et tous ces imposteurs trouvaient des partisans, des villes entières qui les soutenaient et les portaient au faîte du pouvoir !

Il y eut alors un interrègne de plusieurs années, au bout desquelles les Polonais étant chassés de Moscou , Michel Romanoff, fils du boyarin Fédor Nikitich , fait moine par Boris, fut appelé à l'empire du fond de son couvent.

A Michel Romanoff (1614) commence la dynastie encore régnante. Michel dut surtout son élévation à Filaret, son parent, qu'Otrépief avait nommé métropolite de Moscou. Le nouveau czar n'avait que seize ans à son avènement au pouvoir ; aussi le sceptre pesait-il étrangement à sa main, qui avait à soutenir la guerre contre la Suède et la Pologne. La Suède refusa la paix et ne posa les armes qu'en 1616 , où par le traité de Stolbowa, il lui était abandonné la Carélie, l'Ingrie et plusieurs places importantes. La Russie lui payait en outre une somme de 200,000 roubles.

Cependant Vladislas, fils de Sigismond, roi de Pologne, campait avec une armée à peu de distance de Moscou. La couronne avait été promise à ce prince, qui réclamait en faveur de ses espérances trompées. Michel acheta encore la paix des Polonais, par la cession de Smolensk, Séverie et Tchernigof. Puis il sut donner de l'impulsion au commerce. La guerre avec la Pologne se renouvela à la mort de Sigismond ; mais la discorde des généraux russes , les mutineries des soldats rendirent infructueux ces nouveaux efforts pour regagner le terrain perdu.

Alexis, fils et successeur de Michel, imita son père en soutenant la marche ascendante de la Russie vers le développement du commerce. Il établit des manufactures , appela des artistes étrangers , exploita le premier les mines de fer et de cuivre qui abondent en divers pays de la Russie. Des charpentiers venus de Hollande, lui ébauchent une marine marchande.

Cependant Alexis ayant succédé tout enfant à Michel, le boyard Morozoff, son gouverneur, devint son ministre. Celui-ci exerça un pouvoir illimité, et telles furent les vexations exercées sur le peuple, qu'un jour s'étant levé, il immola à sa colère tous ceux qui tenaient à Morozoff par les liens du sang et de l'affection. Ses chevaux défrayèrent encore la rage populaire. Assiégé dans le palais impérial, il ne dut son salut qu'à la prière du chef de l'état, lequel, à vrai dire, livra à la frénésie des ravageurs certains seigneurs non moins abhorrés que Morozoff. Le ministre resta au pouvoir. L'insurrection, trouvant des aliments dans la sortie des grains et d'une indemnité en argent, à propos de Suédois qui avaient fui le joug de Christine et qu'Alexis avait bien accueillis, l'insurrection, disons-nous, mit l'empire tout en feu. Les meneurs de la sédition avaient dans la pensée de déposer le Czar pour se mettre sous l'autorité polonaise. Alexis ayant enfin conjuré la tempête, espéra à son tour réunir à la sienne la couronne de Pologne. Cette dernière puissance fut vaincue dans la lutte engagée alors entre elle et la Russie, qui reprit les villes ci-devant perdues et obtint une partie de l'Ukraine et de la Séverie. Alexis fut d'un autre côté battu à Riga, par Charles-Gustave, roi de Suède.

Ici se placent les aventures de ce Stenka Bazin, Cosaque du Don, d'une audace prodigieuse : nous en avons déjà parlé. Il était possesseur d'Astrakan, qu'il avait inondé de sang et couvert de ravages. Il se préparait à se précipiter sur Moscou, pour en faire une tombe immense, une ruine fumante. Mais il fut vaincu, pris et écartelé vif.

Alexis eut le mérite de réunir en un corps les diverses parties de la législation russe. On a rendu justice à son caractère qui n'avait pas la férocité reprochée à ses prédécesseurs. Toutefois, l'histoire ne l'a pas absous de l'altération qu'il fit subir aux monnaies, après les guerres de Pologne et de Suède. Pour apaiser les séditions, des torrents de sang furent versés, et ce prince fut le créateur de la chancellerie secrète, ce tribunal sans appel, où l'obscurité voile les erreurs, les fantaisies du despotisme.

Le czar Alexis, fils de Michel Romanoff, en 1672, menacé d'une guerre par Mahomet IV, sollicita l'appui de plusieurs princes chrétiens. Il envoya également une ambassade au pape Clément X, lui proposant une ligue contre le Sultan et la réunion des deux églises ; mais le souverain Pontife ne pouvant accepter des conditions dépourvues de sincérité et dans lesquelles il reconnaissait clairement la supercherie du Czar, l'ambassade resta sans effet.

Fédor, fils d'Alexis, ceignit la couronne à l'âge de dix-neuf ans. Il fit quelque temps et avec bonheur la guerre aux Turcs ; mais la paix conclue en 1681 le laissa exclusivement à l'administration intérieure. A cette époque, en Russie, toutes les faveurs, toutes les hautes fonctions étaient abandonnées à la naissance. Le mérite, le talent n'étaient rien devant l'aristocratie envahissante, quelle que fut son incapacité, souvent même son crétinisme. Ces abus avaient été une cause de déchéance pour l'Etat. Fédor eut le mérite d'y porter remède. Il fit brûler tous les titres de noblesse, afin que les distinctions fussent désormais la part de la valeur et de la vertu. Il mourut en 1682, laissant par testament la couronne à ses deux jeunes frères, Ivan V et Pierre Ier.

Ivan était presque aveugle et privé de la parole. Il

régna jusqu'à sa mort (1696) avec Pierre, mais ne fut qu'un fantôme de roi. Pierre n'avait que dix ans quand il fut associé au trône. Sophie, leur sœur, ambitieuse, d'un génie supérieur à son sexe, organise la célèbre révolte des Strélitz, se fait nommer czarine et gouverne sept ans au nom de ses frères. Le parti des Narichkin est abattu. De concert avec Galitzin, son favori, elle domine, fait vainement la guerre aux Turcs, mais est plus heureuse contre les Polonais, auxquels elle impose le traité désavantageux de Moscou (1686). Voyant grandir Pierre Ier, et devinant son ambition inquiète, elle tente de se défaire de ce dangereux rival en soulevant encore les Strélitz (1689); mais à Pierre resta l'avantage, et Sophie dépouillée de l'autorité, alla gémir en prison, où elle périt en 1704 : on la crut empoisonnée. Du fond de cette prison, Sophie ourdissait encore des trames dans Moscou.

Nous voilà face à face avec ce Pierre-*le-grand*, que nous avons déjà cloué au pilori de l'opinion publique, ayant si souvent besoin de se couvrir la face des deux mains, aux reproches sanglants de ses crimes plus sanglants encore. Nous aurons pour cette raison beaucoup moins à dire sur un prince si avide de gloire, mais qui ramassait n'importe dans quelle boue, les fleurons dont il prétendait tresser son orgueilleuse couronne.

Pierre créa une marine pour son pays, cela est vrai : cet honneur ne lui est point contesté. Mais faut-il partager l'engouement de certains auteurs pour la longue station qu'il fit dans les chantiers de Saardam, revêtu de l'habit de charpentier, vivant de leur existence laborieuse et buvant plus qu'eux surtout. Ne voulait-il pas se donner en spectacle, lui qui déjà, contredisant la simplicité de telles manières, avait lutté un peu avant, de faste et de prodigalité, avec l'électeur de Kœnigs-

berg? Ainsi le czar Pierre apprit le métier de construc-
teur de navires. Il reçut du célèbre Ruysch des leçons
d'anatomie, et parada plus tard, à Moscou , du talent
qu'il avait acquis d'extirper une dent.

Cependant un vaisseau qu'il avait construit lui seul,
à Amsterdam , s'il faut en croire le témoignage au
moins suspect de Voltaire, partit pour la Russie, chargé
des ouvriers qu'il avait recrutés de divers pays. Cette
agrégation d'hommes destinés à hâter le développement
des arts et de l'industrie , serait un sujet de louanges
pour l'Autocrate , si la plupart de ces étrangers, ga-
gnés par des promesses menteuses , n'eussent pas eu à
se repentir de leur crédulité.

Le génie de Pierre força la maturité civilisatrice de
ses états ; ses conceptions manquèrent d'élévation et de
justesse. En Angleterre , privé d'argent, il vendit
à des marchands , pour quinze mille livres sterling ,
le droit de vendre du tabac en Russie , présent funeste
fait à une nation encore grossière , intempérante , et
défaut de présivion qui allait faire sortir du pays, sans
dédommagement , plusieurs millions par année. L'édification de Pétersbourg est un effort peut-être sans
exemple, puisque Pierre convertit un marais en une métropole. Mais aussi combien cette sorte de prodige est
dépourvue de prévoyance , puisque la ville est à la
merci des éléments , et que le climat y ronge plus le
granit en un seul hiver qu'ailleurs en un quart de siècle.
Il est bien d'autres raisons qui militent contre le mérite
de cette superbe entreprise. A Vienne, où des fêtes eurent lieu, lors de son passage, le Czar se donna en spectacle comme magnifique danseur.

Cependant une sédition facile à prévoir , et dirigée
par les partisans de Sophie , le rappelle à Moscou qu'il
remplit de carnage. Quatre mille Strélitz sont égorgés ,

le reste de cette milice est dispersé aux diverses extrémités de l'empire. Constatons maintenant l'utilité de plusieurs réformes et de plusieurs établissements qui font l'éloge de ce prince. Faisons-lui honneur de la construction de ce fameux canal de jonction du Don et du Volga , mettant ainsi en communication la mer Caspienne et la mer Baltique , sans oublier toutefois que ce projet lui fut suggéré par un marchand du nom de Serdioukof, et qu'il fût exécuté par des ingénieurs Anglais.

Quant à ses guerres , elles furent calculées d'après les vues écrites dans son testament. D'abord il s'unit au roi de Pologne Auguste II contre Charles XII, roi de Suède. Plusieurs fois défait par ce dernier, il l'emporta finalement à Pultawa, en 1709. L'année suivante, il enleva à la Suède la Livonie , l'Esthonie , la Carélie , et tourna ses armes contre les Turcs alliés de Charles. Le Czar éprouva un grand échec à Houch, sur le Pruth , et n'échappa que grâce à sa femme Catherine, qui acheta la paix. En 1713 , il conquit la Finlande ; en 1714 , Aland, après une victoire sur mer. En 1723, il enleva à la Perse le Daghestan , le Chirvan , le Mazandéran, l'Asterabad. Il passa en 1725. Ses guerres avaient causé la mort à un million d'individus , et ce qui manquait à son empire, c'était surtout la population.

Catherine Ire , veuve de Pierre-le-Grand , lui succéda et régna seulement deux ans. Née dans l'abjection à Mariembourg, elle y devint la femme d'un soldat, et lors de la prise de cette place par Pierre Ier, elle plut à ce prince , qui l'aima , et la fit couronner solennellement à la fin de sa vie. Elle ne savait ni lire ni écrire : sa fille Elisabeth signait pour elle les actes du gouvernement. Menzikoff l'obsédait de son despotisme ; car ce favori, qui de garçon pâtissier

était devenu ministre sous Pierre, avait une soif inextinguible de pouvoir. Il avait fiancé sa fille à Pierre II, jeune
encore, afin de perpétuer son autorité, et Catherine s'é-
tait vue forcée par l'ambitieux à désigner ce jeune
prince pour son héritier, plutôt qu'Anne, fille aînée de
Pierre. Catherine mourut en 1727 , non sans avoir été
accusée d'empoisonnement sur son mari , que plusieurs
font également mourir de la suite de ses débauches et de
l'effet de quelque suc vénéneux jeté dans ses aliments :
Pierre expira en sortant de table, atteint de coliques vio-
lentes. Menzikoff dominait Pierre II , qui s'éteignit à
quinze ans. Ce terrible ministre méprisa l'autorité du
conseil de régence désigné par la feue reine. Il était
souverain de fait et méditait de marier son fils à Na-
thalie , sœur de Pierre. Mais les fureurs envieuses qu'il
excita de toutes parts vinrent à éclater : les grands conjurés se proposaient, en renversant Menzikoff, de porter
au trône Anne, fille aînée de Catherine et mariée au duc
de Holstein. Le complot n'aboutit pas , et ceux qui en
étaient les auteurs furent transportés en Sibérie ou subirent le châtiment du knout. L'heureux favori ne jouit
pas longtemps de cette faveur omnipotente. Supplanté
auprès du roi enfant par les Dolgorouki , il perdit ses
trésors , fruits de ses longues rapines , et alla expier sa
conduite dans cette Sibérie , où il en avait jeté tant
d'autres.

Anne Ivanowa , fille d'Ivan V, duchesse douairière
de Courlande, fut choisie pour czarine, à la mort de
Pierre II. Il serait injuste de rendre cette princesse responsable des atrocités commises sous son règne. Mais
aussi pourquoi donnait-elle son crédit à des favoris ,
qui, absorbant l'autorité suprême, en disposaient au gré
de leurs passions , de leurs animosités. Nous ne si-
gnalerons que Biren.

« Cet hommes anguinaire, écrit un historien, qui disposa de toute la mesure de pouvoir absolu qu'Ivan IV et Pierre Ier s'étaient attribués, était le petit-fils d'un piqueur des écuries de Jacques III, duc de Courlande. Il teignit du sang de la plus haute noblesse russe les marches du trône, pour se venger de n'avoir pu être agrégé au corps de la noblesse de Courlande. On ne pourrait compter le nombre des infortunés qui périrent dans les supplices ou qui subirent les exils les plus rigoureux, sous son affreuse administration. La souveraine, devenue son esclave, recevait ses ordres, et plus d'une fois on la vit vainément se jeter à ses pieds pour en modérer l'atrocité. »

Cependant Ivanowa ne démentit point les entreprises de Pierre Ier, son oncle; elle força la Pologne de reconnaître Auguste II, électeur de Saxe, au préjudice du vertueux Stanislas Leczinski. Elle eut des succès pareils dans ses campagnes contre les Tartares et les Turcs; mais en dernier lieu, l'élite de son armé ayant péri, elle fit la paix et délaissa ses conquêtes sur la mer Noire et le Pont-Euxin (1740.)

Anne mourut dans le délire, épouvantée par les cris qu'elle croyait entendre des victimes de Biren, qui en somme étaient aussi les siennes. Biren dicta un testament en faveur d'un enfant, Ivan, fils de la duchesse de Meklembourg, nièce de la Czarine, et que celle-ci avait résolu de désigner à l'empire. Le tout-puissant favori continuait de gouverner sous cette nouvelle régence, et le poids de sa domination devint plus lourd d'un jour à l'autre. Mais Ulric de Brunswick-Lunebourg, prenant en main les droits de son fils, hâta la ruine du misérable, qui, enfermé quelque temps dans une forteresse, partit ensuite pour les bagnes de la Sibérie que sa tyrannie avait peuplés.

La duchesse de Brunswick fut nommée régente. Le duc, son époux, prit le commandement des troupes. Cependant les jalousies de portefeuilles, les désordres de la régente, sa mésintelligence avec son mari, annonçaient une révolution. Élisabeth, seconde fille de Pierre-le-Grand, secondée par le Français Lestocq, ourdit habilement une trame, dont le résultat fut le sceptre pour elle, une détention éternelle pour la régente, pour son fils au berceau et pour son époux.

Élisabeth illustra ses armes contre la Suède d'abord, puis contre le fameux Frédéric. Mais ce qui inspire le dégoût, ce qui soulève le cœur, c'est la vie crapuleuse de cette reine, qui affectait la dévotion, malgré ses déportements, comme pour rendre complice de ses infamies ce qu'il y a de plus saint et de plus sacré au monde, ce qui rapproche l'âme humaine d'un Dieu jaloux de la prière innocente et des chastes aspirations. Nous laissons la parole à Woronzow, un vice-chancelier de la Czarine, et l'un des rares esprits d'élite dont on rencontre parfois l'espèce dans les annales moscovites. Ce personnage de la cour parle ainsi à un envoyé secret du roi Louis XV :

« Vous avez vu l'impératrice.... et vous avez été troublé, séduit ; son regard caressant, sa parole mielleuse vous ont captivé du premier coup. Oh ! je vous étudiais ! et c'est parce que j'ai vu et compris tout l'effet produit sur vous par une première entrevue que j'ai jugé cette conversation nécessaire. J'apporte un contre-poids dans la balance.... Ici, sachez-le bien, tout est jeu, et tout joueur est fripon. Aussi importe-t-il d'avoir l'œil au guet, et de mettre incessamment la main sur sa pensée, comme les honnêtes gens la mettent sur leur poche en entrant dans un tripot.

» Je reviens à l'impératrice. Sous un air de bonhomie apparente, elle a l'intelligence déliée, incisive ; si l'on ne s'est boutonné d'avance et cuirassé contre son regard, il se glisse sous votre habit, l'écarte, s'insinue, vous déshabille, vous entr'ouvre la poitrine ; et quand vous vous en apercevez, il n'est plus temps : vous êtes à nu, la femme a lu dans vos entrailles et fouillé dans votre âme. Aussi la candeur et la bonté ne sont qu'un masque, un vernis d'emprunt sur la figure d'Elisabeth. Grattez l'enduit, écaillez la première couche , et le noir apparaît sous le blanc , la face vraie sous la fausse. Dans votre France, par exemple, et dans toute l'Europe notre souveraine a la réputation et le surnom de *Clémente*. A son avènement au trône, en effet, elle jura , sur l'image révérée de saint Nicolas, que personne ne serait mis à mort sous son règne. Elle a tenu parole *à la lettre* , et aucune tête n'a encore été coupée, c'est vrai ; mais deux mille langues , deux mille paires d'oreilles l'ont été ; joignez y autant d'yeux crevés et de nez fendus , et vous aurez compensation. Vous connaissez sans doute l'histoire de la pauvre et intéressante Eudoxie Lapoukin... Elle eut quelques torts peut-être envers Sa Majesté ; mais le plus grave , à coup sûr, fut d'avoir été sa rivale et plus jolie qu'elle. Elisabeth lui a fait percer la langue d'un fer rouge et administrer vingt coups de knout de la main du bourreau , et la malheureuse était enceinte et près d'accoucher ! Ensuite elle fut exilée en Sibérie avec son fils et son mari. Instruits par cet exemple , et habiles à concilier leur vengeance et le serment de leur souveraine , les gouverneurs de nos provinces ont su, comme votre Tartuffe avec le ciel , trouver avec *saint Nicolas* des accommodements. Rigoureux observateurs de la parole impériale , l'accomplissant avec une atroce fidélité, ils ne tuent point leurs ennemis,... ils les pendent aux arbres par les bras ou par les pieds jusqu'à ce qu'ils meurent *d'eux-mêmes* , ou bien ils les clouent en croix sur des planches , et les abandonnent ainsi au courant des fleuves qui traversent les déserts ! Voilà ce qui a lieu en ce moment encore dans nos provinces ; la subtilité de cannibale et l'ergotisme de bourreau qu'Elisabeth tolère, et auquel Bestucheff applaudit. Tenter de renverser un pareil gouvernement, ce n'est point de l'ambition ; j'ose le dire, c'est du patriotisme, c'est de l'humanité. Vous trouverez dans la vie privée d'Elisabeth les mêmes contradictions que dans sa vie politique. Tantôt impie, tantôt fervente , incrédule jusqu'à l'athéisme, bigote jusqu'à la superstition, elle passe des heures entières à genoux devant une image de la Vierge , parlant avec elle, l'interrogeant avec ardeur et lui demandant en grâce... dans quelle compagnie des gardes elle doit prendre l'amant dont elle a besoin pour sa journée : sera-ce dans les Préobajinski, les Ismaëlouski, les Siméonouski, les Kalmoucks ou les Cosaques ?

» Elle a un goût marqué pour les liqueurs fortes. Il lui arrive parfois d'en être incommmodée au point de tomber en syncope, ou dans les convulsions d'une fureur frénétique. Il faut alors couper sa robe et ses corsets : elle bat ses serviteurs... On dit, quand cela arrive que Sa Majesté a ses *vapeurs.* »

(Mémoires du chevalier d'Eon).

« Au milieu de cette vie débordée , lisons-nous ailleurs , Elisabeth s'indignait quand on lui dénonçait quelque infraction à la discipline ecclésiastique. Manger de la viande ou du beurre en carême , était un crime pour lequel il n'y avait pas de grâce ; les blasphémateurs avaient la langue arrachée sans rémission, et un propos un peu leste , tenu sur les turpitudes du palais, était assimilé au plus odieux blasphême... »

Quelle cour ! Quel gouvernement ! Quelle nation !

Pierre III était fils de Charles-Frédéric, duc de Holstein-Gottorp, et d'Anne , fille de Pierre-le-Grand. Il avait pris pour femme cette Catherine d'Anhalt-Zerbs, qui devait être elle aussi si tristement célèbre. Il hérita du trône en 1762 , à la mort d'Elisabeth. Voici son portrait, emprunté à la même source que celui de la ci-devant Czarine, que notre respect pour la décence ne nous a pas permis de suivre absolument dans toutes les turpitudes de sa vie : « Pierre est un fou. Il s'est fait le mime, le singe de Frédéric II. Avec une physionomie ingrate et grotesque par elle-même , il s'est coiffé d'un tricorne retroussé , semblable à celui du roi de Prusse , son modèle, et lui ressemble à peu près comme un orang-outang peut ressembler à un homme. C'est un maniaque ridicule qu'il nous faut ménager ; il a d'ailleurs les qualités qui d'ordinaire sont celles de ses défauts ; c'est une espèce de bourru bienfaisant, une nature informe, à peine ébauchée , âpre et rugueuse dehors, mais bonne et tendre au-dedans. » Pierre porta ses manies au gouvernement. Il changea le système du cabinet, fit la paix avec le roi de Prusse, s'unit à lui et s'entoura d'étrangers. Cette dernière innovation indisposa les Russes.

Cependant Catherine, sa femme, émule d'Elisabeth

en fait de mœurs désordonnées, se livrait sans honte à mille désordres. Assez long-temps le Czar refusa de croire à l'inconduite de Catherine. Il fut convaincu à la fin, et il se proposait de la répudier et de faire reconnaître l'illégitimité du fils qu'elle venait de mettre au monde, quand elle-même se défit de son époux par un régicide, et s'assura la dignité impériale pour son compte. Orloff, le favori du moment, était capitaine quartier-maître de l'artillerie, et était entré avec plusieurs autres chefs dans tous les détails du complot. Plusieurs fois averti de ce qui se tramait, la bizarrerie du Czar refusa d'y croire : il tendait lui-même le cou au couteau qui devait l'abattre. Tout est prêt : Catherine part de sa maison de plaisance, où les conjurés l'avaient envoyée prendre pendant la nuit. Elle arrive à Pétersbourg à sept heures du matin, se présente à des compagnies qui étaient gagnées. Les soldats l'acclament. Elle leur dit hypocritement que Pierre voulait cette nuit même la faire mourir avec son fils; qu'elle se livre à leur fidélité. La troupe jure de la défendre. Un prêtre sacrilège se présente, tenant le signe de la rédemption, sur lequel il reçoit le serment des gardes; la contagion se répand. L'insurrection est complète. Catherine gagne le palais impérial, dîne devant une croisée ouverte, et porte des toast au peuple, qui pleure d'attendrissement.

Pendant ce temps, Pierre revenait d'Orianembaum à Pétérhoff, accompagné d'une joyeuse assistance qui sortait de la fête du jour en songeant à celle du lendemain. La nouvelle de l'insurrection est portée à Pierre III, qui, faible, indécis, prouvant là surtout son incapacité, ne sut prendre aucun des moyens qui pouvaient le maintenir sur le trône et venger la morale publique insultée. Il se présente dans sa capitale, où l'odieuse Catherine triomphait, et soudain méprisé, dépouillé de ses habits, en chemise, on l'expose devant le palais aux outrages de la soldatesque. Enfin il est jeté dans un cachot, où bientôt il trouve sa fin par le double secours du poison que lui présente un courtisan, et par la strangulation au moyen de laquelle il est achevé. Catherine n'éprouve pas une émotion en apprenant la consommation du meurtre qu'elle avait commandé. Elle préside sa cour avec toute sa gaîté ordinaire. L'insensibilité rivalise en elle avec l'impudence, et le cynisme avec l'humeur insouciante après une suite de crimes commis à froid. Tous les personnages qui entouraient la Czarine furent plus ou moins complices de ces infamies, ou, prodiguèrent leur encens à la nouvelle idole impériale qui paraissait sous un diadème usurpé et sanglant. Catherine prodigua des récompenses, et commença ce long règne qui dura jusqu'en 1796.

L'impératrice était entreprenante et active: ses talents n'auraient demandé que le respect de la justice, l'amour de la vertu. Elle ne recula devant aucun moyen pour imposer à la Pologne la royauté de Poniatowski, son ancien amant. Ce malheureux pays devait être anéanti par elle en 1792, par l'adjonction à ses états de ce qui restait au souverain de ce dernier pays. On sait que l'ambition de la Prusse s'accommodait trèsbien de la partie des états Polonais qu'elle obtint en 1772, lors du premier partage, et que la religion de Marie-Thérèse fut trompée, pour décider l'Autriche à entrer dans cette division inique.

Portons nos regards maintenant sur la prison de Schlusselbourg : là se trouve encore le czar Ivan, qui, enfermé à l'âge de trois mois, a grandi, et à l'heure qu'il est a vingt-deux ans. Un bandit est commis pour simuler un enlèvement du prince, et pendant la prétendue tentative, les deux gardiens égorgent l'infortuné, qui ne quitte son cachot que pour obtenir une fosse. On vit assez d'où partait le coup ; personne ne s'y méprit.

Nous ne suivrons pas Catherine dans ses expéditions contre les Turcs, contre les Perses ; dans les améliorations qu'on lui attribue pour la civilisation de la Russie. Nous n'avons pas le triste courage d'énumérer ces innombrables favoris qui se succèdent, ces parades où l'on prodigue l'or fourni par le travail excessif des peuples, ces projets qui prétendent à la grandeur et qui ne sont que des prétextes d'usurpation et de fastueuses chimères. Aux monarques qui n'ont pas aimé leurs peuples, qui n'ont pas été les pasteurs de l'humanité, qui ont marché comme des torches incendiaires, ravageant les lieux qu'ils ont traversés, foulant les humbles comme l'herbe des champs, caressant le poignard, passez, passez, leur disons-nous, allez au tribunal terrible et inévitable de celui qui juge les nations et les rois.

Nous ne saurions omettre néanmoins, touchant la nouvelle Agrippine, qu'elle fut emportée par une attaque d'apoplexie foudroyante ; qui a vécu une longue vie dans les horreurs du crime, ne doit pas mourir autrement. Sans entrailles pour tout le reste, elle fut même sans affection pour son fils, Paul Ier, qui régna après elle. Le regard indigné de l'observateur s'étant promené sur les immondices entassées sur ce long espace parcouru par nous, se repose enfin sur un front que la haine du genre humain n'a pas plissé, et qui respectueux pour une mère qui le détestait et songeait à le priver de l'empire, offre sur le trône une image moins pénible à observer... Mais j'allais oublier que si Paul Ier suspendit la levée de cent mille hom-

mes ordonnée par sa mère contre la France, les finances de la Russie étaient épuisées, et la mettaient dans
la nécessité de recourir au papier monnaie, le grand
chemin de la banqueroute ; qu'il fut le chef d'une
coalition contre notre patrie ; que la fin de son règne
fut marquée par les rigueurs du despotisme et par une
conduite dissolue, lui dont la jeunesse était restée si
exemplaire ; et que les seigneurs russes de plus en plus
froissés, se conjurèrent, le surprirent dans son repos,
et sur son refus d'abdication, l'assaillirent, l'accablè-
rent, et l'étranglèrent enfin avec l'écharpe de l'un d'eux.

Tel est donc le simple aperçu de ce qu'ont été les souverains de la Russie, de cette contrée où l'autocrate dit,
et les fronts touchent la terre, de cet empire qui prétend
exister pour l'asservissement des nations! Qu'a-t-il présenté à notre admiration, le livre d'or de ces lignées impériales et de la noblesse moscovite, que des monstres et
de temps à autre quelques personnages avec des qualités à peu près toujours déparées par des vices ? des
courtisans sans vergogne et sans respect pour le droit des
gens, les uns et les autres ne paraissant parfois avec des
proportions de géant, que pour exagérer le crime, pour
outrer les penchants les plus ignobles et les plus abjects!
Là pas un Charles-Martel arrêtant, par l'impétuosité de
son génie et de son audace, un déluge de Maures dé-
vastateurs ! Pas un Charlemagne refaisant, au nom de
toutes les saintes causes, l'empire d'Occident, et arrêtant
sur la Gaule, qu'il couvre de majesté, l'astre égaré de la
civilisation ! Pas un exemple de deux frères, comme
Louis III et Carloman, donnant sur le trône l'exemple
d'une touchante amitié, valeureux avant l'âge, et ravis
à leurs peuples de si bonne heure, après avoir donné
de magnifiques espérances! Pas un Robert-le-Pieux, digne aussi d'être nommé le modèle des hommes et le

père des pauvres! Pas un Louis VI achevant son testament de mort par ces paroles à son fils : « Souviens-toi que la royauté est une charge que Dieu te confie et dont tu lui rendras compte un jour! » Pas un Philippe-Auguste offrant d'abandonner sa couronne au plus digne, et accomplissant avec ses braves le prodige de la bataille de Bouvines! Pas un Louis IX, dont le grand cœur le donne pour arbitre aux rois de son époque et dont la piété lui acquiert même de son vivant le titre de saint! Pas un Charles-le-Sage, aimant à répéter : « Je ne suis heureux que parce que je puis faire du bien! » Pas un Louis XII s'écriant : « Je préfère voir les courtisans rire de mes épargnes, que mes sujets pleurer de mes dépenses, » et sentant ses dépouilles tressaillir à ce mot de la France accompagnant son cercueil : « Le père du peuple est mort! » Pas un Henri IV, dont la mémoire reste à jamais populaire! Pas un Louis-le-Grand, le monarque de toutes les gloires! Pas un Louis XVI enfin, le martyr de la monarchie, et mourant, sublime fils de St. Louis, en pardonnant à ses bourreaux! Rien! rien! pas plus de souverains semblables à l'auguste cortége défilant devant nous, que de ministres comme Suger, d'Amboise, Colbert, Sully; que de magistrats comme Lhôpital, Montausier, Daguesseau, Lamoignon; que de héros comme Rolland, Bayard, Montmorency, Turenne, Condé et mille autres; que de gouverneurs comme Ortez à Bayonne; d'évêques comme Hennuyer à Lizieux, dont l'un, contre l'ordre fanatique d'un prince égaré, d'immoler des innocents, ne trouve dans la place que *des braves gens et point de bourreaux*, et l'autre qui défend le massacre des proscrits, parce qu'ils sont de son troupeau et qu'il est leur pasteur!

Arrière! arrière donc les czars et les peuples qu'ils commandent! Guerre à ces ennemis des nationalités!

Honneur à qui est prêt à soutenir une juste indignation par le fer et par la flamme ! Malheur à quiconque est assez insensé pour ne pas s'apercevoir des intentions de la Russie, ou qui est assez lâche pour les applaudir !

CHAPITRE III.

Mœurs et Usages des Russes.

(LE PASSÉ A VOL D'OISEAU.)

Nous avons établi le fanatisme conquérant des princes Russes. Nous avons vu ce qu'ont été comme souverains ces mêmes princes qui sont la volonté nationale, puisque la nation n'est pas représentée et que le mot autocratie n'a d'autre signification en bonne logique que gouvernement d'un seul. Il nous faut maintenant suivre le peuple russe dans ses coutumes, pour le connaître lui aussi, et nous rendre compte de son état d'esclavage et de soumission aveugle à ses chefs.

Les Russes tirent leur origine de ces diverses races ou peuplades errantes connues sous la dénomination de Slaves ou d'Esclavons. La plus ancienne ville de Russie est Nowgorod. C'était primitivement une république marchande, gouvernée par des magistrats librement élus par les habitants. Elle trafiquait avec les peuples voisins de la Baltique. Les chroniques de Constantinople , au dixième siècle , mentionnent les relations d'affaires existant alors entre les Grecs et les Nowgorodiens. Ceux-ci avaient des peuples tributaires, ce qui suppose des conquêtes. Nous avons dit que Rourik

en devint le chef ou le premier roi. Leur esprit d'a-
grandissement se perpétua jusqu'au treizième siècle,
époque de l'invasion et de la domination mongole.
Après Rourik, les expéditions des Russes peuvent nous
être connues par ce que nous savons de ces Normands
sauvages, remarquables seulement par une valeur
féroce et une activité dévastatrice.

Les Nowgorodiens avaient réprouvé l'oligarchie in-
commode des boyards, et avaient appelé Rourik avec
cette formule : *Nous voulons un prince qui nous commande et nous gouverne selon les lois ;* excellente base
d'une constitution dont le gouvernement eût été au
prince, la loi à la nation. Ne serait-il pas possible que
cette conscience du droit n'ait été plus tard la cause im-
plicite de la ruine de cette mère cité? Les Varaigues de
Rourik composèrent sa garde, son conseil, et occupèrent
les plus hautes fonctions. Le prince n'avait que sa part
du butin, comme le soldat la sienne. Les anciens Slaves
ou Russes combattaient par groupes et sans ordre. Les
Varaigues leur apprirent l'art de se battre en colonnes
rangées autour des drapeaux, et de se faire précéder
d'une avant-garde, derrière laquelle l'armée s'avançait
sans risque d'être surprise.

Les renseignements puisés dans les chroniques Russes
et Allemandes prouvent que dans le dixième siècle,
des marchands Nowgorodiens et autres faisaient à Constantinople, le commerce des esclaves, du miel, de la
cire, des fourrures, et en rapportaient de la pourpre,
de riches vêtements, des draps, des maroquins, du poi-
vre, du vin et des fruits. La guerre et le commerce des
Russes introduisirent bientôt le luxe chez eux, et l'on
assure qu'au onzième siècle les grands princes imitè-
rent la magnificence de la cour byzantine. Sous Vladimir, Kief paraît avoir renfermé quatre cents églises
et huit grands marchés.

L'unité du pouvoir est à la politique ce que l'unité romaine est à la religion ; le principe de succession au trône par ordre héréditaire et de primogéniture, c'est la stabilité et la force du pouvoir. Le système des apanages, c'est la division , c'est la jalousie, c'est l'affaiblissement, et le tout, un foyer permanent d'anarchie, de rivalités sanglantes. Le partage de l'empire alimenta les funestes querelles des héritiers de Clovis ; la même aberration ruina la dynastie de Charlemagne et donna naissance au despotisme féodal. Les luttes éternelles des princes Varaigues, après Vladimir, l'emportent par cette même coutume de division territoriale, en conséquences pernicieuses , sur tout ce que l'histoire nous raconte dans ce sens. A part les drames terribles qu'elle amena , le morcellement progressif de la Russie la livra aux Tartares (1). Sans ces divisions intestines, la civilisation et les lumières eussent prodigué partout leur diffusion, et ce pays n'eût pas été enseveli pendant une période nouvelle et si longue, dans les ténèbres de la barbarie.

Le trait suivant donnera une idée de la manière dont les Russes pratiquaient le droit des gens, à cette époque : les Mongols, des rives du Dniéper et du Borysthène , leur envoyèrent une ambassade , pour les assurer qu'ils n'en voulaient pas à eux, mais à leurs anciens esclaves, les Polovtsi, voisins dangereux dont les Russes avaient éprouvé le brigandage. Les députés furent mis à mort par ces derniers , qui reçurent de leurs prochains oppresseurs cette déclaration : « Vous avez soif de notre sang ; vous avez assassiné nos ambassadeurs, vous qui ne nous connaissez pas, vous à

(1) Les Khans de Tartarie promenèrent plusieurs fois sur tous les points du territoire des hordes de quatre et de six cent mille guerriers, laissant après eux, à la place des cités, la désolation et des cendres fumantes.

qui nous n'avons fait aucun mal; mais Dieu sera juge entre nous. »

Sviatoslaf, qui, au dixième siècle, avait rangé sous sa domination les pays compris entre le Tanaïs et le Borysthène, la Chersonèse Taurique et la Hongrie, était alors allié avec Nicéphore Phocas, empereur grec. Ce dernier avait provoqué une expédition des Russes contre les Bulgares, perpétuels ennemis de Constantinople. Les soldats de Sviatoslaf furent vainqueurs; mais prenant possession des provinces conquises, contre la foi des traités, ils répondirent aux réclamations de l'Empereur, qu'ils ne déserteraient un si beau pays, que lorsque les villes et les prisonniers auraient été achetés à deniers comptants. On peut voir que le naturel exacteur de la Russie n'est pas nouveau, et que sa duplicité remonte à son origine. Le fanatisme de ces époques reculées, explique encore la docilité militaire, la discipline des Russes de nos jours. La guerre avec l'empire byzantin sortit de l'insolence d'une telle réponse. Cernés par la cavalerie de Nicéphore, et à la dernière extrémité, les soldats se percèrent de leurs propres armes. « Ils croyaient que celui qui est tué dans un combat sera, dans l'autre monde, l'esclave de celui sous lequel il a succombé; aussi se poignardaient-ils eux-mêmes, quand ils n'avaient plus l'espoir de vaincre ou de fuir, et mouraient-ils, intimement convaincus qu'ils conserveraient leur liberté, du moins dans la vie future. (*M. de St. Hilaire.*) »

Ne trouve-t-on pas dans ce Vladimir, surnommé le *Saint*, et meurtrier de son frère, aussi bien que dans les guerres que se firent constamment les princes Russes, jaloux des possessions les uns des autres, jusqu'au quinzième siècle; l'exemple de ces meurtres, de ces supplantations royales si fréquentes depuis, après l'épanouissement d'une civilisation meilleure? Avant Rourik, la législation avait pour code la conscience et les usages. Les Varaigues écrivirent des règlements. Iaroslaf enfin dota sa nation d'un corps de lois. On y remarque de sages dispositions empruntées à la législation grecque , d'autres qui rappellent la loi salique. Mais on y trouve des étrangetés comme celle-ci : arracher un poil de la barbe d'un homme est un délit beaucoup plus grand que de lui casser une jambe.

Si un meurtre était commis, un parent de la victime avait le droit de tuer le coupable. Hors de là , la peine de mort avait été abolie par les enfants d'Iaroslaf : on y suppléait par la compensation pécuniaire. On pratiquait aussi l'épreuve du fer rouge ou de l'eau bouillante. Malgré les dispositions pénales de la loi contre l'usure , on pouvait encore prêter impunément jusqu'à 200 pour 100 d'intérêt.

Au commencement du quatorzième siècle, les princes régnants s'abandonnaient à des disputes plus acharnées peut-être que toutes celles qui les avaient agités avant et depuis leur dépendance du grand Khan. André, qui gouvernait Vladimir avec une ambition insatiable , fut un vrai fléau pour la Russie. Il se fit nommer grand prince par le Khan, ruina des provinces à la tête de bataillons tartares. Il convoîtait surtout la principauté de Moscou. Dmitri, qui y régnait , mourut en léguant ses possessions à Daniel, prince de Péréislawl. Celui-ci mort, après avoir donné à Moscou une importance qui la préparait à devenir capitale de tout l'empire, André allait l'attaquer avec un corps tartare, quand sa fin l'empêcha de causer d'autres maux à sa patrie.

La Russie se façonna sur les Grecs du neuvième au quinzième siècle. Depuis elle emprunta surtout aux Allemands et aux Français. Les Russes ont été sans initiative :

ils n'ont rien trouvé, rien deviné, rien inventé ; ils doivent tout aux autres peuples, qui de nos jours encore leur fournissent des travailleurs modèles, des talents de tous les genres.

La religion devant former, dans cet écrit, une étude spéciale, nous n'analyserons que plus tard le peu d'influence qu'elle a eu sur le développement civilisateur de la Russie, sur les préjugés et le fanatisme qu'elle n'a pu détruire, sur les élans de la pensée qu'elle n'a pas soutenue.

Au seizième siècle, les mœurs orientales avaient fortement agi sur les coutumes des Russes ; on trouve alors chez eux une grande surveillance sur les femmes, qui vivaient enfermées. L'autorité du père était poussée à l'excès. Les paysans, comme à présent, étaient attachés à la glèbe ; ceux-mêmes qui étaient affranchis n'avaient le droit de rien posséder. Les prisonniers faits à la guerre subissaient la servitude. On en commerça de temps immémorial. Les marchands eurent pourtant de grands priviléges et avaient droit de présence dans les assemblées de la nation. Les vieillards avaient autorité dans ces assemblées, qui offrirent long-temps par certains exercices gymnastiques, l'attrait des anciens jeux publics de la Grèce ; mais sous Ivan IV, le premier czar, tout s'effaça, si ce n'est la pratique de certains vices infames, qui, pour avoir été transmis par l'antiquité, n'en sont pas moins la dégradation de l'humanité. Le combat judiciaire n'avait pas encore disparu. Les tribunaux n'étaient nullement le sanctuaire de la justice, puisque d'après la loi, le plaideur salariait le juge, ce qui était une cause constante d'iniquité. Le débiteur insolvable passait dans le domaine du créancier à titre d'esclave. Si une femme tuait son mari, elle était enterrée toute vive jusqu'à la tête : la mort devait l'atteindre en cet état.

L'existence n'avait aucune des douceurs que procure le confortable, même chez les riches. Les maisons étaient construites en pièces de bois peu symétriques, et le mobilier se composait en raison de l'assemblage grossier de ces demeures. Les objets de commerce exportés après l'asservissement surtout, en Turquie, en Pologne, en Allemagne, en Tartarie, consistaient en pelleteries, en cuir, en dents de veaux marins, en sellerie, en robes de laine et en certaines quincailleries. L'exportation des armes était prohibée. L'arc, le javelot, la lance, la cotte de mailles, furent leurs armes favorites avant l'usage des armes à feu.

Le clergé jouit, jusqu'aux Romanoff, d'une grande influence. Nous constaterons plus tard combien peu il est au niveau de sa mission, depuis surtout que Pierre Ier associa la mitre avec le diadême sur la tête des Czars. Les métropolitains étaient les premiers consultés dans les affaires importantes de l'État. Le patriarche était singulièrement vénéré.

Le poisson salé, les légumes, la venaison et les racines composaient seuls les festins. L'hydromel et l'eau-de-vie de graines formaient la boisson. Les Russes mangeaient énormément et s'enivraient autrefois comme de nos jours. Ils portaient des habits usés et sordides; mais ils étalaient un luxe oriental dans les fêtes et les cérémonies publiques. Ceux qui manquaient de riches parures pour ces occasions, louaient, à la garde-robe de la couronne, des pelisses, des robes, des bijoux et des armes. La fustigation existait en ce temps-là, et la condition n'en exemptait pas les grands. L'empereur lui-même se donnait la satisfaction de se faire justice. Menzikoff, par exemple, qui était l'agent, ou si l'on veut le ministre intime de Pierre Ier, reçut cent fois la correction de la canne du czar. Les

maris battaient communément leurs femmes, et l'on
a entendu de ces dernières se plaindre qu'elles n'é-
taient plus aimées, parce que leurs maris ne les battaient plus. Il est d'ailleurs de notoriété publique que
la fameuse Catherine II supporta de pareils traitements
de la part de ses favoris, et en particulier d'Orloff et
de Potemkin. .

L'ignorance des Russes n'a jamais été comparable
qu'à leur orgueil : la sottise est toujours superbe.
Leur police n'a été organisée que tard. La capitale
n'offrait pas de sécurité la nuit ; les malfaiteurs abondaient dans le voisinage de Moscou, et la pénurie aussi
bien que l'indolence du peuple n'étaient pas de nature à amoindrir le brigandage. Il paraît que les
empoisonnements n'étaient pas rares, puisque on exigeait des gens de la maison impériale un serment qui
défendait d'introduire des substances dangereuses dans
les mets destinés au Czar. A diverses époques les officiers supérieurs furent des étrangers : sous Alexis , ils
étaient Allemands. Les affaires se décidaient dans le
sénat ou conseil des boyards, ou du moins elles passaient pour telles ; car, s'il était vrai que les décrets
des empereurs eussent passé ou passassent par les dis-
cussions de cette assemblée, que signifierait le pouvoir
absolu des Autocrates ? C'est un semblant de sénat,
rien de plus. Puis une représentation nationale n'ap-
pelle-t-elle pas la libre nomination du pays ? Quelle
garantie trouvent les citoyens en des dignitaires que
le mérite n'a pas élevés, auxquels un despote commande,
et sans pondération dans un autre corps électif ? Au
reste, les traditions se lèvent pour déclarer que depuis
l'expulsion des Tartares, l'autocratie a exercé sans
opposition sa volonté pleine et entière, rien que sa volonté. Les magistrats servaient dans les armées, et pas-

saient tour-à-tour des fonctions judiciaires au commandement des troupes. Dans l'administration de la justice ils étaient ambulants.

Pierre Ier voulut enfin polir sa nation, la pousser d'un seul bond, des coutumes barbares dont elle traînait la rouille, aux manières aimables qui distinguaient les autres contrées de l'Europe. Mais l'étrange réformateur que celui qui passait les nuits dans le tumulte de l'orgie, qui bâtonnait de sa main sa noblesse et ses ministres, qui sacrifiait crapuleusement aux plus hideuses débauches, qui s'enivrait avec les matelots dès qu'il avait vu un navire étranger jeter l'ancre dans le port.

Avant ce souverain, les femmes russes ne figuraient pas dans les réunions. Ayant vu chez les autres peuples le charme que ce sexe gracieux répand dans les salons, il voulut introduire chez lui l'usage de les y voir. Il donna lui-même les règles du bon ton, et ordonna que celui ou celle qui observerait mal l'étiquette avalât un verre d'eau-de-vie. Voltaire remarque à ce propos « que l'honorable société s'en retournait sou-» vent ivre et un peu moins policée. »

La servitude en Russie rétrécissant le sentiment de la dignité individuelle, les progrès des formes polies y marchèrent lentement ; mais ce qui prit vite des proportions considérables, ce furent les vices qu'ils avaient trouvés à côté de nos qualités. Les grands, dissolus hors de toute expression, sous Catherine II, trouvèrent en dehors d'excessives dispositions à l'imitation : la cour étant un boudoir suspect et un rendez-vous bachique, tout s'abandonna à des mœurs infames, à l'ivrognerie et aux désordres qu'elle entraîne. L'influence des femmes sous Catherine, excéda celle des hommes. « Plusieurs d'entre elles, à t-on écrit, s'occupaient des détails du régiment, donnaient des ordres aux officiers, les employaient à des services particuliers, les congédiaient et les créaient quelquefois. » Ces femmes étaient celles des généraux : plusieurs furent nommées colonels, et commandaient énergiquement. L'humanité a-t-elle plus perdu en Russie qu'ailleurs du type primordial, par le fait même de la servitude ? il faut le penser, sur le témoignage de l'auteur précité, qui ajoute :

« Des veuves et des filles majeures, en prenant le gouvernement de leurs biens, sont forcées d'entrer dans les détails les moins convenables à leur sexe. Acheter, vendre, échanger des esclaves ; leur distribuer leur tâche, les faire déshabiller devant elles pour leur infliger le châtiment des verges, sont des choses qui répugneraient autant à la sensibilité qu'à la pudeur d'une femme, dans un pays où les hommes ne seraient point ravalés au niveau des animaux domestiques ; mais, en Russie ce sont des fonctions dont beaucoup de femmes sont journellement obligées de s'acquitter. »

Ici finira notre aperçu sur les coutumes russes jusqu'au commencement du dix-neuvième siècle. Nous dépeindrons avec plus de détails les mœurs contemporaines. C'est par celles-ci que nous pourrons mieux juger des autres. Pour la même raison, nous n'avons encore rien dit de l'empereur Alexandre, qui, à certains égards est de beaucoup plus recommandable que tant de souverains qui l'ont précédé. Mais fût-il vrai qu'il eût été bon prince, il n'eût servi à rien à son empire, puisqu'il n'a pas été une transition, puisque Nicolas lui a succédé, et que nous voyons à l'œuvre l'autocrate régnant.

SUITE DU CHAPITRE III.

La Russie telle qu'elle est.

Pénétrons dans le fond de la Russie contemporaine, et faisons-la connaître telle qu'elle est. M. de Custine, dans son remarquable ouvrage la *Russie en 1839*, rapportant textuellement les paroles d'un prince russe, reproduit ainsi son discours :

« Les Russes n'ont point été formés à cette brillante école de la bonne foi dont l'Europe chevaleresque a su si bien profiter, que le mot *honneur* fut longtemps synonyme de fidélité à la parole, et que *la parole d'honneur* est encore une chose sacrée, même en France, où l'on a oublié tant de choses ! La noble influence des chevaliers croisés s'est arrêtée en Pologne, avec celle du catholicisme ; les Russes sont guerriers, mais pour conquérir ; ils se battent par obéissance et par avidité ; les chevaliers polonais guerroyaient par pur amour de la gloire : ainsi, quoique dans l'origine ces deux nations, sorties de la même souche, eussent entr'elles de grandes affinités, le résultat de l'histoire, qui est l'éducation des peuples, les a séparées si profondément, qu'il faudra plus de siècles à la politique russe pour les confondre de nouveau, qu'il n'en a fallu à la religion et à la société pour les diviser.... Si vous réfléchissez à toutes les données religieuses, civiles et politiques, vous ne vous étonnerez plus du peu de fond qu'on peut faire sur la parole d'un Russe (c'est le prince russe qui parle), ni de l'esprit de ruse qui s'accorde avec la fausse culture byzantine et qui préside même à la vie sociale, sous l'empire des czars, heureux successeurs des lieutenants de Bati.

» Le despotisme complet, tel qu'il règne chez nous, s'est fondé au moment où le servage s'abolissait dans le reste de l'Europe. Depuis l'invasion des Mongols, les Slaves, jusqu'alors l'un des peuples les plus libres du monde , sont devenus esclaves des vainqueurs d'abord , et ensuite de leurs propres princes. Le servage s'établit alors chez eux non-seulement comme un fait , mais comme *une loi constitutionnelle de la société*. Il a dégradé la parole humaine en Russie, au point qu'elle n'y est plus considérée que comme un piége : *notre gouvernement vit de mensonge* , car la vérité fait peur au tyran comme à l'esclave. Aussi , quelque peu qu'on parle en Russie , y parle-t-on toujours trop, *puisque dans ce pays, tout discours est l'expression d'une hypocrisie religieuse ou politique.* »

Est-ce clair ? La fraude, le mensonge , la servitude, c'est donc là toute la Russie ; et le Czar au lieu de dire comme Jean-le-Bon : « La bonne foi serait-elle perdue pour le reste de la terre, devrait se retrouver dans le cœur et dans la bouche des rois, » entend chaque nuit, dans son sommeil, le génie qui parlait à Gengis-Khan , lui crier, comme à cet envahisseur terrible : « Tout le monde est à toi ; ceins tes reins et va le conquérir. »

La dissimulation et la crainte sont les compagnes assidues des Russes ; c'est que les hommes soi-disant libres de cette contrée, n'obtiennent qu'avec difficulté la permission de sortir de l'empire ; qu'au moindre mécontentement du Czar sur un propriétaire, ses biens sont confisqués. Si quelque privilégié franchit les frontières moscovites, pour aller promener ses ennuis chez les autres peuples, il se montre moins gêné , plus sémillant, dès qu'il a quitté son pays ; l'air de la liberté lui communique une aisance , un bien-être inconnu sous son ciel. Rentre-t-il de ses pérégrinations , le prestige se dissipe, le cœur ci-devant dilaté se resserre : la chaîne de l'esclavage lui a été de nouveau rivée. Les grands devant l'Autocrate ont un air gêné, servile ; on ne trouve point en eux les officiers , les conseillers du prince : ce sont les valets tremblants d'un maître impérieux. Aussi est-il vrai d'assurer qu'il n'y a pas de vraie aristocratie en Russie, malgré la démarcation si forte entre la haute noblesse et la plèbe: celle-là supporte le joug comme celle-ci, seulement elle porte des galons ou des habits fins. L'empereur ne veut ni supériorité, ni influence que pour lui. Pierre Ier ne bâtit Pétersbourg qu'en haine des boyards moscovites, dont quelques-uns eurent le courage de lui résister dans l'arbitraire de ses prétentions. Nicolas Ier, parlant un jour de son vaste empire, avouait qu'un seul homme menait tout sans effort, à cause de la simplicité du mécanisme gouvernemental : « *Nous continuons*, dit-il en cette occasion, *l'œuvre de Pierre-le-Grand.* » Oui, vous êtes comme lui czar-pontife ; vous êtes le Jupiter d'Homère qui fait un signe, et l'Olympe lui obéit. Mais ce qui choque dans votre phrase, Sire, c'est ce mot Nous . Le prince dont le pouvoir est une délégation héréditaire du peuple, et qui agit de concert avec la délégation temporaire de ce même peuple , représenté par les grands corps de l'Etat , doit dire : Nous. Pour être dans votre rôle, vous devez dire : Je.

Etrange société que celle où, de par le souverain, devenant la négation et l'immoralité, au lieu d'être le dépositaire de la morale et de la justice, un homme sera déshérité de ses titres de fils, de père, d'époux, et deviendra fictivement époux, père, fils , sous tel nom , dans telle condition qui plaira à l'Autocrate! C'est ce dont les archives russes fournissent bien des exemples. Le despotisme actuel , à Pétersbourg, est monté à un tel période, qu'on a pu affirmer avec raison, que tel point sur lequel le czar Pierre a quelquefois cédé, Nicolas reste inflexible, inexorable.

Rome, au temps de son patriotisme, félicitait ceux de ses généraux vaincus qui n'avaient point douté de l'estime de la république ; Carthage, au contraire, tenait ses chefs militaires en défiance. La Russie appartient à l'école carthaginoise , dont elle revendique également la *foi punique* : qu'un marin n'éprouve pas un désastre sur mer ; qu'un officier ne conduise pas la moindre expédition avec insuccès ; qu'un magistrat ne déplaise pas à l'Autocrate ; il y va de leur fortune, de leur exil, et tout au moins de leur charge.

Mille vexations attendent l'étranger à la douane Russe , où se trouve également la police. Ce ne sont pas seulement des inspections d'effets, mais des questions adressées par une foule de commis suffisants, des signatures à donner, le passeport à échanger contre une carte ; un inventaire, en un mot, qui dure une demi-journée : le soupçon du maître est dans tout. Il est assez ordinaire que la police vous palpe , inspecte votre portefeuille et fouille jusque dans l'intérieur de vos habits.

Un incendie avait consumé le palais d'hiver à Pétersbourg, il y a une vingtaine d'années. Le Czar donna ordre de le rebâtir, et il fallut dans un an, avoir élevé, décoré, achevé un monument égal en étendue au Louvre réuni aux Tuileries. Six mille ouvriers constamment employés à cette réédification ; dans un délai aussi court, furent presque autant de victimes , dont un certain nombre expirait et était remplacé tous les jours. Les travaux furent intérieurement continués par trente degrés de chaleur, température exigée par ces milliers de parois et de cloisons à couvrir de peintures, de dorures et d'ornements ; ainsi ces pauvres travailleurs en sortant passaient d'une chaleur extrême à un froid excessif, et étaient dévorés par les maladies causées par ce grand contraste. Et Nicolas n'aperçut pas la destruction de ces infortunés! Il n'eut devant les yeux que sa superbe fatuité, en œuvre pour montrer aux souverains ce que pouvait la volonté souveraine d'un czar.

Chose difficile à expliquer, si ce n'est par la dépression du sentiment chez les Russes ; par une sorte de lente infusion du système de la toute-puissance autocratique; on ne sait quelle vanité nationale aveugle ces populations et les empêche de se récrier contre tant de tyrannie. Le défaut de publicité, une stupidité entretenue à dessein, des préjugés anciens non détruits, une barbarie persistante, parce qu'elle n'est pas combattue, leur voilent l'énormité des cruelles mystifications qu'ils subissent. La vérité est que si les czars ne sont pas aimés, et cela est impossible, ils sont redoutés, et que leur manière fallacieuse d'attribuer à la gloire du pays ce qu'ils n'accomplissent réellement qu'en vue d'eux-mêmes, excite en toute occasion solennelle l'enthousiasme au moins bruyant de cette nation. Un fragment de lettre écrite, il y a trois siècles, à Maximilien, empereur d'Allemagne, par son ambassadeur à Moscou, va nous initier à cet esprit, le même alors qu'aujourd'hui, et qui révolte contre un despotisme sans exemple : « Le Czar dit, et tout est fait ; la vie, la fortune des laïques et du clergé, des seigneurs et des citoyens, tout dépend de sa volonté suprême. Il ignore la contradiction, et tout en lui semble juste, comme dans la divinité; car les Russes sont persuadés que le grand prince est l'exécuteur des décrets célestes. *Ainsi l'ont voulu Dieu et le prince, Dieu et le prince le savent*, telles sont les locutions *ordinaires parmi eux*. » Avez-vous, encore une fois, une autre expression que celle d'idolâtrie politique, pour qualifier cet engouement ? Si c'était encore la naïve expression d'un peuple, le langage dévoué de chevaliers pour quelqu'un de nos meilleurs rois, choses

dont nos annales retracent le souvenir, on admirerait.
Mais la nation russe courbée sous un régime de fer,
tremblante aux pieds d'un despote, sous la verge duquel se rangent hiérarchiquement un nombre considérable de tyrans secondaires, moulés à son image, vous
fait-elle un autre effet que celle d'un troupeau s'atta-
chant au berger qui le nourrit pour le mener à la bou-
cherie? Le Russe est une monnaie humaine, un homme
planté qui produit pour un autocrate.

Les pensées de ce peuple sont faussées en tout : l'histoire qu'on lui a écrite est un tissu de mensonges : les
crimes y sont palliés, passés sous silence, ou niés; tels
héros illustrés par quelques faits mémorables, mais déshonorés par une vie licencieuse et une cruauté notoire,
sont donnés aux Russes pour des saints; ainsi la chambre qu'occupait Pierre 1er, dans une humble maison,
pendant qu'il faisait bâtir Pétersbourg, a été convertie
en chapelle : Les épisodes les plus entachés de honte
de l'histoire locale ne doivent point être racontés dans
les écoles. N'importe-t-il pas d'élever la jeunesse de
manière à ce que l'enfant s'habitue à prendre le souverain pour un Dieu, et de le préparer à devenir, quand
il sera homme, un automate nommé sujet russe? Ames
et corps, l'effacement, l'applatissement est universel : n'y
a-t-il pas, avertissements formidables, des citadelles aux
cachots peuplés d'hommes, puis les exils en Asie, plus
terribles que la mort? Ces supplices ne menacent-ils
pas perpétuellement la main maladroite, la langue in-
discrète, l'individu qui a le malheur d'indisposer une
des tyrannies entassées les unes sur les autres, depuis
l'espion jusqu'à l'Autocrate? Aussi une garde de circons-
pection tient-elle les bouches fermées sur les hommes
et sur les choses. Même quand un personnage éminent
est tombé, on s'abstient de prononcer son nom : puis-

sant, on le redoutait ; à terre , il est comme n'ayant
pas existé. Mais dans ce respect apparent , dans cette
prostration obligée , dans cette marche fatale, il y a de
la discipline, de la terreur, il n'y a point de civilisation,
ni la conscience des droits et des devoirs d'un peuple.

Les Czars se peignent dans toutes leurs œuvres : ils
ont placé leur nécropole impériale dans la forteresse
de Pétersbourg , laquelle est aussi une prison d'état.
Ainsi des remparts pèsent, après leur vie, sur la cendre des souverains , et les victimes de leur colère trou-
blent par des malédictions le silence de leurs mausolées.

J'ai dénoncé l'espèce de déification dont le Czar est
l'objet : que cet hommage rendu lui vienne d'une terreur inspirée , de l'habitude d'une fascination qu'il
exerce, peu importe ; c'est le fait qui frappe essentiellement. Je prends sur cent autres, ce témoignage dans l'ouvrage de M. Léouzon le Duc, *la Russie contemporaine* :

« On connaît, dit l'écrivain voyageur, le prestige que l'empereur Nicolas exerce sur ses sujets. Ce prestige engendre
un respect qui va jusqu'à l'adoration. Aux yeux du peuple
russe , l'Empereur n'est pas seulement un maître , c'est un
père, c'est un dieu.

» Un jour que je traversais un village des bords de la Néva, je m'arrêtai dans la maison d'un paysan pour y prendre
un peu de repos. Les murs étaient tapissés d'images représentant les membres de la famille impériale. Le portrait de
l'Empereur tenait la place d'honneur, c'est-à-dire la place au-
dessous de la petite chapelle qui renferme tous les saints aimés du paysan russe, et devant lesquels il brûle, chaque samedi et chaque jour de fête, des cierges et des parfums.

» Comment se porte la Russie, demandai-je brusquement
à mon hôte ?

— » Comment pourrait-elle se mal porter, me répondit-il,
puisque l'Empereur, son père, se porte bien ? »

Les mots y sont : *adoration, Dieu.* La monarchie
héréditaire, institution nationale, garantit efficacement

la stabilité gouvernementale et la propriété; mais elle n'est pas un fétiche, une idole. Ce n'est pas du reste l'institution à qui le Russe rapporte sa vénération ou sa crainte, c'est à l'homme, c'est au Jupiter dont le sceptre est devenu foudre. Tous ces motifs vérifient la parole de Napoléon : « Grattez le Russe, vous trouverez le Tartare. » Et sans doute, ces populations un peu chrétiennes, un peu civilisées, toujours tenues par un frein d'acier, sont un mélange de bien et de mal, une nature bizarre, une force aveugle, mais active, qui sous la pression du souverain ont réellement lieu d'offusquer les autres puissances.

« Quant à l'Europe elle-même, dit l'auteur précité, pour justifier les prétentions qu'il a sur elle, Nicolas fait scintiller à ses yeux les lumières et les perfections de son empire ; ou bien, levant le masque, et poussant l'audace aux dernières limites, il lui fait entendre que le génie moscovite en vaut bien un autre, et que son chef n'a pas besoin, pour légitimer l'essor qu'il lui imprime, de produire d'autre titre que sa volonté d'autocrate. »

Ouvrons maintenant le Catéchisme greco-russe, et lisons au chapitre *des Devoirs envers le Souverain* :

D. — D'après la religion du Christ , comment considère-t-on l'autorité de notre autocrate régnant sur toutes les Russies ?

R. — On considère l'autorité de l'autocrate comme celle qui procède directement de Dieu.

D. — D'après la religion, que doivent les sujets à l'autocrate de toutes les Russies ?

R. — L'ADORATION, la soumission, l'obéissance, la fidélité, le paiement des impôts, le service ; amour par-dessus toutes choses, actions de grâces et prières devant Dieu : enfin, tout ce qui peut se résumer dans ces deux mots: *adoration* et *fidélité*.

D. — Comment faut-il ADORER l'autocrate ?

R. — Par tous les moyens que l'homme possède : par les paroles, par les signes, par les actions et les démarches ; enfin, dans le plus intime de son cœur.

D. — En quoi et comment faut-il prouver notre amour ?

R. — Par notre participation , selon notre influence , AUX SUCCÈS SANS BORNES de notre autocrate , de son empire, qui est notre patrie, et de toute sa famille.

D. — Quels sont les motifs surnaturels ?

R. — D'abord, l'autocrate est une ÉMANATION DE DIEU ; il est son lieutenant et son MINISTRE ; la désobéissance à son autorité est une DÉSOBÉISSANCE DIRECTE aux volontés divines, desquelles émane tout pouvoir.

Un pareil enseignement ne se commente pas : si ce n'est pas là du paganisme ; l'autocratie substituée au Verbe même ; qu'on nous explique cette *orthodoxie* qui déborde ainsi de blasphêmes.

Certains documents paraissent quelquefois portant au front comme une étoile , l'appellation de *sainte* Russie. Imposture et dirision ! Quelle sainteté, grand Dieu ! Où l'a-t-on aperçue ? où la prend-on ? Est-il une société au monde travaillée par des vices aussi invétérés , vices profonds comme la mer , et que l'implacable sévérité du Czar est impuissante, nous ne dirons pas à diminuer, mais même à intimider. Prenons la vénalité d'abord , cette passion qui fit vendre à Simon Deutz sa bienfaitrice, et à Judas son Dieu. Elle était si forte sous Pierre-le-Grand , que, selon l'expression de ce prince : « Un Russe eût tenu tête à trois Juifs. » Loin de diminuer avec les progrès qu'on s'est efforcé d'insuffler à la Russie , ce penchant n'a fait que se développer, prendre des proportions plus vastes avec l'accroissement de la population et du territoire. La concussion , la rapine, le vol, semblent inhérents au caractère russe. On ne paraît pas en faire seulement une question élémentaire de morale, moins encore de dignité. Depuis le général jusqu'au simple scribe de douane, tout rançonne les particuliers , les soldats, les employés, l'état. Cela n'empêchera pas les marques extérieures de piété dans les temples ; de ne prononcer le nom de l'empereur que chapeau bas. La morgue des employés s'élève au niveau de leur rapacité. Sortis de la masse, ils en dépouillent la simplicité, en en conservant les mauvais penchants ; placés sur la voie des emplois qui les rapprochent de la noblesse héréditaire, ils épousent l'abjecte suffisante des membres les moins estimables de ce corps. Ils joignent ordinairement à ce mélange d'orgueil et de grossièreté une ignorance excessive. La corruption administrative a arraché à l'empereur Alexandre ce triste aveu : « Si mes employés pouvaient me voler » mes dents pendant mon sommeil sans m'éveiller, ils » n'hésiteraient pas. » Il désespéra de guérir l'ulcère dont est rongé le flanc de la société russe. Nicolas a repris l'œuvre ; il a sévi par des châtiments nombreux, lesquels n'ont abouti qu'à faire railler les *maladroits* qui se sont laissés prendre.

« La corruption administrative, lisons-nous dans un écrit relatif aux *affaires du général Tricbatné* (1849), n'est un secret pour personne en Europe. L'immoralité des fonctionnaires russes dans leur conduite officielle est devenue partout proverbiale. Néanmoins, on ne se figure pas à quelle profondeur le mal est descendu, et à quel degré il a perverti les mœurs. L'étranger qui entreprendrait de le révéler ne serait pas cru, s'il parlait en son nom et n'avait les aveux authentiques du pouvoir, et les franches confessions de la nation elle-même. Mais sur ce point, les documents abondent. L'autorité, si discrète d'habitude, s'est trahie dans ces dernières années par des éclats de colère extrême, qui ont mis le public dans de singulières confidences. Ici, c'est un jugement suprême, une sentence autocratique, qui dégrade et condamne aux présides de la Sibérie des généraux convaincus d'avoir laissé périr dans le dénuement des colonnes expéditionnaires pour l'entretien desquelles des allocations surabondantes leur avaient été accordées. »

Il n'y a point d'effets sans causes : cette vérité si

débattue dans les écoles, s'étend à tout, se rattache à tout. Le principe de la passion des Russes pour le vol, c'est l'incertitude constante qui plane sur leur existence ; cette épée de Damoclès constamment suspendue par un fil sur la tête du convive, qui les excite, les entraîne à jouir de l'instant présent, une autocratie forcément ombrageuse ne leur assurant nullement le moment d'après. Que d'hommes poŭrvus la veille de bénéfices et de charges, en ont été privés le lendemain ! Que d'expropriations, que de confiscations opérées par le pouvoir sans que les propriétaires le soupçonnassent ! Est-ce là cependant le plus grave des abus fatalement enfantés par l'autocratie ?

Et la justice ? Elle n'est pas rendue, elle est exploitée. Elle n'a point des tribunaux, mais des comptoirs où le gain du procès appartient au plus offrant; point de plaidoierie publique, point de sanction aux jugements rendus. Des préposés en droit, avocats prétendus, représentent les parties en litige ; et ces estaffiers d'accord avec les juges, arrêtent de concert la sentence en faveur de celui des deux plaideurs qui consent à laisser le plus important morceau de la chose contestée. Il y a les recours en appel ; mais on compte onze juridictions depuis le district jusqu'à l'Empereur dont la sentence est définitive ; et quelle tenacité, quelle fortune oserait gravir les degrés de cette échelle judiciaire, à chacun desquels est assise l'extorsion.

N'examinez pas la police, vous y seriez pour un désappointement identique. Cette milice de haut et de bas étage, si alerte à saisir un mot téméraire, une réflexion politique, et si habile à s'emparer en ce cas du delinquant, ne se retrouve plus dès qu'il s'agit d'un voleur. Point de recours pour le larcin, si criant, si effronté qu'il soit : c'est par extraordinaire qu'un voleur sera pris par les agents de la sûreté : on les accuse de s'entendre avec les auteurs des vols qui sont commis.

« Ce sont, dit M. May, les limiers du crime; mais malheur à l'innocence, s'ils n'éventent pas leur proie naturelle ! L'ogre est insatiable, peu difficile sur le choix des châtiments ; on lui jette ce qu'on trouve, il dévore, il est satisfait.....

» Les ministres, le gouverneur militaire de Pétersbourg ont aussi leur police. Celle-là, plus relevée, plus secrète, éparse dans les salons dorés, dont l'entrée ne lui est accessible qu'à la faveur du voile dont elle couvre le but de ses visites, cherche, par des avances habilement insidieuses, à se faire livrer l'opinion des étrangers qu'on y rencontre. Le sens en est rapporté à peu près aussi intact que le serait une liqueur passant par la bouche d'une vipère. Des Allemands, des Italiens, des Français même, je rougis de l'avouer, déshonorés dans leur patrie, viennent là s'employer à ces odieuses manœuvres. Leur abjection répond de leur zèle ; ce garant suffit aux marchandeurs de consciences, surtout quand ils ont le pouvoir de punir des stipendiés infidèles à leur cause. Si, prenant ombrage d'une réunion trop souvent forcée, on veut se débarrasser de tous les membres qui la composent, on court à l'Empereur : *« Sire, une conspiration est découverte !* Aussitôt les arrestations, le bannissement, et souvent pis. Accusés ou convaincus, vous êtes à la discrétion de vos geôliers.

» L'improbité bien connue, ajoute le même auteur, de tout ce qui compose le corps administratif, fait que justice ou faveur n'est obtenue qu'à prix d'argent. Cette convention tacite donne lieu à mille funestes manœuvres, notamment à la contrebande. Nulle part elle n'est faite avec plus d'impudeur et de succès. Les chefs de la douane reçoivent de toutes mains, et parmi leurs subordonnés, c'est une lutte si infame de bassesses, qu'il est impossible de s'en faire une idée. »

Quelle sainteté ! Quelle orthodoxie chez un peuple qui ne doit point avoir d'égal !

Si l'étranger est soumis, à son arrivée en Russie, à d'innombrables et fâcheuses formalités, il n'éprouve pas moins d'ennui quand il veut quitter le pays. Son départ doit être inséré trois fois dans la Gazette de police, et si aucune réclamation n'est faite contre lui, il recevra une attestation pour adresser ensuite une supplique au gouverneur général militaire du gouvernement où il se trouve, et obtenir péniblement enfin un passeport.

Il y a des mystères dans la vie des nations dont la Providence s'est gardé le secret, et qui écrasent notre raison quand on veut les approfondir. Que la Russie n'ait de la civilisation que l'apparence, l'extérieur, on le comprend ; qu'elle ne produise ni grands artistes, ni grands littérateurs, cela s'explique encore ; le perfectionnement social, l'épanouissement du beau n'est que dans l'Evangile du Christ, et la Russie sous ce dernier nom, n'a que l'évangile des czars. Ce qui nous surprend, c'est qu'un seul monarque, quelque ministre d'élite, quelques riches boyards, quelques prélats surtout, ne se sentent nullement travaillés du désir de faire luire enfin sur l'empire les vraies lumières de la foi, de la liberté, par une émancipation graduelle et intelligente, de manière à purger ces régions de la dégradation morale qui les environne, et d'y élever l'homme à la noblesse de sa nature : ce serait lui léguer la politesse dont il manque, le bonheur qui ne fut jamais dans la servitude, ni dans une subordination abrutissante.

Suivons, suivons donc la Russie dans ses mouvements ; achevons l'examen de ses coutumes, et lorsque nous aurons fait la part de tout ce que les principes vrais rejettent, voyons ce qui restera pour le bien seul, pour la morale et pour la justice évangéliques. Ainsi, prenez d'abord les seigneurs Russes : quelle magnificence ils déploient hors de chez eux, qu'ils figurent dans une solennité de cour ou qu'ils promènent leurs loisirs en

France et chez nos voisins ! Rentrés dans leurs foyers, plus de brillants équipages , le plus souvent ; plus de faste, mais la médiocrité dorée, et parfois la lésine. C'est que tous ces personnages abusant de tout, comme le chef des chefs, sont déjà ruinés ou se ruinent, et répugnent à le paraître dans les occasions d'éclat. Cet état de choses contribue amplement à universaliser la concussion. — Observez encore les boyards à la cour, c'est-à-dire à Pétersbourg : de l'aristocratie on ne leur connaît guère qu'une civilité à effet, dont le fond est tout de dissimulation et nullement de franche grandeur. Et la vie publique? Ne la cherchez pas en Russie , à Pétersbourg surtout : est-ce qu'il est possible de se dilater, de se réunir, de prendre du *far niente* ce qu'il a de permis et ce qui fait l'animation d'une grande cité, sur une terre où, pour ouvrir la bouche, vous avez besoin de vous assurer que personne ne vous entend ; où tout, hommes et choses, est coté, paraphé, émargé par le maître, où nul mouvement n'a lieu que par ou pour le maître, où le maître est l'empire , la religion, à qui même les consciences , tout appartient. Cette fausse effusion , cette fausse ostentation des nobles , a pris la place de l'antique hospitalité, qui fut une des rares vertus des Russes d'autrefois.

Les crampons du despotisme ont tellement mordu les cœurs, qu'il n'est plus resté à ces derniers assez de force pour s'élever à ce courage qui s'appelle les affections : croirait-on que le mot *ami* n'existe pas dans la langue russe? Jugez donc une nation ou l'amitié, cette souveraine des âmes sensibles , reste inconnue ! Où sont au milieu d'elle les pures jouissances , les douces joies ! La famille elle-même n'y est-elle pas un mensonge? Voyez plutôt cette fête publique , cette fête du souverain : la foule s'y porte , elle y paraît bruyante ;

mais ce bruit est sans principe qui l'anime, sans expansion qui révèle la sympathie, moins encore l'amour pour l'autorité du chef. Cette population est là parce qu'on l'y attire par la féerie des illuminations et des feux d'artifice ; qu'on l'abuse et la trompe au milieu d'une solennité, et qu'en apparence le souverain s'abaisse jusqu'à elle. Les démonstrations populaires, en Russie, sont l'effet du galvanisme et n'ont rien de spontané : ce pays est un cadavre immense qui se meut sous l'action électrique de l'autocrate. Que s'il y a quelque paternité dans l'esprit du pouvoir, pourquoi sa police ne veille-t-elle pas sur les accidents, et n'empêche-t-elle pas que des bateaux surchargés, par exemple, ne chavirent en se rendant, par la Néva, à la résidence royale, lieu désigné pour la fête ? Est-ce qu'il n'est pas fréquent d'enregistrer en ces occasions de ces événements sinistres où l'on sait qu'il a eu péri jusqu'à deux mille personnes en un jour ? Et ces faits, les journaux de Pétersbourg ne les relateront pas : que dirait le maître ? — Il n'est pas rare dans l'hiver, tandis que les seigneurs dansent chez l'Empereur, de trouver plusieurs cochers morts de froid sur les siéges de leurs voitures. Est-ce là, oui ou non, traiter les hommes en esclaves, ou plutôt en objets que l'on remplace à volonté comme la dernière des marchandises. Qu'il meure ou qu'il vive, ce peuple russe, on n'en a garde ; il n'est pas né seulement pour le travail et la douleur, mais aussi pour mourir.

« Je n'ai rien vu, s'écrie M. de Custine, en sortant d'une de ces fêtes de l'Autocrate, de plus beau pour les yeux, de plus triste pour la pensée, que cette réunion soi-disant nationale de courtisans et de paysans, qui se réunissent de fait dans les mêmes salons, sans se rapprocher de cœur. Socialement ceci me déplaît, parce qu'il me paraît que l'Empereur, par ce faux luxe de popularité, abaisse les grands sans relever les petits. Tous les hommes sont égaux devant Dieu, et, pour un Russe, Dieu, c'est le maître : ce maître suprême est si loin de la terre, qu'il ne voit pas de distance entre le serf et le seigneur ; des hauteurs où réside sa sublimité, les petites nuances qui divisent le genre humain échappent à ses divins regards. C'est ainsi que les aspérités qui hérissent la surface du globe s'évanouiraient aux yeux d'un habitant du soleil.

» Lorsque l'Empereur ouvre librement, en apparence, son palais aux paysans privilégiés, aux bourgeois choisis qu'il admet deux fois l'an à l'honneur de lui faire leur cour, il ne dit pas au laboureur, au marchand : « Tu es homme comme moi » ; mais il dit au grand seigneur : « Tu es un esclave comme eux ; et moi, votre Dieu, je plane sur vous tous également. »

Je relatais tout-à-l'heure l'absence du mot *ami* dans le vocabulaire moscovite, et j'en adressais le reproche à l'insensibilité de la nation Russe. Je ne sache pas, en effet, qu'en aucune autre contrée on ait à flétrir le manque d'amour maternel que voici : Une paysanne allait d'un village à un autre, sur un traîneau, avec trois de ses enfants. Suivie bientôt par des loups, elle jeta à la voracité de ces animaux, d'abord le premier, puis le second, enfin le troisième des enfants, et parvint de la sorte à se sauver. Non-seulement la cruelle marâtre ne rougit pas de sa conduite, mais le seigneur et les campagnards louèrent son ingéniosité. Où est ce cœur de femme qui pleurant un fils bien-aimé, et s'entendant proposer l'exemple d'Abraham qui immolait Isaac avec soumission à l'ordre de Dieu, se prit à dire cette parole de l'âme : « Dieu n'aurait jamais exigé ce sacrifice d'une mère ! »

Ce défaut de tendresse est fort commun : si en baignant leur nouveau-né dans la Néva, dont les eaux, dans l'idée du peuple, ont des propriétés surnaturelles,

les femmes laissent échapper le fruit de leurs entrailles et qu'il se noie, *Dieu l'a voulu*, disent-elles, et elles rentrent chez elles sans aucune marque de chagrin. Cette indifférence d'un peuple esclave va jusqu'à laisser endormir dans les âmes le sentiment moral et de vertu : « Un Seigneur, passant la revue des jeunes filles de son domaine, ordonne tout simplement au père et à la mère de celle sur qui il a daigné jeter un regard de préférence de la lui amener, à tel moment de la journée, dans son château. Ceux-ci se gardent bien de refuser un si grand honneur ; on s'empresse, on s'évertue, comme s'il s'agissait de l'action la plus digne d'éloges. » (*J. B. May.*)

Le gouvernement autocratique reste traditionnellement appuyé sur une autorité d'airain et sur une imposture effrontée : on se figure ce qui doit en résulter de soupçons de la part du Czar. Aussi, l'étranger, en Russie, est-il sans cesse, toujours épié, suivi, circonvenu. Il n'est pas d'effort qu'on ne mette en usage pour l'empêcher de savoir la vérité sur ce qui l'intéresse. Sans recommandation, il est assuré de ne visiter en fait de monuments et de curiosités que ce qui est exposé aux yeux de tous. Piloté par quelque influence, on lui ouvrira les portes des palais, des forteresses ; mais plus il sera accablé de prévenances, plus ses conducteurs ont reçu l'ordre de lui montrer la plupart des choses sous un faux jour. On veut à tout prix, en Russie, être admiré des autres peuples, à qui on doit tout et sur lesquels on a des yeux de jalousie et d'envie. C'est un parti pris de démentir l'histoire, et si vous demandez à parcourir telle résidence où tel prince périt de mort violente, tel château fort où quelque héritier de la couronne resta vingt ans captif et fut enfin étranglé, empoisonné, vous verrez les mines s'assombrir, éluder votre question par une fin de non-recevoir, et vous glacer d'effroi par leur expression courroucée. C'est que trop de curiosité, le projet que l'on vous supposerait d'écrire vos relations de voyage, pourrait bien vous ouvrir l'entrée des prisons sous-marines des citadelles de Pétersbourg ou de Cronstadt, souterrains dont les verroux rouleraient sur vous à jamais, si l'on ne préférait vous envoyer en Sibérie. Le voyageur n'est pas seul l'objet assidu de la défiance du despotisme ; le corps diplomatique lui-même, est considéré comme un espionnage européen, et on le tient dans un état tout particulier de suspicion.

Les Russes ont puisé dans cette vanité chagrine, qui descend de haut chez eux, un ton ricaneur, une ironie acerbe, qui se produit à la moindre résistance éprouvée.

Les Czars ont fini par former au moral, la nation qu'ils régentent, à leur entière ressemblance. Chose étrange ! chose inexplicable, si elle n'est une figure des pensées de la Russie : on ne s'y sert point de lit : l'Empereur lui-même dort sur un divan. C'est-à-dire que ce peuple campe, et qu'issu de races conquérantes, il paraît ne vivre que pour les conquêtes. N'est-ce pas cette soif d'orgueil et de possession qui, dans un ordre moins haut, entretient partout l'habitude de la rapine, du vol, de l'exaction ? Tout vole en Russie, on y vole partout, et les sévérités qu'appellerait un larcin commis dans le palais impérial, n'arrête pas même les voleurs ; à chaque fête anniversaire donnée par le Czar, une foule d'objets sont régulièrement soustraits : une année, l'ambassadeur de Sardaigne y fut pour sa montre. A-t-on jamais entendu dire que la police d'aucun pays ait jamais égorgé, de nuit, dans quelque carrefour obscur, une personne qui s'y est aventurée, et que la victime ait été vendue à l'amphithéâtre ? Voilà une atrocité incontestable reprochée à la police de Pétersbourg. Cette ville que sa magnificence n'empêche pas d'être un grand contre-sens , où les frimas et les inondations détruisent jusqu'aux remparts qu'il faut refaire deux fois tous les cent ans, serait déserte sans le siége du pouvoir. On y parle français dans les salons, à la cour; on reprend la conversation en russe dès que l'empereur paraît. Un peuple qui ne sait qu'imiter, qui dédaigne sa langue maternelle , a-t-il une nationalité ? Non, et c'est ce qui explique sa rage d'envahissements.

En Russie il existe une noblesse; mais ce corps ne s'est jamais cru obligé par sa dignité même. Il n'a point été la gloire de l'État, il en est le fléau. Ainsi les nobles contractent des dettes; beaucoup ne les paient point. Ailleurs la noblesse fut, reste encore dévouée à l'honneur; là, cet ornement des belles âmes ne s'est pas encore naturalisé. La corruption est profonde dans les classes supérieures de la Russie : et le gouvernement préfère tolérer cette dépravation , cette grande licence, plutôt que de laisser aux sujets la moindre existence politique. Ce pays, où l'on ne vit pas de la vie de l'esprit, parce que les élans supérieurs d'une nature forte y sont comprimés par l'ensemble des institutions , livre de nombreux jeunes gens de naissance à des excès inexprimables. Ils prennent la débauche comme une profession. Pleins d'une sève qui exigerait un gouvernement plus digne , une nation douée d'une véritable grandeur, pour trouver un courant à cette vitalité, ils l'abandonnent à la débauche effrénée. Il n'y a pas de passion chez eux , mais des appétits. Ils s'adonnent aux plaisirs sensuels avec l'impétuosité et le goût éphémère de la brute. Ce n'est pas à tort que la versatilité leur est reprochée. Point de constance dans les sentiments ; tout est vague dans leurs cœurs , comme la lumière dans leur ciel nébuleux. Seulement la faim, un moment apaisée, renaît incessamment, et l'observateur s'étonne de cette digestion de sensations énergiques, aussitôt oubliées qu'accomplies , aussitôt renouvelées qu'un court intervalle en rallume le désir. J'ai sous les yeux des histoires de mœurs qui excèdent tout ce que l'imagination si désordonnément fertile de nos romanciers nous a dépeint. Le libertinage d'un certain nombre d'hommes fortunés dépasse toutes sortes de limites. Ce sont les abus de l'autorité se reproduisant dans les mœurs avec les mêmes proportions. La démoralisation d'ailleurs est générale. On en jugera sur le chiffre annuel des enfants trouvés qui, pour Moscou et Saint-Pétersbourg est de douze mille. Et ces désordres existent dans les villes comme dans les campagnes. N'a-t-on pas vu des paysans revenant d'un voyage, trouver un et deux enfants de plus au foyer, lors de leur retour, et s'applaudir d'une fécondité qui les dégradait.

Il ne sera pas inutile de mettre en relief l'altération du sens moral chez les Russes, par le peu de différence qu'ils font entre des crimes énormes et certaines infractions aux lois disciplinaires de l'Eglise. Un chef de brigands fut arrêté, il y a quelques années. Le prêtre qui lui portait les consolations de la religion lui dit que, d'après les aveux qu'il venait d'entendre , un tel scélérat ne s'était sans doute pas abstenu de viande pendant le carême : « Pour qui me prenez-vous, répondit avec colère le prisonnier ? J'ai commis des crimes , j'en suis convenu ; mais manger de la viande ou rompre le jeûne du carême ? ce serait là une abomination dont je suis incapable... » Tels sont les Russes. Qu'est donc au fond

une semblable croyance qu'une ignorance démesu-
rée, et les voyageurs sérieux ont-ils eu tort de répéter
unanimement que la piété des Russes est tout exté-
rieure, et se résume en signes de croix et en génuflexions?
Ce même peuple, qui respecte ses popes dans l'intérieur
des temples, ne regarde-t-il pas la rencontre de l'un
d'eux comme l'augure infaillible de malheurs, qu'il croit
conjurer en crachant trois fois sur son épaule gauche?
Nous lisons dans un *Voyage d'un prisonnier de guerre*,
les paroles suivantes prononcées par un Russe : « Propagateurs ardents (les popes) de recettes mystiques, de
contes merveilleux et de simagrées, ils ne s'adressent
qu'à l'imagination du peuple dont ils pervertissent à loi-
sir le bon sens et les lumières naturelles. » Aussi la
superstition règne-t-elle partout. Le lundi est le jour
malheureux des Russes : on s'abstient de se mettre en
voyage et de rien entreprendre ce jour-là. Une épidé-
mie survient-elle, elle est le résultat de maléfices. On
jette des sorts. Les dernières extrémités de la famine ne
les décideraient pas à se nourrir de pigeons, cet oiseau
étant pour eux la représentation du Saint-Esprit, et une
substance divine. Le vol des corneilles est consulté.
Les cartes ne sauraient manquer d'avoir pour eux des
vertus prophétiques. En un mot, les vaines rêveries
dont ils se repaissent n'ont pas de bornes.

Pierre Ier a enrayé la Russie en maître despote, dans
l'ornière profonde d'une organisation digne de cet autocrate : nous voulons parler de cet embrigadement de
tous les fonctionnaires de l'empire, connu sous la dénomination de TSCHINN. De même que l'armée est ran-
gée par régiments et par armes, ainsi les employés forment un système hiérarchique, comprenant quatorze
degrés, autant dans l'ordre civil, que dans l'ordre religieux et dans l'ordre académique ; du chancelier de

l'empire au simple étudiant, du métropolite au sacristain et au régent de collége. De la sorte, l'administration russe a ses cadres comme l'armée et la marine; elle a ses diverses classes numérotées pour la plus ample satisfaction du Czar. Cette prodigieuse corporation compose la noblesse. Les Russes qui ont atteint le neuvième degré sur quatorze échelons, composent depuis le premier degré la noblesse héréditaire; les cinq derniers degrés ne sont nobles que leur vie durant. En voilà des nobles assurément, et des nobles de tous les acabits! N'oublions pas de signaler, que chaque fonctionnaire en augmentant d'un grade, doit à l'état un droit proportionnel.

A cette partie de la population, joignez maintenant les bourgeois ou habitants des villes, vous aurez ce qu'on appelle les hommes libres. Cette classe comprend les artisans, les marchands, les artistes. Chaque membre de ces diverses catégories doit être à son tour enrégimenté, c'est-à-dire inscrit sur des registres spéciaux. De cette inscription dépend l'autorisation d'exercer un métier ou de faire le commerce. Chaque bourgeois a des charges propres à sa condition, et de plus il est tenu de signer un serment de fidélité à l'Empereur... Divisée en trois guildes, la bourgeoisie de la première doit déclarer cinquante mille roubles de capital et payer 4 et demi pour cent; la seconde doit déclarer vingt mille roubles, et payer 4 pour cent; la troisième, huit mille roubles, et paie deux et demi. Cette dernière catégorie, rentrant sous le rapport judiciaire, dans le rang des serfs, n'est pas exempte des châtiments corporels. Trouvez-vous la compression suffisante, et ces nobles de quatorze gradations, et ces bourgeois des trois ordres, tous renfermés dans des réseaux d'acier, vous semblent-ils assez sous la main oppressive de l'Autocrate?

Étrange pays, dont l'avant-dernier souverain (il parlait à Mme de Staël), a pu dire : « Vous louez mes intentions philanthropiques , je vous remercie ; néanmoins, dans l'histoire de Russie, je ne suis qu'un incident heureux. » Oui, un incident heureux, puisque M. de Custine que nous aimons à citer, à cause de la sincérité de ses relations, n'a rien exagéré en peignant ainsi la Russie actuelle :

« Un gouvernement qui ne rougit de rien, parce qu'il se pique de faire ignorer tout et qu'il s'en arroge la force , est plus effrayant que solide : dans la nation, malaise ; dans l'armée , abrutissement ; dans le pouvoir, terreur partagée par ceux mêmes qui se font craindre le plus ; servilité dans l'église , hypocrisie dans les grands, ignorance et misère dans le peuple, et la Sibérie pour tous : voilà le pays tel que l'ont fait la nécessité, l'histoire, la nature, la Providence, toujours impénétrable en ses desseins..... »

Les notions du juste et de l'honnête n'ont jamais atteint un développement suffisant en Russie. A peine née au Christianisme, cette contrée se débattit contre les atteintes du schisme grec, lequel l'emporta enfin, grâce au rude gantelet des souverains qui l'imposèrent. La domination tartare rendit ce peuple familier avec la servitude. Puis l'astuce et les coupables calculs des Czars, mirent tout en œuvre pour contenir la virilité russe dans les liens d'une politique de tromperie, d'épouvante et de proscription. La superbe impériale des despotes du Nord ne s'assimile qu'à leur ambition : le désir d'étendre leur puissance les dévore, les consume. Princes convertissant le trône en un autel où ils exigent encens et hommages divins, ils aspirent à la plénitude des vénérations qui sont l'attribut de la nature suprême, et ce besoin inassouvi les pousse, les pousse, et les entretient dans l'espoir de l'empire du monde. Le resserrement intérieur étant à son apogée, les Czars n'ont eu qu'une préoccupation, celle de faire prendre le change à l'Europe sur l'état, sur les intentions de la Russie. C'est ainsi qu'un mot, un soupçon, le moindre écrit, assurent au voyageur européen les cachots sous-marins où vous pourrissez. C'est ainsi que tout Russe est non-seulement un esclave, mais encore un menteur, un espion : abjecte et vile créature, comme parle Pascal, qui ne se sent pas soulevée par quelque chose de supérieur. Le seul penchant hardi vers lequel on a fait refluer l'énergie nationale, c'est l'agrandissement par les armes. Aux populations comme aux individus, il faut une passion; les Czars le savent, et c'est pour cela qu'ôtant la respiration à tout le reste, ils n'ont laissé au grand air que cette appétence, pour y laisser passer tout le courant de la force du pays. Cette situation habilement préparée, constitue précisément l'état imposant des armées russes. La superstition ici mêle son action à l'amour propre national, et il en résulte, sinon le fanatisme, du moins quelque chose qui en approche, et qui sert admirablement l'Autocrate, d'ailleurs redouté par sa discipline. Pense-t-on que l'espoir du pillage n'excite point les rangs subalternes de l'armée ? Et les boyards, ces sybarites de la région neigeuse, les croirait-on désintéressés ? Est-ce que l'extension de l'empire n'allégerait pas la sujétion qui les courbe? Comme ils convoitent au contraire ces jardins enchantés qui s'appellent la France, l'Italie, l'Espagne! Comme ils soupirent pour les pommes d'or de ces riantes Hespérides! Comme leur pensée obscène se repose, quoique de loin, sur les beautés sévères de l'Occident! Comme il leur serait doux de sabler le champagne et le bordeaux, aux pays fortunés qui donnent ces précieux produits, et de s'y livrer aux orgies dont l'apprentissage n'est point à faire chez eux!

Et le czar, et le czar, qui soupire pour le surnom de fourbisseur de couronnes, il sait le nombre et la magnificence des palais de l'Occident; il a déjà dans sa fièvre d'usurpation , marqué chacune de ses résidences souveraines, pour y présider ses haltes, pour ordonner ses étapes. M. de Custine exprimait déjà , en 1839 , des idées identiques :

« Une ambition désordonnée, immense, une de ces ambitions qui ne peuvent germer que dans l'âme des opprimés, et ne se nourrir que du malheur d'une nation entière, fermente au cœur du peuple russe. Cette nation, essentiellement conquérante , avide à force de privations, expie d'avance chez elle, par une soumission avilissante , l'espoir d'exercer la tyrannie chez les autres ; la gloire , la richesse qu'elle attend, la distraient de la honte qu'elle subit, et pour se laver du sacrifice impie de toute liberté publique et personnelle , l'esclave , à genoux , rêve la domination du monde. »

Le jour où les puissances occidentales auront refoulé les Russes dans les limites de leur empire , ayant rompu leurs phalanges, brûlé leur marine, bombardé leur capitale , le Czar sera perdu ; une commotion soudaine broiera son trône et engloutira son despotisme; les esclaves éperdus se rassasieront de troubles; chacun des peuples qui ont composé la colossale agrégation moscovite, retournera à sa nationalité primitive ; et de l'empire ainsi divisé, l'univers n'aura plus rien à craindre. L'Occident, qui a commis la grande faute de laisser périr la Pologne, comprend sans doute maintenant de quelle importance cette position est pour la Russie, et combien cette muraille vivante de fils des Croisés, leur assurerait de garanties contre les Varaigues et les Tartares contemporains.

Le soin mis de tout temps par les Czars à cacher leur jeu aux étrangers est si manifeste, que Monomaque, en 1126, a consigné pour ses enfants , les conseils sui-

vants, dans le testament qu'il leur a laissé : « *Prodiguez-*
» *leur* (aux étrangers) *au moins des marques de bien-*
» *veillance, puisque de la manière dont ils sont traités*
» *dans un pays dépend le bien et le mal qu'ils en disent*
» *en retournant dans le leur.* »

Le soin recommandé ci-dessus est devenu la sollicitude de la Russie entière : pas une personne qui ne s'évertue à déguiser la vérité aux yeux du visiteur, et qui ne se méfie des récits véridiques qui pourraient être faits au retour de ce voyageur dans sa patrie. Nicolas porte plus que tout le reste son attention sur l'observance de la discrétion, et sur le cordon sanitaire établi partout, au moyen de sa haute et basse police : vigilance à l'intérieur, vigilance à la frontière, mesures inquisitoriales en tous lieux. Le Czar actuel est aux aguets de tout ce qui se dit de lui en Europe : il en a la fièvre, il en perd le sommeil. Il lit particulièrement les journaux français : il dévore péniblement son dépit à la plus faible attaque. C'est la France qu'il hait, qu'il craint, qu'il redoute. Il désespère d'en avoir raison par la lutte directe, car là sont encore les géants de Bouvines, de Denain, d'Austerlitz ; mais il a travaillé, il s'achernera à les abaisser par toutes sortes de menées sourdes, ténébreuses, dignes d'un rohé couronné. C'est peu que les offres insidieuses que sa perfidie a faites à l'Angleterre ; c'est peu que sa pression infructueuse sur l'Autriche et sur la Prusse ; c'est peu que les primes prodiguées à la révolte en Grèce et dans les pays voisins du théâtre de la guerre, dans les divers continents, en un mot ; mais ce qui est plus monstrueux encore, c'est la révolte, c'est la révolution qu'il a encouragée secrètement, applaudie dans son esprit, prêchée par les journaux qu'il s'accaparait. On n'ignore pas l'action de ce prince sur la presse allemande. Qui douterait de cette même action à Paris, y ait-elle été plus secrète ?

« La Russie , a écrit M. de Custine , voit dans l'Europe une proie qui lui sera livrée tôt ou tard par nos dissensions ; elle fomente chez nous l'anarchie , dans l'espoir de profiter d'une corruption favorisée par elle, parce qu'elle est favorable à ses vues : c'est l'histoire de la Pologne recommencée en grand. Depuis longues années , Paris lit les journaux révolutionnaires , révolutionnaires dans tous les sens, *payés par la Russie.* »

M. Léouzon le Duc a imprimé de même :

« Ce que je crois savoir, c'est qu'en 1850 et 1851, la Russie voulant avoir la haute main sur la presse allemande, dont les allures, après la guerre de Hongrie , ne pouvaient lui être indifférentes, envoya dans ce but, en Allemagne, un très-haut fonctionnaire. Je l'ai rencontré lors de mon dernier voyage , revenant de sa mission. Tout en lui annonçait qu'il l'avait remplie avec succès. »

Le mot suivant de l'Autocrate est significatif : « J'aurais dû combattre l'usurpation de Louis-Philippe, en 1830; en 1848, j'aurais dû la soutenir. » En effet, vous espériez abuser Charles X, à qui vous offriez les limites du Rhin et des Alpes, pour vous installer à Constantinople ; plus tard vous aviez pareillement des vues sur le défunt de Claremont.

Nicolas, avons-nous dit, se préoccupe de ce qu'on pense de lui en Europe. Dans le voyage de renard qu'il fit à Rome, en 1846, il en donna une preuve : Fanny Essler, la célèbre danseuse, que la cour de Pétersbourg avait naguère fêtée, se trouvait alors dans la ville pontificale. Elle sollicita d'être présentée à l'Empereur. Refus de celui-ci, qui fit cette exclamation : « Eh ! que diraient les Français , s'ils apprenaient que l'empereur de Russie est venu à Rome pour s'y faire présenter des danseuses ? » Que de cérémonies ! On le voit bien, l'Autocrate n'était pas chez lui !

Ainsi Nicolas est un socialiste, le pire des socialistes, puisqu'il est convaincu d'avoir, par des voies occultes, encouragé l'esprit de désordre et de faction. Diviser pour régner ; corrompre pour asservir ; soutenir la licence au profit d'une ambition sans exemple : c'est plus que n'ont tenté les ravageurs de provinces de tous les temps. Et voilà ce roi-pontife qui déploie ses drapeaux décorés d'images augustes ! qui invoque une religion dont le divin fondateur a laissé dans sa vie mortelle et dans sa doctrine, les plus touchants exemples de douceur et d'amour ! Une seule fois, le Christ a pris un front sévère et irrité ; mais ç'a été contre les hypocrites , contre les vendeurs du temple.

Ainsi l'esclavage pour les masses, la corruption chez les grands , la dissimulation chez tous , la superstition, l'abrutissement, les tortures, l'idolâtrie impériale, la haine de la vérité catholique, l'absence de l'urbanité, de la bonne foi, de crapuleuses débauches, un clergé servile et parqué comme le reste ; puis une soif d'extension, de dilatation d'autant plus grande dans la nation, que la sujétion autocratique l'étouffe, et par-dessus tout , cette soif d'agrandissement insatiable , inextinguible chez le maître de ces soixante millions d'hommes enchaînés à une volonté , voilà la Russie.

Lâcheté encore une fois à qui trouve en lui-même, dans notre pays, quelque égard pour l'Autocrate ; incurie inexplicable dans quiconque ne s'éclaire pas touchant une question si majeure ! Si l'homme qui épargne ses inimitiés à la Russie est un écrivain ou un penseur.... hé bien !... il faut le plaindre.

La dissolution, ai-je dit, est grande partout ; à Pétersbourg surtout , où l'on a vu assez fréquemment, sous Alexandre, prince de mœurs peu sévères , des femmes de condition, dont les affaires étaient dérangées, rechercher avec impudeur les regards du souverain , et pour prix de faveurs souvent acceptées rouvrir, par le comble de la bassesse, à des époux qui les autorisaient, la carrière de la fortune. Cependant à Pétersbourg, le dévergondage est plus contenu par la présence du maître; mais à Moscou, où se réfugient les disgraciés et ceux qui cherchent leurs coudées franches, le vice éhonté se produit dans toute sa désespérante frénésie. Là des Lovelace, des Don Juan, à l'aurore de la vie, vérifient ce portrait du voluptueux dû à la plume de Lamennais, dans ses beaux jours :

« J'ai vu, et le souvenir m'en restera toujours présent, j'ai vu de ces victimes d'une passion dévorante, offrir, à la fleur de l'âge, la dégoûtante image d'une complète décrépitude : le front chauve, les joues haves et creuses, le regard plein d'une tristesse stupide, le corps chancelant et comme courbé sous le poids du vice, épuisé de vie, de pensée, d'amour, déjà hideusement en proie à la dissolution ; à leur aspect, on croyait entendre les pas du fossoyeur se hâtant de venir enlever le cadavre. »

Ces images sont fréquentes à Moscou ; et comme en Russie rien n'est petit, que tout y atteint des proportions extraordinaires, ces suaires vivants puisent encore dans d'incroyables excès un mouvement convulsif, une activité automatique qui ressemble à de l'énergie. De l'intempérance de la table passant aux fatigues de la volupté, ils dévorent un reste de vie ainsi électrisée par des débauches continuelles, dont le théâtre est tantôt la ville, tantot la campagne, tantôt la taverne, tantôt de solitaires réduits. La tâche ici abîme l'écrivain qui se refuse à tremper sa plume dans une boue infecte, et qui répugne à présenter au lecteur les immondices d'une dépravation sans fond. Après avoir signalé que des conversations inqualifiables sont tenues publiquement à Moscou; qu'il y est parlé de l'immoralité de la ville, de celle du sexe en particulier, avec un dévergondage hors de toute limite, je citerai seulement quelques particularités racontées par M. de Custine ; elles suffiront pour mettre à nu le cancer qui ronge le sein du colosse :

« Un jeune homme, après avoir passé un mois entier dans l'enceinte d'un couvent de nonnes de ****, finit par s'ennuyer de l'excès de son bonheur, au point d'ennuyer à son tour les saintes filles auxquelles il était redevable de ses joies et de la satiété qui leur avait succédé. Il paraissait mourant : c'est alors que les nonnes, voulant se défaire de lui, mais craignant le scandale, si elles le renvoyaient se faire enterrer dans le monde, s'imaginèrent, puisqu'il était condamné, qu'il valait mieux l'achever tout de suite chez elles. Aussitôt fait que pensé..... Au bout de quelques jours, le cadavre du malheureux a été retrouvé coupé en morceaux, au fond d'un puits. L'affaire n'a point fait d'éclat.

» S'il faut s'en rapporter aux mêmes autorités, la règle de la clôture n'est guère observée dans plusieurs des couvents de Moscou ; l'un des amis du jeune prince **** montrait hier devant moi, à toute la cohorte des mauvais sujets, le rosaire d'une novice, oublié, disait-il, le matin même, dans sa chambre à lui ; un autre faisait trophée d'un livre de prières qu'il assurait avoir appartenu à l'une des sœurs réputées les plus saintes de la communauté de ***.... et l'auditoire applaudissait !....

» Je n'en finirais pas, si je m'imposais la loi de vous redire tous les récits du même genre auxquels ces histoires ont donné lieu pendant le dîner de la table d'hôte ; chacun avait son histoire scandaleuse à joindre à celle des autres ; et tous ces contes n'excitaient que de grands éclats de rire.... »

Vous frémissez ; vous appelez l'autorité contre des monstruosités pareilles. Mais l'abrutissement est nécessaire à l'autocratie qui a osé faire elle-même son apothéose, dans le code militaire du czar Pierre, par ces termes que j'y lis : *Tout l'Etat est en lui (dans l'Autocrate). Tout doit se faire pour lui, maître absolu et despotique qui ne doit compte de sa conduite qu'à Dieu seul !* » — « *C'est pourquoi toute parole inju-*

rieuse contre sa personne, tout jugement indécent de ses actions ou intentions, doivent être punis de mort.»

Les frivolités étant le seul aliment de la conversation des salons, le jeu devient un refuge contre l'ennui. C'est un besoin que l'appât du gain rend une passion. Tricher un partner n'a rien d'odieux pour un Russe : le scrupule ne va point jusque là ! Escroquer un adversaire inexpérimenté, c'est de l'adresse, de la dextérité !

« Cette fureur du jeu, ai-je lu dans une relation de voyage, s'étend dans tout l'empire : c'est la seule occupation sérieuse de la vie, et la source intarissable de la corruption générale. Il n'est point d'odieux excès qui ne soient familiers à ceux qui perdent : malheur aux esclaves qu'ils possèdent ! Accablés de travaux, pour encourager les désordres d'un maître impitoyable, s'ils se plaignent, aussitôt le knout, le knout infame est saisi pour les punir ; eux-mêmes alors n'écoutant plus aucun sentiment d'honneur, cherchent à satisfaire les exigences d'un pouvoir si terrible, par les produits du vol et de l'infamie. Comment se respecteraient-ils, quand l'impérieuse nécessité commande, et que les supplices deviennent inévitables, en cas de non-exécution des ordres donnés ! »

Ne demandez pas si une pareille société est sceptique. Les hautes classes en Russie, adonnées au sensualisme, ne conservent pas assez de feu divin dans l'esprit pour y entretenir la foi. La croyance élève l'âme; les boyards russes n'ont que des sentiments bas. Ils languissent, ces esclaves dorés, ils sont atteints de la maladie du siècle, et le sein de la vérité éternelle offert au catholique pour reposer sa tête accablée d'un poids immense d'amour, et qui n'a trouvé hors de cette beauté toujours nouvelle que l'insensibilité et la désespérance, ne se présente pas à ces adeptes de Photius. Oh ! elle a beau s'agiter cette masse moscovite, la gangrène est dans ses plaies; le géant peut remuer sa lourdeur informe, il s'étendra sur l'arène, épuisé par ses efforts , car c'est d'en haut que descend la vie , et lui n'est devenu qu'un vaste corps sans âme : *mens agitat molem.*

CHAPITRE IV.

Le Christianisme en Russie.

Il est temps d'aborder la question religieuse en Russie, puisque cette puissance fait tant de bruit de ce qu'elle appelle son orthodoxie, et qu'elle s'avance dans une guerre injuste, avec l'image de la Vierge Marie sur ses bannières, plaçant sous le symbole le plus suave de la foi chrétienne, les agitations d'une ambition sans bornes et d'un despotisme brutal.

Le christianisme pénétra en Russie vers le milieu du dixième siècle. Olga, veuve d'Igor, exerçant la régence pour son fils Sviatoslaf, et femme d'un caractère ferme, appréciant les avantages qu'elle pourrait retirer de son alliance avec les Grecs, en se faisant chrétienne, alla demander le baptême à Constantinople, en 955. Mais elle ne put déterminer son fils à renoncer au culte des enfants d'Odin. Aux instances maternelles, Sviatoslaf répondait : « Voulez-vous que mes amis se moquent de moi? » Ce prince, pour s'incliner devant le vrai Dieu, tenait peut-être de trop près à cet Igor, dont les soldats avaient ravagé la Paphlagonie et la Bithynie, il y avait peu d'années, et qui surprenant les prêtres dans leurs églises, les forçaient de revêtir leurs ornements, et les frappant de leur framée, s'écriaient : « Nous avons chanté la messe des lances. » La religion chrétienne n'obtint donc que de lents progrès jusqu'à Vladimir, qui ayant fait des conquêtes, désira sans doute aussi des alliances avec les princes chrétiens, et pour ce motif se détermina à embrasser leur foi. Comment expliquer autrement la conversion de ce chef, dont la main avait d'abord offert à ses dieux des victimes humaines, et en une occasion avait de préférence choisi pour l'horrible sacrifice, un jeune chrétien varaigue? Quelle disposition du reste à recevoir l'eau baptismale, que de s'être emparé avec une nombreuse armée de la ville grecque de Cherson, après un siége de six mois, et de là d'avoir fait dire aux deux empereurs de Byzance, Basile et Constantin, qu'il voulait épouser leur sœur Anne, et qu'en cas de refus, il prendrait leur capitale. Le pauvre empire grec était livré aux séditions, et les deux princes Byzantins acceptèrent tout. Vladimir fut donc baptisé et s'unit à la princesse. Il prêta ensuite main forte à ses beaux-frères, leur rendit Cherson, et emmena avec lui des prêtres chrétiens. Arrivé à Kief, il renversa les idoles, et par un édit ordonna que la population entière crût à l'Évangile. Des missionnaires parcoururent alors la Russie, et prêchèrent au loin la croyance des apôtres. On se figure aisément les difficultés qu'eurent à surmonter les ouvriers évangéliques. Au douzième siècle, les résistances duraient encore. Ainsi le culte des faux dieux demeura longtemps en honneur. Ce qui contribua fortement à la lenteur de la propagation du christianisme, très-favorisé, à ce qu'il paraît, par Vladimir, après son mariage avec Anne, ce fut l'inhumanité de ses descendants et leurs guerres fratricides.

Ce fut aussi un malheur nouveau pour la Russie que le schisme des Grecs consommé par le superbe et trompeur Michel Cérularius, en 1053. L'insubordination se glissant ainsi dans l'épiscopat, cette dignité au-

guste cessait d'être un apostolat, et devenait une fonction que pouvait, à son gré, solliciter l'intrigue et la cupidité. L'église naissante de Russie s'alimentant pour le
personnel du ministère à une source impure, ne pouvait
obtenir qu'une vitalité chétive, une sève qui ne portait
pas en elle la force de pousser les fruits à maturité. Toutefois, le clergé russe eut le mérite de résister à la contagion, puisqu'au concile de Florence, en 1439, où l'u-
nion des deux Eglises avaient été conclue, il fut cons-
taté que la Russie possédait encore autant de catholiques que de schismatiques grecs. Les choses en étaient
là lorsque, un quart de siècle après, l'usurpateur Boris
Godounof, devançant Pierre Ier, pensa à réunir dans
sa main l'Eglise et l'Etat, en créant la dignité du patriarchat dans Moscou. A cette fin, Job, son favori, fut déclaré patriarche de toutes les Russies, le 23 janvier
1589. Du reste, l'union de l'église russe avec la grecque n'existait déjà plus que de nom ; car, après le changement du métropolite de Kief à Vladimir, et de cette
ville à Moscou, la nomination n'avait lieu que par le
prince.

N'en déplaise à nos demi-savants, à nos utopistes politiques, à nos esprits forts : hors des sublimes inspirations du Catholicisme, les peuples ne s'acheminent pas
vers d'heureuses destinées. La liberté, les lumières ne
germent avec stabilité que sous sa divine fécondation.
Là où manque ce principe incréé d'activité et d'amour,
la prospérité publique s'altère, les calamités s'achar-
nent. Constantinople passa sous le joug musulman,
dès que le lien qui unissait l'empire au Saint-Siége apostolique fut entièrement rompu. Luther mit son génie
bouillant au service de l'insurrection religieuse, et bientôt l'Europe fut en feu ; et les révolutions, qui, depuis
le moine de Wittemberg, ont déraciné les trônes et se-

coué les empires sur leurs bases, n'ont été que la suite des ébranlements imprimés par le jaloux renégat Augustin, au respect pour le pontificat et les dogmes romains, et par suite, à l'attachement des vrais principes nationaux et monarchiques.

Ce n'est ni le schisme, ni l'hérésie qui produisent ces anges de la terre connus sous les noms de François de Sales, de Vincent de Paul, de Belzunce, de Fénélon. L'erreur, dont la compagne assidue est la haine, engendre les Henri VIII, les Elisabeth d'Angleterre, les Christiern, et dans un autre genre de tyrannie et sous des systèmes qui n'ont changé que de nom, elle produit les Carrier, les Marat, les Couthon. Le schisme n'a procuré jusqu'ici à la Russie que la violence et l'esclavage. Laissez faire; Dieu est patient, et les siècles sont les années des nations : le temps viendra où des révolutions nées des aberrations préméditées, entretenues et exploitées par les Czars et par leur clergé, changeront la face de cette contrée incommensurable, et ouvriront pour elle une ère de châtiments et d'expiations.

Reprenons : Kief et huit évêchés des provinces méridionales restèrent unis au Saint-Siége jusqu'en 1520. D'autres résistèrent aussi dans les pays du nord. Les évêques de Twer et de Nowgorod refusèrent de se faire sacrer par le métropolite de Moscou, considéré par eux comme un intrus. Ivan III, par des menaces et des châtiments cruels, arrêta le bien que devaient produire ces oppositions, et à la fin tout succomba. Ainsi fut établie la prépotence patriarchale réunissant entre ses mains l'autorité ecclésiastique, mais absolument dépendante du Czar. Boris, par un décret, soumit les métropolites et les évêques au patriarche de Moscou. Celui-ci était donc omnipotent sur l'église de Russie, et restait docile instrument du chef de l'Etat qui l'instituait et le choisissait à son gré, pouvant le déposer, s'il opposait quelque résistance. Constatons ici que le patriarchat de Constantinople était tombé dans l'avilissement ; que d'indignes prélats s'en disputaient la pourpre, salie par la faveur du sérail, dont l'investiture était indispensable, depuis la prise de la capitale par les Turcs.

Jérémie, occupant le siége à cette époque, réduit avec son église à une extrême misère, s'était rendu à Moscou, pour y faire une quête, et en avait emporté des largesses considérables de la part de Boris : c'était le prix mis à l'approbation de Jérémie pour le siége patriarchal de fraîche institution.

Ce Job, que Boris avait fait patriarche, pourra être jugé par deux faits. Le despote usurpateur ayant déclaré officiellement les habitants ses esclaves, le *pape* Russe confirma avec solennité cette déclaration dans un concile. Il justifia le meurtre du dernier des Rourik, dont le bourreau fut Boris lui-même, et dans l'acte d'élection de ce dernier, voici la clause qu'il fit insérer : « A tous ceux qui désobéiront aux volontés du Czar, l'église, au lieu de sa bénédiction, donnera sa plus formidable malédiction, sans parler des peines que leur infligera le conseil des boyards. Malédiction à tout hérétique et à tout rebelle qui oserait s'opposer aux décisions de l'auguste assemblée, pour ébranler les esprits ; fût-il même de condition considérable, sa mémoire demeurera maudite. » Job alla plus loin, il prescrivit pour le Czar une prière, que le peuple devait réciter chaque jour, prière remplie d'adulations rebutantes et d'expressions idolâtriques. Et tout cela subsiste aujourd'hui, et dans la forme et dans le fond.

Si la manière dont Pierre Ier se fit bientôt le chef de la religion est insolite et cyniquement illégale, ce qui eut lieu pour donner à cette investiture une ap-

parence de sanction n'offre rien de moins piquant ;
le patriarche de Constantinople reçut une lettre de
Pierre, lui demandant la confirmation de son collège ecclésiastique ; la réponse fut deux ans sans venir, mais
enfin elle arriva ; elle était approbative, et elle donnait à Pierre les noms de *saint* Autocrate, de *très-pieux*
Czar de toutes les Russies.

Comment s'expliquer une si lâche courtisannerie,
sinon par la simonie, déjà marraine du patriarchat
de Moscou, et venant tenir sur les fonts de son baptême,
le synode dirigeant que le czar Pierre substituait au
siége fondé par Boris, dont il se montrait l'émule ? Le
canon confirmatif de ce secrétariat ecclésiastique de
l'Autocrate, suivit de près l'approbation, ce qui semble
une preuve nouvelle du trafic sacrilége dont nul ne
déclarera incapable l'exécuteur des Strélitz. A la demande du satisfait de Constantinople, le patriarche
d'Antioche fournit aussi son assentiment ; mais les ad-
hésions des patriarches d'Alexandrie et de Jérusalem
sont encore attendues. Le dernier de ces prélats, ayant
aussi précédemment passé à Moscou, pour y recueillir des aumônes, avait déjà refusé de sanctionner l'intronisation de Job. Ainsi baclé, le synode russe est
simplement un bureau où le Czar entretient des commis.

« A proprement parler, un seul pouvoir réside, un seul
pouvoir élève la voix dans le synode, c'est celui de l'Empereur : lui seul dispose et ordonne. Il transmet ses ordres au
procureur suprême, qui se charge de les faire connaître aux
évêques, en leur recommandant l'obéissance entière à tout
ce qui a été prescrit. Le même fonctionnaire en surveille
l'observation, et punit ceux qui refusent de s'y soumettre ou
le font avec nonchalance.

» L'Empereur est donc le vrai soleil, l'âme, le régulateur
et le seul appui de l'Eglise nationale en Russie. A côté de
lui, se place comme satellite ordinaire, recevant de lui toute
chaleur et toute lumière, le procureur suprême, faisant

mouvoir également, de gré ou de force, dans leurs sphères inférieures, les métropolites, les archevêques, les évêques, et tous les autres ordres du clergé. Merveilleuse harmonie ! où la hiérarchie ecclésiastique se trouve régie et dominée par un pouvoir étranger au but de son institution.

» Le synode est encore l'exécuteur de toutes les mesures ecclésiastiques adoptées, au nom du souverain, par les autres administrateurs de l'empire, tels que le Sénat, le Ministère de l'Intérieur, le Conseil d'Etat, et l'Administration des Domaines impériaux. » (THEINER, l'*Eglise schismatique russe*.)

Appuyons ces assertions par des extraits de rapports officiels.

Rapport de 1839. Arrêts prononcés par les hauts tribunaux de l'empire. « Par la chancellerie du procureur suprême, furent exécutés 264 ordres suprêmes impériaux. Les décisions judiciaires, transmises par le sénat étaient de 218. Le nombre des papiers communiqués au saint synode montait à 10,002, et celui des affaires expédiées dans les différentes éparchies à 8,215. »

Même rapport. « Par *très-haut commandement* furent élus des curés pour les colonies militaires. — Par *très-haute concession*, le couvent extraordinaire de Tschébaksar a été évacué.» (Rapport de 1838.) *Même rapport:* Il a été permis à l'évêque de Kursk d'imprimer ses sermons. *Rapport de* 1837... *Sa Majesté trouve bon* de dissoudre la commission des écoles ecclésiastiques (c'est-à-dire d'en enlever la direction au clergé), d'en réunir la direction au saint synode, et de *confier le soin de l'exécution de ses ordres au procureur suprême.* »

Ces citations que nous pourrions multiplier, font voir qu'on ne parle que de *suprême volonté*, *d'ordres très-hauts;* de droits et de devoirs épiscopaux, il n'en est pas question.

Les pontifes romains mirent la plus grande sollici-

tude à maintenir la Russie dans le giron de l'Eglise.
Cette paternelle vigilance devait se briser contre la
mauvaise volonté des princes de ce pays. Ce fut dans la
sage vue d'empêcher le royaume de *Saint* Vladimir de
se livrer au schisme récemment consommé, que des
relations furent ménagées entre la Russie et la France,
et que Henri Ier épousa Anne, fille du grand-duc
Iaroslaf. Cette princesse donna le jour à Philippe Ier,
quatrième aïeul de Louis IX. Isiaslaf, souverain de
Kief, d'abord dépouillé par ses frères de ses états, fut
rétabli une première fois par Boleslas II, roi de la catholique Pologne. En 1075, Isiaslaf, encore détrôné,
envoya son fils au célèbre Grégoire VII (Hildebrand),
lui promettant d'être fidèle à l'autorité spirituelle des
Papes, et de reconnaître leur autorité temporelle, si
l'appui de Rome lui était accordé. Le secours de Grégoire n'eût pas manqué; mais Sviatoslaf, l'usurpateur,
étant mort, le roi déchu put reprendre avec quelques
milliers de Polonais le chemin de sa capitale, et foula
aux pieds ses engagements.

Thomas Paléologue, le dernier des Constantins, s'é-
tait réfugié à Rome, la patrie de tous ceux qui n'en
ont pas, et venait d'y mourir: sa nièce, femme de mérite, fut mariée, par l'entremise du Pape, à Ivan III,
veuf en ce moment. Le prince russe ne vit pas seulement dans cette union une haute alliance, mais encore
un certain droit qui lui échoyait, pour lui et pour
ses descendants, au trône de Constantinople. A cette
occasion, le grand prince adopta l'aigle noire à deux
têtes, armes des empereurs de Byzance. L'arrivée de
cette princesse attira en Russie beaucoup de familles
de rang et des artistes qui commencèrent à orner
Moscou (1480.) De précieuses espérances étaient nour-
ries par le Vatican sur cette Russie, que sa fidélité au

Catholicisme aurait rendue à la fois si grande et si comblée de faveurs; mais alors, comme toujours, ce pays n'a su que recevoir des deux mains et n'a jamais rendu d'une seule.

C'était en 1547. Alors régnait Ivan IV, surnommé par les Russes le *Terrible*, et par la vérité le *grand tyran*. La Suède et la Pologne, ces rivales à la fin trop infortunées de l'ingrate Russie, portaient leurs armes victorieuses sur le territoire de l'empire, où plusieurs villes étaient déjà tombées en leur pouvoir. Ivan, qui le premier venait de prendre le titre de Czar, qui s'était signalé dans vingt combats, s'effraie cette fois, et ne voit son salut que dans l'intervention de Grégoire XIII. L'évêque de Rome accueille favorablement, comme ses augustes prédécesseurs, l'ambassade moscovite. Il envoie le P. Possevin, jésuite, qui obtient la paix pour Ivan. Celui-ci n'avait pas manqué de faire lui aussi espérer le retour de ses états à l'Eglise romaine. Toutes les conditions du traité furent tenues, moins celle du retour à la vérité catholique, dont le Czar ne se souvint plus, le danger une fois passé. La politique russe est toute là : promesses trompeuses, dissimulation dans les moments critiques ; tenir parole, même pour les engagements les plus sacrés, après le danger, ne l'attendez pas d'elle.

Au commencement du seizième siècle, Boris occupait le trône qu'il avait usurpé, à Moscou. Sigismond tenait le sceptre de Pologne. Un jeune homme de bonne naissance, enfermé sans vocation dans un couvent, s'en échappe, et par ses larmes, par son éloquence, persuade à Sigismond et à la noblesse polonaise, qu'il est l'héritier légitime du trône de Russie. Il reçoit les instructions d'un Jésuite, voulant lui aussi ramener l'église russe à l'unité de Rome. Le faux Démétrius est placé sur le trône impérial. Mais il y avait peu à compter sur un imposteur, qui du reste abusant de son autorité, périt bientôt tragiquement. Ainsi dans leurs plus pressants besoins, les princes russes, devenus de nos jours persécuteurs du Catholicisme, se sont, dans le passé, adressés à ses pontifes, pour en avoir un secours qu'ils n'auraient pas trouvé ailleurs.

Telle a été l'animosité des Czars contre le Catholicisme, seule garantie des droits et des libertés des peuples, droits et libertés toujours comprimés par les Autocrates, qu'à diverses époques, sans les préventions insidieusement semées par eux, contre la perpétuité de la foi des apôtres, la Pologne aurait donné peut-être des princes à la Russie. Plusieurs fois les Polonais entrèrent en vainqueurs à Moscou, et sous Alexis, fils de Michel Romanoff, une vaste insurrection éclata, dans la pensée de déposer le prince régnant, et d'unir la couronne moscovite à la couronne polonaise. La Pologne et la Russie soutinrent à l'encontre l'une de l'autre une lutte acharnée et sanglante, pendant des siècles ; la Russie l'emporta finalement; mais l'opinion des annalistes impartiaux est que la haine des souverains russes pour le Catholicisme, et les préventions qu'ils s'efforcèrent de faire épouser contre le Saint-Siége, fut, en somme, la première cause qui déshérita les Polonais d'un succès qu'ils méritaient, et dont ils auraient usé, non pour la perturbation du monde, mais pour le bien-être général de tous les peuples. Rien n'est plus beau que l'attachement du royaume des Jagellons à la vérité catholique, vérité que tant d'insinuations perfides et de tourments ont été impuissants à lui faire addiquer.

Ouvrons d'autres sources encore que celles qui précèdent.

« Par une lettre du pape Honorius III, adressée, l'an 1227, à tous les rois de Russie, on voit qu'ils avaient prié l'évêque de Modène, légat apostolique dans le Septentrion, de vouloir bien venir dans leur pays pour les instruire de la saine doctrine, parce qu'on y manquait de prédicateurs. L'an 1231, on trouve une lettre de Grégoire IX à un roi de Russie, qui, tout en suivant le rite des Grecs, voulait cependant obéir au Siége apostolique. L'an 1246, Daniel, prince des Russes, envoya une ambassade au pape Innocent IV, pour lui demander le titre et la couronne de roi. Le pape lui accorda sa demande, et envoya le légat Opison, qui le couronna solennellement. Le roi et les évêques russes dirent aux Frères Mineurs qui revenaient de la Tartarie par Kiow, qu'ils voulaient avoir le Pape pour leur seigneur spécial, et l'Eglise romaine pour leur dame et maîtresse, et, en preuve, ils lui envoyèrent avec eux des ambassadeurs avec des lettres. » — « Comme les Grecs se réunirent solennellement à l'Eglise romaine, dans le deuxième concile de Lyon, l'an 1274, cet exemple dut naturellement déterminer dans le même sens les princes et les évêques flottants de la Russie. » (ROHRBACHER, *Hist. de l'Egl.*)

Démontrons en même temps sur quelles avanies repose le schisme grec, remanié et augmenté par la Russie : Godescard va nous apprendre les fables odieuses de Photius et de Cérularius contre l'Eglise de Rome.

« Après avoir répandu grand nombre de funestes hérésies, disent-ils, il (un pape supposé, nommé *Petrus Lombardus*), ordonna aux papes de tenir sept femmes et des concubines à volonté ; il ne leur fixa point de péché, il leur ordonna de faire entendre dans l'église l'orgue, les tymbales et la musique, de se raser la barbe et les moustaches, d'absoudre sans *épitémie* et sans pénitence, et il permit même de remettre les péchés pour plusieurs années d'avance. Il changea aussi le *synaxarium*, et permit de jeûner le samedi, comme font les Juifs. Il permit aussi l'inceste, c'est-à-dire le mariage entre proches parents, et toutes sortes d'horreurs, comme de manger avec les chiens. L'impie répandit encore d'autres horreurs ; il créa des schismes et des ordonnances abominables, tendant à déshonorer et à renverser l'Eglise de Jésus-Christ. Mais, du temps de l'empereur Constantin Monomaque, le patriarche Michel convoqua un synode, et livra à l'anathème le pape de Rome et tous les hérétiques…. Le pape alla même jusqu'à installer, dans les quatre grandes villes, au lieu des quatre patriarches orthodoxes, ses quatre patriarches à lui, que ceux d'Occident appellent cardinaux. »

C'est par de pareilles énormités que les Czars, après les auteurs du schisme, abusent la crédulité stupide de leurs peuples. — Nous placerons ici les lignes suivantes d'un livre italien bien écrit et bien pensé ; nous aimons à citer beaucoup, afin de prouver que ce que nous avançons est l'opinion des meilleurs esprits et des plus excellents penseurs : « Déjà n'avons-nous pas entendu les panégyriques moscovites entonner l'hymne des triomphes futurs, pour une église destinée, disent-ils, à établir partout la domination de la Russie ? Ne les avons-nous pas entendus prédire à cette église, qu'elle renverserait, à l'aide de son peuple *orthodoxe* (1), l'ordre social actuel, travaillé par les maladies religieuses et par l'impuissance politique de l'Occident ? N'ont-ils pas osé nous dire que ce cadavre, enchaîné sous la protection du pouvoir politique, redonnerait la vie aux sociétés modernes, qu'il attirerait sur elles une nouvelle rosée de bénédictions célestes, une abondance absolue de grâce et de sainteté ? L'Église d'Occident a fait son temps, disent-ils ; elle doit désormais céder la place à sa jeune sœur, plus vigoureuse et plus active. » Toujours l'esprit renfermé dans le testament de Pierre 1er ; toujours la royauté du monde par le glaive et par le pontificat non disjoints, et cette parole formidable de Mahomet à ses sectateurs conquérants et fanatiques : « En avant ! en avant ! l'enfer est derrière vous, et devant vous, le ciel ! »

____

(1) Nom usurpé par le schisme grec, pour se consoler de celui de catholique, qu'il se sentait dans l'impossibilité de prendre.

Boris, avons-nous vu, avait mis sous la direction du pouvoir politique l'autorité pontificale ; et Pierre Ier se nomma lui-même chef suprême de l'Eglise. L'avilissement des évêques était tel alors, qu'ils approuvèrent tous la mort d'Alexis, fils du czar. Un seul, le métropolite de Rostow, soupçonné de quelque sympathie pour le Czarovitz, fut condamné à mort par le sanguinaire empereur. Le prélat fut roué publiquement à Moscou, avec un autre ecclésiastique et un boyard, tandis que, d'un autre côté, on empalait le général Glébow.

Pierre laissa d'abord le siége patriarchal de Moscou vacant, à la mort d'Adrien, dixième patriarche, en 1702 ; puis il l'abolit par un oukase, en 1721, et le remplaça par le *très-saint synode dirigeant*. Les évêques réunis pour l'approbation des statuts du synode, prévirent tout ce qui allait avenir d'eux, et sollicitèrent le rétablissement d'un patriarche. » Je ne reconnais, leur répondit Pierre, d'autre légitime patriarche que l'évêque de Rome. Et, ajouta-t-il, en appuyant une main sur la poignée de son épée, et l'autre sur l'Evangile, puisque vous ne voulez pas lui obéir, vous n'obéirez qu'à moi seul. Voilà votre patriarche. » Les statuts furent donc de force approuvés. On pense bien que l'une des premières dispositions de ce réglement était que le Czar désignait les membres du collége ecclésiastique, lequel était sensé *égal au patriarche*. Répétons-le donc ; le synode est à la dévotion pleine et entière du pouvoir temporel ; il concentre, par son existence purement figurative, dans la volonté de l'Autocrate, les droits, la constitution, la discipline et les institutions civiles et religieuse de l'église russe. Prêtons l'oreille à la voix de Napoléon, alors cloué sur le roc qui a rendu sa parole si majestueuse ; il relève l'autorité épiscopale et condamne les galanteries des rois.

« Si la race des Bourbons a mérité ses malheurs, c'est pour avoir voulu s'élever au-dessus de la religion et de la morale. Rien de plus insolent, de plus démoralisant que le libertinage scandaleux d'un souverain.... Comment se fait-il qu'aucun prêtre n'ait eu la hardiesse de reprendre publiquement Louis XIV de ses adultères publics, et de lancer l'anathême d'une voix courageuse contre le régent et Louis XV ? Cela fait peu d'honneur au clergé de ce temps-là. Avec moins de talent que Bossuet et Massillon, dans des temps plus reculés, il se fût trouvé quelque évêque qui, au risque de sa vie, eût rempli ce devoir. L'empiètement du pouvoir religieux n'est pas à craindre de ce côté-là. Il faut trop d'élévation dans l'âme pour prendre en main la cause du ciel outragé, en s'opposant au libertinage des grands. L'énergie qui s'acquitte de ce devoir est trop rare et est sympathique avec la fibre populaire.... Avant qu'on dégradât le pouvoir, le pouvoir s'était dégradé lui-même ; il était tombé au-dessous de tout le monde, en foulant aux pieds tous les principes. Louis XVI, par son courageux martyre, releva la royauté dans l'opinion ; ceci ne justifie pas, mais explique les crimes de Marat et de Robespierre et des autres régicides, qui sont vraiment des monstres à face humaine ; mais ces monstres ont exécuté une sentence de réparation sociale..... Quant à moi, si j'ai eu mes faiblesses, je n'en ai jamais fait parade, j'en ai eu honte le premier..... »

Que serait-ce si l'empereur eût eu à se prononcer sur les évêques russes, si misérablement complaisants, lui qui traitait avec tant de sévérité Bossuet et Massillon, ces lumières de l'épiscopat français, qui crurent ne pouvoir aller, dans leur amour du bien, au-delà des énergiques avertissements de leurs sublimes discours.

Le Christ appelait ses disciples le sel de la terre, et sa parole dont il les rendait les gardiens et les propagateurs, la vérité et la vie. Qui oserait appliquer ces prérogatives au clergé moscovite ? Ainsi privé de sacerdoce légitime, que devient ce peuple colossal sur lequel il nous a été débité de si retentissants discours ? Les voilà sans intermédiaire sacré avec le ciel, les héros, les réformateurs, les souverains si prônés par des écrivains de mérite, qui restent convaincus de l'une de ces deux particularités : ou ils ont parlé à la légère, sur des données inventées à plaisir, où ils ont écrit pour un salaire. Nous ne connaissons rien de plus flétrissant pour un écrivain, que de mettre sa plume et son talent au service de qui les paie, sans se réserver un contrôle qui l'assure de ne point sacrifier les droits de la vérité. C'est ainsi que Voltaire a composé l'histoire de Pierre Ier, pour une récompense, et qu'il a accepté les documents tels qu'ils lui ont été fournis par celle qu'il nommait la Sémiramis du Nord. Veut-on un exemple de cette conduite de la Russie, offrant de l'or et des documents controuvés, pour faire rédiger son histoire ? Hé bien ! le Czar régnant a fait proposer à une belle intelligence, M. Crétineau-Joly, de lui écrire une histoire de la Moscovie sur les titres qui seraient mis à sa disposition. Le noble breton a refusé les offres qui lui étaient faites et a respué une tâche qui l'aurait déshonoré ; les documents présentés étaient faux. M. Crétineau-Joly a été plus grand que Voltaire.

Ainsi tombent peu à peu tous les prestiges empruntés dont la Russie avait traîtreusement chargé son front. Avançons ; le masque n'est encore qu'en partie arraché.

Ce que nous avons enregistré atteste assez combien peu devait et doit être encore éclairée la foi des Russes. On n'a qu'à se rappeler, à ce sujet, ce qui précède à propos des superstitions populaires. Voici l'attestation de M. Émile Marco de Saint-Hilaire, historien qui ne saurait être suspect en matière religieuse :

« Des actes extérieurs, dit-il en parlant des coutumes au XVIIe siècle, des signes de croix, des prosternements, l'observation rigoureuse des quatre carêmes, composaient toute la religion des Russes ; et c'est seulement par ces pratiques qu'ils étaient comme chrétiens, distingués des peuplades de leur empire, privées de toute idée de spiritualité : beaucoup de Russes vivent encore dans la même ignorance.

» Les peuples superstitieux haïssent ceux qui ne partagent pas leurs superstitions : aussi, l'un des cris de joyeux avènement dont ils saluaient leurs princes, était-il toujours de demander le massacre des étrangers.

» Les prêtres n'avaient pas le droit de prêcher ; il y en eut même quelques-uns qui, pour récompense de leurs prédications, furent envoyés en Sibérie. Les Russes d'à présent disent que l'Eglise est fondée sur la parole de Dieu, consignée dans les livres saints, et que les interprétations des prédicateurs sont la source de toutes les querelles qui divisent les chrétiens. »

Ainsi c'est la doctrine du libre examen, c'est-à-dire la doctrine de Zwingle, doctrine qui n'est elle-même que le déïsme, lequel, selon Bossuet, n'est qu'un atheïsme déguisé. Nier la prédication, l'interprétation des écritures par l'Eglise, quelle hérésie gigantesque ! Quel champ ouvert à toutes les extravagances du despotisme et de l'incrédulité !

Les Czars étant donc devenus les chefs de la religion, ils devaient en user comme d'un instrument docile qui servît leur ambition et abusât les peuples, par des semblants de condescendance de leur part, et en couvrant du manteau des choses saintes, leurs entreprises les plus méprisables. C'est ainsi, par exemple, que lorsqu'une guerre était décidée dans la pensée de l'Autocrate, il se rendait dans la principale église de la capitale, et là dans le sanctuaire d'un Dieu de paix, il faisait, par l'organe d'un secrétaire d'état, énumérer les griefs qu'il avait ou qu'il prétextait contre l'objet de son aversion ou de sa convoitise, et annoncer les vengeances qu'il avait à tirer de l'ennemi : moyen fictif et dérisoire de rendre compte à un peuple du sang et de l'or qu'on lui demande.

Il y a dans les façons d'agir des princes russes, de

ces énormités , mélange de férocité et de bizarrerie, que l'on retrouve seulement dans la vie des tyrans les plus odieux des temps anciens. Ainsi, un noble du nom de Galitzin s'étant fait catholique, dans le cours de ses voyages en Europe, fut considéré, à son retour, comme un paria par la czarine Anne. Elle voulut punir cette nouveauté d'une manière exemplaire, et força Galitzin d'épouser une lavandière , et de consommer son mariage sur un lit de glace et dans un palais de glace.

L'église nationale russe, décorée du nom d'orthodoxe, est devenue une complication d'erreurs telles, qu'elle ne conserve plus même le type byzantin , quoi qu'elle en dise. Le patriarchat est aboli ; le synode fonctionne de par l'empereur : la liturgie des sectateurs de Cérularius est en grec ; celle de l'église du Czar est en slavon. Rendons-nous compte des diverses transformations subies par cette dernière, d'après les considérants de Pierre, lors de l'institution du synode : « Une autorité spirituelle représentée par un collége n'excitera jamais dans le pays autant d'agitation et d'effervescence qu'un chef personnel de l'ordre ecclésiastique. L'homme du peuple ne comprend pas la différence qui existe entre l'autorité spirituelle et celle du souverain séculier ; en voyant les honneurs extraordinaires dont on entoure le pasteur suprême , il est entraîné par l'admiration au point de croire que le chef de l'église est un autre souverain, dont la dignité est égale ou même supérieure à celle du monarque : il croirait en outre que l'ordre ecclésiastique forme une espèce de monarchie préférable à l'autre. Or, puisqu'il est incontestable que l'homme du peuple fait ces raisonnements , que pourrait-il en avenir, si la polémique injuste d'un clergé ambitieux s'y joignait pour activer l'incendie ? »

Est-ce clair , et ces raisons ne disent-elles pas formellement : l'autorité ecclésiastique, la religion, c'est le Czar ? Que croyait-il ce novateur, distançant les novateurs qui l'avaient précédé à Constantinople et à Moscou? Ce que croit la négation arrachant, comme l'école voltairienne, l'encensoir des mains du prêtre, sachant bien qu'une fois le ministère des autels discredité, on est bien près d'avoir fait oublier Dieu.

Tandis que la communion russe est si nettement séparée de la communion grecque, ne serait-ce que par la hiérarchie toujours existante dans la seconde et anéantie de fait dans la première, n'est-il pas plaisant le protectorat qu'elle prétend exercer sur les deux églises?

Si le schisme grec est un rameau détaché violemment et par des mains criminelles, de l'arbre impérissable du Catholicisme ; si ce rameau aride et desséché ne produit aucun fruit : la foi gréco-russe, elle, est une idole autrement vermoulue encore, à se prononcer uniquement à propos de son clergé : singulière direction sacerdotale, en effet, que cette commission de prêtres, dont, à l'heure qu'il est, le procureur suprême est un général de cavalerie ! Edifiant clergé que celui dont, en 1836, d'après les rapports officiels, 1,412, membres avaient négligé de remplir leur devoir pascal ! Ne nous arrêtons pas ; nous en verrons bien d'autres.

Nous consacrerons un chapitre spécial aux persécutions religieuses en Russie. Cette phase de l'église des Czars mérite bien ce privilége dans cette relation. L'autocratie est si belle à l'œuvre dans cette partie de ses fureurs ! Plus peut-être que pour tout le reste, le lecteur qui a des entrailles, reculera là d'épouvante et se roidira d'indignation.

Le clergé russe est divisé en deux grandes masses, l'une sous le nom de clergé noir ou régulier, ce sont les moines, dont la règle commune est celle de saint Basile ; l'autre sous le nom de clergé blanc ou séculier. M. Marmier (*Lettres sur la Russie*), retrace comme suit l'image d'un célèbre couvent qu'il a visité près de Moscou :

« Nous nous joignîmes à la multitude qui se dirigeait vers la porte du couvent. L'archevêque, la mître en tête, s'avança entre deux prêtres, revêtus comme lui de chapes éblouissantes, et traversa la nef, portant à chaque main un candélabre d'or qu'il tournait de part et d'autre pour bénir le peuple. Les moines étaient rangés sur des stalles, à droite et à gauche du sanctuaire, et chantaient en chœur *podi pomilui* (*Kyrie eleison*). Il me sembla que, hommes qui ont fait vœu d'abstinence, et qui tous les jours répètent les prières les plus humbles, ils avaient la figure bien riante et le regard bien assuré. Tous portent une longue barbe arrangée avec soin ; leur chevelure, partagée sur le front en deux bandeaux, tombe en grosses boucles sur les épaules ; on dirait qu'elle sort des mains du coiffeur.... Tous ces moines paraissaient en général fort peu édifiés eux-mêmes de la cérémonie religieuse à laquelle ils prenaient part, et ils chantaient avec distraction, comme des gens qui accomplissent une tâche journalière plutôt qu'un acte de piété.

» Cependant, l'archevêque redescendit le long de la nef, sur un tapis de pourpre, puis remonta à l'autel. La foule s'écarta à son approche, se resserra dès qu'il fut éloigné, se pressa et s'étendit dans le chœur, faisant des signes de croix, murmurant à voix basse d'inintelligibles prières, se jetant la face contre terre, selon la loi de l'Évangile. Tous les rangs sont ici confondus : le grand seigneur, avec ses plaques de diamants est debout au milieu des paysannes ; la femme du monde se voit entourée de mougiks. Il n'y a de siéges que pour le prélat et les prêtres. Ce mélange produit un désordre qu'on ne remarque pas dans nos églises catholiques ; c'est à qui s'approchera plus près de l'autel et des reliques, et le plus fort ou le plus hardi est le plus heureux. Le bras robuste de l'ouvrier écarte les petites mains délicates qui essaient de lui fermer le passage. Le pauvre en haillons franchit intrépidement tous les obstacles pour jouir des magnificences de l'Eglise. On se heurte, on se coudoie, on se précipite vers l'autel avec une ardeur sauvage. C'est une effervescence de piété déréglée, un tumulte qui ressemble à celui d'un spectacle populaire.

» Pour moi, je m'éloignai en silence, comparant cet office de la religion grecque à ceux de notre religion, à ces messes d'une pauvre église de village, célébrées avec tant de simplicité et de recueillement devant une communauté qui suit en silence les mouvements du prêtre, qui se lève à l'Evangile, comme pour attester hautement sa foi, et tombe à genoux, la tête penchée vers la terre, les mains jointes sur la poitrine, au son de la clochette qu'une main d'enfant agite sur les marches de l'autel.

» L'heure du dîner venait de sonner. Nous entrâmes dans le réfectoire, où tous les moines étaient assis sur deux lignes parallèles. On leur servit une soupe de gruau, du poisson, des légumes, et des cruchons de kvass. Il me parut que c'était un repas assez confortable ; seulement, les convives étaient d'une saleté repoussante.

» La demeure des moines est spacieuse et élégante ; le mot *cellule* est trop modeste pour en donner une juste idée. Chacun d'eux a pour lui seul une chambre à coucher, un cabinet qui lui sert d'oratoire, et un salon de réception. J'ai trouvé là des tapis étendus sur le parquet, des canapés, des gravures assez mondaines et des livres ; mais ces livres ne donnent pas, à vrai dire, une haute idée de l'instruction des religieux. Plusieurs pauvres prêtres d'Islande, ont, dans leur misérable cabane, des ouvrages français, allemands, danois. Dans le salon si paré et si coquet des moines de Troïtza, je n'ai vu que des ouvrages russes, des recueils de sermons, des traités de théologie, et quelques dissertations d'histoire. »

Pauvres aujourd'hui, les monastères russes étaient riches autrefois. Pierre et Catherine les dépouillèrent de leurs possessions, et leur affectèrent une rente de quarante roubles par tête (160 francs), servie annuellement par l'état. Certains couvents vivent uniquement d'aumônes. Un dénuement semblable est un faible attrait pour qui serait tenté de se faire cénobite : on évalue à trois cents seulement le nombre de religieux qui embrassent tous les ans l'état claustral. Les vœux ne peuvent être prononcés qu'à trente ans.

Passons au clergé blanc ou séculier, dont les attributions regardent surtout l'administration des paroisses. Quelle opinion garder d'un sacerdoce dont on ne peut recevoir le caractère sans être engagé dans le mariage, caractère que le prêtre perd en devenant veuf, sans qu'il lui reste la faculté de convoler à un autre hymen. L'épouse mourant, il rentre dans la foule, s'il ne préfère devenir moine. Quelle manière d'entendre les ordres sacrés! Quelle garantie d'avenir pour la plus respectable des carrières!

Une autre singularité non moins criante, n'est-ce pas l'obligation à peu près absolue pour le clergé de se recruter dans son propre sein? D'une part, rejet des vocations qui peuvent exister; de l'autre, contrainte ou respect humain déterminant l'inclination cléricale. Les enfants des prêtres qui n'entrent pas dans les ordres, deviennent de petits employés, ennemis des nobles qu'ils jalousent, germes puissants de révolutions pour l'avenir.

Catherine II, en s'emparant des biens conventuels, n'eut garde de négliger ceux des églises; une subvention modique y a suppléé. Un métropolite reçoit annuellement quatre mille francs, un archevêque trois mille. Le clergé inférieur est rétribué en comparaison de ces traitements des hauts dignitaires. Est-il besoin d'avancer que ces rétributions sont de beaucoup insuffisantes pour les besoins des prêtres et de leurs supérieurs. Ceci donne la mesure du degré d'influence resté à l'épiscopat et à ses subordonnés. Les ecclésiastiques affamés ne négligent aucune occasion d'être admis à la table d'autrui, où leur intempérance connue s'en donne à cœur joie. Dans un pareil état de choses, tout accès n'est-il pas ouvert à la simonie?

On le présume déjà, ces premiers oublis de la modestie et du désintéressement chrétien., conduisent à beaucoup d'autres désordres. Aussi, si nous consultons les statistiques du *saint* synode, trouvons-nous, pour l'année 1836, *dégradés pour crimes infamants huit cents ecclésiastiques*, et mille neuf cent quatre-vingt-cinq condamnés pour d'autres crimes ou délits moins graves. En 1839, le total des prêtres condamnés pour les trois dernières années fut de *quatre mille quatre cent quarante-huit.* Le synode effrayé d'un pareil état de dépravation et des effets qu'il devait produire en Russie et en Europe, est demeuré moins explicite depuis, et dès 1837, a cherché à pallier dans son rapport annuel une situation si anormale. Terminons cet aperçu par le témoignage éminent de M. de Haxthausen.

« Les ecclésiastiques de mérite sont rares à la campagne. La plupart des vieux popes sont ignorants, grossiers, sans aucune instruction, et exclusivement occupés de leurs intérêts personnels. En pratiquant les cérémonies religieuses et en dispensant les sacrements, ils n'ont souvent d'autre objet en vue que de se procurer des cadeaux ou des profits. Ils n'ont aucun souci de la charge d'âmes, et ne répandent ni consolation, ni instruction. »

Le clergé russe est insuffisant pour les besoins du culte ; et certaines paroisses ayant parfois vingt milles carrés de territoire, l'exercice du ministère demeure très-pénible en bien des endroits. Le service divin a beaucoup de splendeur ; mais le peuple n'en pénètre pas le symbolisme. Religieux par instinct, il ne cherche à s'expliquer ni sa foi, ni les dogmes qui en font la base. De cette ignorance découlent les superstitions communes au milieu de lui. Sa croyance grossière n'atteint pas au spiritualisme. Il prodigue les signes extérieurs; la pensée chez lui est privée d'ailes. C'est une voie routinière qu'il tient ; son examen ne s'en écarte point. L'église à laquelle il appartient est sans vie ;

comment le peuple qui la professe serait-il doué de plus d'activité et de moins de torpeur que les prélats et les prêtres qui en sont les ordonnateurs ? « L'Eglise russe, a dit le R. P. Lacordaire, c'est l'église catholique réduite à l'état de pétrification. » Aussi ne faut-il pas rendre le peuple moscovite responsable des avanies, des traitements infames dont ont souffert si cruellement les Grecs–unis, les catholiques de Pologne. La politique des Czars en a seule été la cause et l'instrument.

« On ne saurait se faire une idée, écrit l'auteur des *Révélations sur la Russie*, de la vénération des Russes pour les images, c'est-à-dire pour les portraits ornementés de la Vierge et des saints ; car ils regarderaient comme un acte d'idolâtrie de se prosterner devant des figures sculptées ou des bas-reliefs..... Le marchand se tourne en se signant vers cet objet (l'image), sur lequel il jure qu'il perd de l'argent, en vendant sa marchandise, lorsqu'il y gagne en réalité cent pour cent ; mais il promet mentalement au saint de dépenser en son honneur, en cierges et en huile, une partie de son gain, et s'imagine qu'il a rendu, par cette subtilité, son patron complice de sa fourbe.... Lorsqu'en 4610, La Gardie occupa Nowgorod avec son armée, les Suédois, s'étant aperçus que les habitants avaient caché tous leurs objets précieux, imaginèrent d'enlever les images des maisons où ils avaient pris leurs quartiers. Ce plan leur réussit ; à leur départ, les habitants les poursuivirent de leurs lamentations, et payèrent des sommes exorbitantes pour racheter leurs pénates. »

Ainsi du côté du pouvoir, absorption de l'influence et de l'autorité de l'église ; du côté du clergé, sujétion, misère, incapacité, immodestie, dépravation; du côté des masses, ignorance, atonie, stupidité, superstition. La voilà donc cette foi orthodoxe, telle que le schisme et surtout les Czars l'ont façonnée ! Voyez-la privée de spontanéité, d'essor, d'élan supérieur ! De la partie mâle, énergique de l'évangile, de l'essence idéale, éthérée de cette doctrine du Maître divin, elle ne possède pas l'ombre !

—Paraissez maintenant, fille auguste du ciel, Religion romaine; paraissez avec les prérogatives dont le Verbe incréé vous a dotée , avec les vertus dont la pureté vous environne, avec la majesté qui rayonne en vous, comme la vie de la vie, la lumière des lumières, et resplendissez de toute la magnificence de votre éclat, devant cette vaste partie de votre domaine, que la haine de la vérité, les basses passions de quelques ambitieux, la tyrannie, ont séparée de la totalité de votre empire universel. Je vous salue, ô Religion des Apôtres, mère des Bossuet , des Affre , des élus de la charité! Je vous salue dans vos docteurs, dans vos pontifes , dans vos saints, dans vos anachorètes, dans vos anges de la terre et du ciel! Oui, c'est vous , vous seule qui êtes l'espoir des nations ballotée par les tourmentes révolutionnaires, et le port de salut où leur vaisseau sauvé par le Dieu qui vous aime, beauté toujours ancienne et toujours nouvelle, sera conduit pour y réparer ses avaries, et reprendre sa course à travers les océans des siècles, votre main étincelante appuyée au gouvernail!

SUITE DU CHAPITRE IV.

Le Christianisme en Russie.

(SUITE.)

Il existe une phase de l'église gréco-russe trop saillante et trop instructive , pour qu'elle échappe à cette revue : je veux parler du séjour en Russie de la compagnie de Jésus. Les roués de la Régence, les petits soupers, les femmes beaux esprits , l'école de philosophie enfin, dont le cri de ralliement était celui-ci : *Ecrasons l'infame* (la religion); *mentons, mentons, il en restera quelque chose,* avaient préparé de longue main l'altération des croyances dans l'esprit des peuples et jeté la démence dans l'âme des rois. A force d'endurer des injures et des blasphèmes contre ses perfections, Dieu se retira de la société et l'abandonna à ses propres ressources. Alors les temples furent employés à des usages immondes; l'obscénité souilla des boues de son apothéose les marbres consacrés, où pendant des siècles, s'était répandue la prière; où l'encens divin avait fumé. Les trônes volèrent en éclats. Les cités furent des tombeaux où le canon foudroyant tonnait le glas des funérailles. Le peuple modèle de la civilisation et de la politesse était devenu la proie de hordes de cannibales, que la patrie elle-même avait enfantés, et une nouvelle ère de martyrs ensanglantait le sol de la France. Bientôt les nations soulevées les unes contre les autres, pendant un quart de siècle, se heurtèrent violemment dans ces nombreux champs clos que nous appelons des champs de bataille : on moissonnait, en un mot, les tempêtes dont Luther, il y a plus de trois siècles, et Voltaire, deux siècles plus tard, avaient semé les vents.

Au même moment où les d'Alembert, les Helvétius, les Diderot et autres coryphées de l'incrédulité obtenaient le plus de vogue, les enfants de Loyola détestés par les encylopédistes, étaient proscrits de la France, de l'Italie, de l'Autriche, des Espagnes. Les philosophes avaient banni; les princes fatalement entraînés ne firent que signer l'arrêt. Les doctes exilés, à qui on ne contesta jamais la doctrine et la rectitude des mœurs, auraient-ils conjuré les tourmentes dont était gros un avenir prochain? Nul ne l'affirmera; mais ce dont personne ne disconvient, c'est que le patriarche de Ferney et les siens avaient placé l'Europe sur le penchant des abîmes, aux fond desquels elle roula, sans que les bras chétifs des fiers contempteurs de la révélation la retinsent dans ses mortelles ruades. Bien mieux, les idéologues parurent au timon de l'état, et ces Encelades de la raison matérialisée, victimes de leurs œuvres, reçurent, pour leçon suprême, leur propre destruction : la révolution, comme Saturne, dévora ses enfants.

Il devait être donné au monde, au temps de la renommée des Encyclopédistes, un spectacle curieux, dans le repoussement si unanime de la compagnie de Jésus, du milieu des royaumes catholiques : deux états, l'un protestant, la Prusse, l'autre schismatique, la Russie, recueillirent les exilés et les protégèrent. Quelles furent les véritables vues de Frédéric et de Catherine dans cette occurrence ? Le désir sans doute d'attirer chez eux un précieux foyer de lumières, que d'autres repoussaient, et peut-être quelqu'idée secrète dont la réalisation eût été un démenti pour le Catholicisme. La folle idée conçue plus tard par Alexandre Ier de s'intituler le grand lama des rêveries piétistes, devant, pensait ce prince, déborder Rome, et attirer la chrétienté en masse, ne confirme-t-elle pas cette dernière opinion ? L'Angleterre se mit aussi de la partie, et certains débris de la compagnie supprimée trouvèrent un asile dans la Grande-Bretagne. Il y a des affinités entre la Russie et la Prusse : l'hérésie et le schisme naissent l'un et l'autre de l'insubordination et de l'orgueil : on ne doit donc pas être surpris de les trouver frère et sœur. Les cabinets de Berlin et de Pétersbourg ayant des sympathies l'un pour l'autre, l'attitude d'abord équivoque de la Prusse, dans la questition qui tient présentement l'univers en suspens, n'est que la continuation de ce peu de fidélité à la foi jurée, trop souvent, dit l'histoire, le fond de sa politique.

Toujours est-il que d'Alembert, inquiet de l'accueil

fait aux Jésuites par le roi esprit fort, lui adressa les do-
léances de la philosophie « alarmée, disait l'ami d'A-
rouet, de voir Sa Majesté conserver cette graine. » Le
monarque répondit avec assurance qu'il persévérerait
dans son parti pris.

« Je ne les ai point protégés, lit-on dans cette lettre, tant
qu'ils ont été puissants ; dans leur malheur, je ne vois en eux
que des gens de lettres qu'on aurait de la peine à remplacer
pour l'éducation de la jeunesse. C'est cet objet précieux qui
me les rend nécessaires, puisque de tout le clergé catholique
du pays, il n'y a qu'eux qui s'appliquent aux lettres. Ainsi
n'aura pas de moi un Jésuite qui voudra, étant très-intéressé
à les conserver. »

Catherine alla plus loin, elle qui recherchait aussi
avec tant de soin les applaudissements des prétendus
sages du XVIIIᵉ siècle, et qui avait voulu les attirer à sa
cour. Quatre colléges, deux résidences et quatorze
missions appartenaient déjà aux Jésuites dans la Russie
Blanche, où Bathori, roi de Pologne les avait appelés
dès 1582. Cent membres formaient le personnel de ces
maisons diverses. Cependant Clément XIV, à qui l'on
avait fait partager les préventions habilement soulevées
par les adversaires des Jésuites, exigeait leur soumission, dans l'ancien royaume des Jagellons comme ailleurs. Les pères se soumettaient; mais la czarine obtint
leur approbation du pape pour ses états à elle. Pierre
Iᵉʳ les avait à tout jamais chassés de l'empire, par
un oukase. Catherine leur garantit le libre exercice
de leur foi et de leur système d'éducation, leur assura un revenu et se les attacha par toutes sortes
de prévenances. Pie VI, qui succédait à Clément XIV,
autorisa, sur la demande de l'impératrice, l'érection d'un
noviciat, dont le local fut construit aux frais de l'état.
Potemkin secondait sa souveraine dans une protection
si largement accordée. Le tout-puissant ministre vou-

lut aussi la nomination d'un général, disposition que son agent diplomatique à Rome fit aussi agréer au le Pape.

Ainsi Catherine, qui venait lâchement de partager la Pologne, en se réservant la part du lion, se montrait clémente et généreuse envers les ministres d'une religion qu'elle n'aimait pas, et que la conduite de son favori aussi bien que la sienne honorait si peu. C'est que les Jésuites servaient parfaitement la politique ambitieuse de ces deux personnages, si enfiévrés pour le prolongement de leurs frontières, et pour faire atteindre à l'empire un niveau avouable de gloire intellectuelle. Toutefois, la résolution de fixer en Russie l'ordre de saint Ignace n'était pas sans mérite, quelque somme d'avantages qu'ils en attendissent.

Catherine jouait un double jeu : elle avait écrit à Pie VI une lettre où elle déclarait devoir cesser ses rapports diplomatiques, si Sa Sainteté n'accédait pas à ses demandes en faveur de l'Institut; ensuite cette lettre fut démentie par le journal officiel de Pétersbourg; mais à Rome elle atteignit son but.

Bientôt le nombre des pères et des élèves qu'ils dirigent dans la Russie Blanche, s'accroît de jour en jour. Des écoles sont créées, des fabriques de draps, une imprimerie sont installées en des lieux où ces établissements étaient encore inconnus. La Russie, fécondée intellectuellement par la société de Jésus, acquiert le privilége d'avoir conservé cet ordre. Le duché de Parme est le premier pays, qui, s'apercevant de la décadence des études et de la mauvaise éducation qui fait la jeunesse incrédule, rappelle les Jésuites, par qui cinq colléges sont rouverts.

Catherine meurt en 1796. Potemkin n'était plus ; mais Paul maintient à la compagnie les mêmes pré-

rogatives. Il réclame même et reçoit de Pie VII la reconnaissance écrite de l'ordre, que Pie VI n'avait pu,
pour ne pas éveiller des susceptibilités royales, donner
que verbalement. L'empereur installait l'Institut à
Pétersbourg. Gruber, alors général de la Société, avait
sur Paul une influence déterminante.

« Les grands de l'empire, dit M. Crétineau-Joly,
se servaient de son intermédiaire pour obtenir les faveurs impériales. Il était puissant, il fut calomnié,
il eut des ennemis. Il rendait des services aux courtisans, il fit des ingrats. » Les Jésuites étaient au nombre de trois cents en Russie, réunis de toutes les parties du globe, quand Paul tomba victime d'une conspiration, sur laquelle certains mystères planent encore.
Alexandre soutint les Jésuites, mais d'une manière
moins décidée que Paul Ier. Ce fut pourtant avec son
gré qu'une maison d'éducation fut fondée par les
pères, à Pétersbourg, pour l'éducation de la jeune noblesse. Alors arrivait dans la ville du Czar M. Joseph
de Maistre, comme ambassadeur de Sardaigne. Catherine avait eu la pensée de coloniser les deux rives du Volga. Des Allemands de divers pays et de diverses religions y affluaient. Alexandre confie aux Jésuites la difficile tâche de préparer l'unité au milieu
de cette population hétérogène et de lui inspirer le
goût de l'agriculture. Leurs efforts furent efficaces.
D'autres Jésuites sont demandés pour la colonie naissante d'Odessa ; ils accourent, leur succès est le même.
Les catholiques de Riga obtiennent plusieurs religieux ;
la Russie entière est comme appelée à une régénération complète par le bienfait d'une éducation solide,
répandue dans les provinces de l'empire par des érudits et des missionnaires pleins d'aptitude et de tact.
Les pays qui avaient exilé les pères, les rappellent

maintenant, et les réclament à la Russie. On est effrayé des ruines accumulées autour des trônes par l'enseignement du philosophisme. Le *Journal des Débats*, du 2 octobre 1804, exalte longuement et avec enthousiasme le retour à Naples des fils de Loyola et termine par ces lignes :

« Le besoin, n'en doutons pas, se fera sentir dans les états catholiques à mesure que les haines et les préventions s'affaibliront, que l'esprit de parti s'éteindra dans les malheurs communs, que les souverains ouvriront les yeux sur leurs vrais intérêts, que l'impiété se trahira par de nouveaux excès, et que le progrès des mauvaises mœurs convaincra les esprits les plus aveugles de ce principe du grand Bacon, que, pour élever la jeunesse, on ne trouvera jamais rien de mieux que les écoles des Jésuites. »

A Astrakan, des catholiques Arméniens ont besoin d'être soutenus dans leur croyance ; Alexandre leur envoie des pères de la foi. De concert avec le P. Gruber, général de l'ordre, il médite des missions nouvelles; mais ce dernier périt en 1800, victime d'un incendie. Le P. Thadée Bzrozowski lui succède au généralat. Cependant l'Institut présente des mémoires à l'empereur en faveur de la liberté d'enseignement, dont l'université gardait le monopole, empêchant ainsi une concurrence qui donne des garanties nouvelles à l'éducation et à la science. Le Czar fut loin d'être indifférent aux démonstrations qui lui étaient soumises. L'invasion de 1812 le força d'ajourner ces projets de réforme. Mais quand l'heure de les faire exécuter eut sonné, Alexandre, dominé par d'autres idées, et s'effrayant du mouvement catholique qui se propageait dans la haute noblesse et dans le peuple, recula devant cette manifestation.

Les Jésuites compatirent aux désastres de l'armée française et lui prodiguèrent tout ce qu'ils avaient de secours. Bientôt Pie VII, par une bulle de 1814, étend à tous les états catholiques les concessions et les facultés dont jouissaient le royaume des Deux-Siciles, depuis peu, et la Russie, depuis l'expulsion du corps religieux. La bulle promulguée publiquement dans l'église du Gesu, à Rome, excita une manifestation de joie universelle, et le Souverain-Pontife fut reconduit triomphalement au Vatican, par la ville entière. Moins le prince du Brésil, tous les rois ouvrent leurs états à la compagnie de Jésus. Mais ne suivons les pères qu'en Russie, où leurs travaux évangéliques émeuvent si profondément les popes et les universitaires, dont la jalousie et la défiance décèlent l'infériorité et la mauvaise cause. Une guerre sourde était déclarée à la Société. On n'eut de paix ni de cesse que lorsqu'on eut inspiré au pouvoir des craintes sur la perpétuité de la religion du pays. En 1811, les déserts inhospitaliers de la Sibérie virent paraître, envoyés par le Czar, trois jésuites dont les secours furent bien doux aux catholiques exilés. Odessa, qui grandissait sous la direction de deux Français, le duc de Richelieu et l'abbé Nicolle, dut considérablement à la charité des pères de la foi, qui se montrèrent si ingénieux à captiver des barbares qu'ils initièrent à la civilisation. L'institut ayant le don des langues, devenait doublement utile dans cette colonie et dans les autres. L'autocrate eût vainement cherché ailleurs cette ressource.

Les diverses académies, dont les maisons d'éducation des Jésuites dépendaient, intolérantes et bassement rancunières, suscitaient à ces derniers établissements tous les désagréments qu'elles pouvaient. C'est alors que le comte de Maistre soutint les pères. La liberté d'enseignement était à l'ordre du jour. Dans les cinq lettres adressées par l'ambassadeur de Sardaigne, au ministre de l'instruction publique, l'auteur s'abandonne à toute la véhémence, à la fécondité de son talent; il étudie la société de Jésus dans ses rapports avec les peuples ainsi qu'avec les rois, et cette éloquence pénétrante de l'écrivain diplomate persuade le gouvernement. Soudain le collége des Jésuites à Polotsk est érigé en université, avec les priviléges communs aux autres académies. Le bien contenu en principe dans cette indépendance, obtenue en 1812, était considérable; mais l'impéritie et peut-être une certaine duplicité d'Alexandre, assez peu instruit d'ailleurs, laissèrent prendre pied, dans Pétersbourg, à la société biblique, et cette société d'exploitation prétendue pieuse et qui est tout bonnement mercantile, devait donner le coup de grâce à l'Institut de Loyola, en même temps qu'elle réservait au Czar des déceptions gouvernementales qu'il ne soupçonnait pas d'abord. La propagande protestante fut combattue par les pères : c'était leur devoir. Alexandre et son ministre Galitzin se donnent à cœur perdu à la nouveauté mystique qui les éblouit. A défaut du terrain solide de la vérité catholique, qui se prête à toutes les édifications sociales, ces hommes d'état cherchent un point d'appui sur un terrain mouvant; ils se ménagent des catastrophes. Les Jésuites composent un catéchisme dans l'idiome russe : c'était bénin; Galitzin en défend l'impression, et empêche les pères de défendre leurs croyances par des moyens de l'égalité. Ce qu'on n'avait pas encore ôté aux prêtres romains, c'est la prédication, et voilà que l'exposition de la doctrine du Christ se fait jour dans un certain nombre de cœurs; plusieurs se déclarent catholiques, d'autres se l'avouent tout bas. Un jeune homme de distinction, le prince Galitzin, neveu du ministre des cultes, se présente un jour et

confesse hautement la foi romaine, que sa raison lui
dit être la vérité vraie. C'était en 1814. Le dépit du
ministre est extrême. Les popes et les évêques russes,
dont l'inexpérience encourage les propagateurs angli-
cans , et leur procure une popularité immense , n'y
tiennent plus. Ils représentent au nouveau converti
la loi qui défend de changer de communion. Je suis
prêt, répond le prince , à signer ma foi de mon sang.
On lui débite des arguments captieux; ses répliques
confondent les prêtres schismatiques. Il est arraché
de l'institut des Jésuites qu'on accuse d'avoir caté-
chisé le jeune homme, et l'Institut n'y est pour rien. Il
reçoit défense d'entretenir aucun rapport avec lui. Les
pères se déterminent à ne recevoir que des élèves catholiques, pour se mettre à l'abri d'accusations immé-
ritées. Mais des cris réprobateurs , la voix de la haine
et du mensonge intéressé retentissent contre eux de
toutes parts. Alexandre, rassasié de voluptés et d'ambition , ayant vu de près l'instabilité des grandeurs ,
se livrait au cours d'idées mélancoliques. On eût dit
qu'une voix mystérieuse de la conscience, touchant la
conjuration contre son père, qu'il n'ignorait pas, lors
du meurtre de Paul, troublait son repos. La baronne
de Krudener le berçait dans le vague de songes mystiques. Sans principe certain arrêté , le Czar avait des
convictions personnelles qu'il essayait d'imposer , lui
à qui la vigueur d'esprit et de persévérance faisaient
défaut. « L'empereur Alexandre et moi , disait une
fois Napoléon , nous aurions peut-être rétabli l'unité
entre les communions chrétiennes. Nous en avions
conçu le projet , cela était possible. » Le fait est que
le Czar, avec de bonnes intentions peut-être, soit faiblesse,
soit incapacité, se donna au piétisme. On lui insinua qu'il
pouvait se constituer chef visible de l'ancienne chrétienté à

régénérer par lui ; c'est par ces motifs qu'il fut amené à sévir contre les Jésuites. Galitzin et les popes, aidés du prestige d'une prépondérance universelle , ce rêve des jours et des nuits des Romanoff, étaient bien assurés de déterminer Alexandre : le Pape cessant d'être le lien de l'unité, et lui-même devenant le centre de l'union religieuse, devant laquelle le catholicisme aurait disparu , c'était plus qu'il n'en faut pour tourner l'esprit d'un Czar. L'empereur était assuré du peu d'écho qu'il trouverait dans l'institut de St. Ignace , pour répondre à l'appel qu'il leur eût fait en faveur de ses tendances: il résolut de le sacrifier. Tous les services de la Société sont méconnus , un oukase du 20 décembre 1815 , insulte à des ministres de paix, qu'il accuse de *répandre la haine et le trouble* ; les somme de sortir immédiatement de Pétersbourg , et leur défend l'entrée des deux capitales. La nuit même du 20 au 21 décembre, le général de la police , à la tête de la force armée, s'empare de toutes les issues du collége catholique , sans avertissement aucun , et les pères étant gardés à vue , le décret d'exil est lu au P. Bzrozowski, qui répond simplement mais dignement : « Sa Majesté sera obéie. » La nuit suivante on dirigea tous les pères vers Polotsk. On avait mis les scellés sur leurs correspondances, ainsi que sur leurs manuscrits ; on confisqua leurs meubles, leur bibliothèque , leur musée et leur cabinet de physique.

L'*Invalide Russe*, journal du pouvoir, dirigea en 1816 de virulentes attaques contre la Compagnie. On invectivait, on ne prouvait pas. Le père Rozaven présenta à l'insertion une défense , où la logique des faits réfutait victorieusement les imputations hasardées. Galitzin ferma les colonnes de la feuille agressive. Il devenait bien évident que la première proscription n'était que la mise en train d'une éviction définitive qui arriva en effet le 13 mars 1820.

« Dans ce conflit, élevé entre l'autorité civile et la société de Jésus, il règne, en dehors des usages de chancellerie, une certaine égalité qui ne se rencontre pas ordinairement dans les rapports de persécuté à persécuteur. On sent que les Jésuites ne désespèrent jamais de la justice d'Alexandre, et dans tout ce qu'ils écrivent ils paraissent plutôt dicter la loi que la subir. Il y a entre le Czar et les enfants de saint Ignace quelque chose de mystérieux qui ne se révèle même pas au ministre favori. Les deux partis le laissent pousser sa vengeance jusqu'à une certaine limite ; mais on dirait qu'il ne lui est pas permis de la franchir, et qu'il la respecte par intuition. Un si étrange concours de circonstances se trahit à chaque phase de ce bannissement. Les idées novatrices d'Alexandre sont dévoilées : il sait que les Jésuites seront pour elles un obstacle éternel ; cependant il ne prend pas de prime abord la résolution de les chasser de son empire, il traite ces exilés avec bienveillance ; l'hiver est rigoureux, la route longue et pénible : l'autocrate ordonne de couvrir les Jésuites de pelisses et de fourrures. Pour réchauffer leurs membres que le froid engourdira, il fait distribuer de l'arack à chacun d'eux. Il ménage ses coups, lorsque chacun l'excite à être sans pitié ; il commande d'apposer les scellés sur leurs archives, et on n'y découvre aucune trace de complot, aucun vestige de conversion, aucun papier ayant trait, de près ou de loin, à la politique. » (CHÉTINEAU-JOLY.)

Dépositaires, en effet de secrets, de famille, de confidences diplomatiques, de faits et de détails qu'ils avaient gardés avec une persévérante discrétion, Alexandre n'avait pas le triste courage d'oublier entièrement les services de tout genres, reçus des Jésuites par sa famille. Bzrozowski exposant à l'empereur les entraves que les ennemis de l'ordre avaient mises à sa justification, le concours donné à ses entreprises de civilisation et de colonisation, invoque les affaires de son institut, qui l'appellent à Rome, où il sollicite de pouvoir se rendre. La permission est refusée ; Alexandre en est à sa fébrile préoccupation d'étendre le piétisme dans l'univers, en se faisant le chef de cette religion de fraîche date, et la présence du général des Jésuites auprès du siége apostolique dérangerait ses espérances. Bzrozowski est vieux; qu'il soit captif en Russie et qu'il y meure. Ce vœu du Czar est réalisé en 1820. C'est depuis cette époque que le généralat fut rétabli à Rome, quelques jours avant le décret de bannissement définitif d'Alexandre. L'institut comptait alors 674 membres en Russie. Le rapport de Galitzin, concernant l'expulsion, respire l'acrimonie subtile, mais mal déguisée de la mauvaise foi, de la passion et d'intérêts tels que les conçoivent généralement les favoris des autocrates. Nul procès ne fut instruit, un jugement fut prononcé. Ainsi agit le pouvoir de Pétersbourg. Vous êtes un objet de gêne, on se défait de vous : tout finit là.

« A la nouvelle de l'oukase, dit l'auteur précité, qui brise les liens existants depuis plus de deux siècles entre les catholiques de la Russie Blanche et la compagnie de Jésus, la consternation fut générale. Des larmes coulent dans les églises ; chacun accourt du fond des steppes, pour voir une dernière fois ceux qui ont si souvent consolé les catholiques. Dans toutes les villes où s'élève une maison de l'Ordre, des commissions furent nommées par le gouvernement ; elles se composèrent d'un magistrat, d'un ecclésiastique séculier et d'un religieux. Ces commissions avaient ordre d'interroger individuellement chaque Jésuite, *de lui promettre des avantages sans bornes et la faveur du pouvoir, s'il voulait renoncer à l'institut. Trois ou quatre vieux pères, sur près de sept cents, se laissèrent séduire.* »

On ne lira pas sans intérêt une relation écrite le 5 avril 1805 par le P. Fidèle Grivel, des bords du Volga, à l'un de ses amis de France.

« Il n'y a que vingt mois que la compagnie est chargée de ces missions, et déjà il y a un changement notable. Il y a cent

mille catholiques répandus dans le gouvernement de Saratof;
ils sont divisés en dix missions , dont six sur la rive gauche et quatre sur la rive droite du Volga. Chaque mission est
composée de deux, trois, quatre ou cinq colonies ou villages.
Ma mission est à Krasnapolis, sur la rive gauche ; j'ai neuf
cent soixante-deux communiants en quatre colonies; chacune
a une assez jolie église de bois. — Ce n'est pas ici un Japon,
ni un pays de Hurons; ce n'est pas non plus un Paraguay :
c'est un diminutif de l'Allemagne quant au moral, et jusqu'ici
il n'y a pas d'apparence que nous mourions martyrs. Je suis
satisfait et disposé de rester ici volontiers le reste de ma vie.»

En Livonie régnait une démoralisation incroyable.
Depuis trois siècles les catholiques n'avaient pu y posséder un temple. En 1804, une église y est bâtie,
grâce aux Jésuites, et ceux de la communion romaine
peuvent enfin s'y réunir et prier en commun. Le catéchisme appris aux enfants y était un véritable code
d'athéisme et de lubricité ; il y est suppléé par un autre
que l'autorité et les familles approuvent. Une transformation s'opère, et outre le bienfait de la lumière religieuse rallumée, les pères s'occupent de rendre leurs
droits de citoyens aux catholiques qui en étaient privés.
Il fallut vaincre mille obstacles; mais tout vient à bout,
quand les émancipateurs de la pensée humaine ont la
charité pour mobile.

A Mozdok, dans le Caucase, où l'on a formé une
colonie de prisonniers et du rebut de différents peuples, difficultés d'un autre genre ; mais succès toujours non moins complet sur les haines, sur les vices
de ces malheureux. Partout, la sollicitude des pères
triomphait pour le Czar , qui subissait l'ascendant des
piétistes, se repaissant de la chimère de sa suprématie
religieuse sur tous les continents , et proscrivait
des religieux dont les seuls crimes étaient le bien qu'ils
semaient au loin. Citons encore quelques lignes écrites de Mozdolk, par le P. Gilles Henry, jésuite belge , à
la date du 29 juin 1814 :

« On vient de publier ici l'ordre de renvoyer tous les Polonais. Tout en entrant dans leur joie, je me sens le cœur singulièrement effrayé de voir partir ces pauvres malheureux, que nous avons comme régénérés en les transformant en agneaux, d'ours qu'ils étaient. Maintenant mes dépenses me paraissent agréables ; et je ne prévois qu'avec peine le moment où je ne devrai plus me priver de mon pain, de mon dîner, pour en nourrir l'affamé ; de mon manteau, de mes bottes, et même de mes bas pour en revêtir des membres précieux, les frères bien-aimés de mon Sauveur. Il me semblera qu'il me manquera quelque chose, lorsque je n'aurai plus l'occasion de revenir couvert de vermines. Si j'avais quelque chose à regretter, c'est de m'être trop défié de la Providence, c'est de ne pas m'être privé davantage de mon repas pour alléger leurs douleurs. »

On lit ces derniers mots dans une lettre écrite au P. Grivel, par le même P. Gilles Henry :

« Après avoir tant travaillé pour le bien de cet Etat, on veut nous renvoyer (de la Sibérie) comme tous les autres Jésuites. Mais non content de nous chasser, on voudrait nous déshonorer en nous rendant apostats. On nous a fait des *menaces et des promesses*. Nous avons répondu qu'avec la grâce de Dieu, nous voulions vivre et mourir dans la compagnie de Jésus. »

Laissons encore en finissant la parole à M. Crétineau-Joly, sur l'intéressante question de la Société de St. Ignace en Russie ; toute page dictée par l'amour de la vérité et par le talent ne demande pas à être écrite une fois encore, mais à être reproduite :

« On les expulsait du Caucase au moment où l'Asie allait se rouvrir devant eux. Les Arméniens, délivrés du joug des Perses et tombés sous la domination de la Russie, montraient une vive répugnance à embrasser le schisme des Grecs. Ils invoquaient des missionnaires pour se confirmer dans leur foi. La Perse faisait le même vœu ; elle demandait les membres de la société de Jésus, que l'empereur Napoléon lui avait fait entrevoir un jour. Lorsque le général Gardane conclut, au mois de janvier 1808, alliance avec la Perse, Napoléon, qui voulait se faire accepter en Asie comme l'héritier direct des Rois ses prédécesseurs, fit insérer dans le traité une clause vraiment extraordinaire. Il exigea protection pour les Jésuites que la France aurait le droit d'envoyer en Perse, et cela au moment même où ils étaient bannis de son empire et où le Pape ne les avait pas rendus à l'existence. Mais ce nom de Jésuite retentissait au loin ; il portait avec lui une signification que les Orientaux se montraient heureux d'admettre. Napoléon, au témoignage du colonel Mazorewiez, ambassadeur de Russie à Téhéran, se garda bien de laisser échapper ce moyen d'influence.

» On avait calomnié les disciples de Loyola passant leur vie dans les glaces de la Sibérie et dans les montagnes du Caucase, entre la misère des indigènes et les langueurs des exilés. Lorsque le gouvernement apprit que la détermination de ces pères était aussi immuable que celle de leurs compagnons, Galitzin, qui sent le besoin de les conserver, leur propose une dernière transaction. Ils sont libres de rester fidèles à leurs vœux, on les accepte comme Jésuites; ils doivent seulement se dépouiller de leur habit et de leur nom. Les Missionnaires, encore plus attachés à leur Institut qu'au Calvaire sur lequel ils se placent volontairement, Calvaire qui ne leur manquera pas ailleurs, refusent le compromis. Les négociations durèrent plus d'un an; et lorsqu'ils partirent de ces lieux, où ils avaient adouci tant de souffrances, les gouverneurs-généraux les comblèrent de témoignages d'estime. Dans la Crimée, comme sur les bords du Volga, la séparation fut aussi cruelle. Le marquis de Palucci avait déploré leur retraite, le général del Pozzo, qui commandait à Astrakan, mourut de douleur, et les chrétiens du Caucase essayèrent de désobéir à l'ordre de l'empereur. On chercha en Allemagne et en Pologne des ecclésiastiques pour remplacer les Jésuites qui évangélisaient ces montagnes, il ne s'en présenta point.

» Les affiliations bibliques triomphaient en Russie sur les débris de la compagnie de Jésus ; leur victoire ne fut pas de longue durée. Sous le règne d'Alexandre, ils avaient pris de vastes développements; mais peu à peu le Czar s'avoua qu'il s'était donné des maîtres : son âme inquiète cherchait partout la vérité comme un aliment nécessaire à ses pensées ; il essaya de comprimer l'essor de ces sociétés, dont le but n'était plus pour lui un mystère. Lorsqu'aux portes du tombeau, il confessa, dit-on, la divinité et la prééminence du Catholicisme, il léguait en même temps à son successeur le soin de renverser cette agrégation protestante. L'empereur Nicolas se montra fidèle à la dernière politique d'Alexandre et les sociétés bibliques subirent le destin qu'elles avaient préparé à l'institut de Loyola. »

Ce suprême aveu d'Alexandre sur la supériorité de l'Eglise Romaine n'est garanti que par des preuves morales, parce que la Russie ne laisse rien découvrir de sa vie intime ; mais, d'après un rapport du prince abbé de Hohenlohe, on sait qu'en 1822, le Czar s'étant rendu à Vienne, demanda à connaître le pieux chanoine de Grosswardein. Dans cette entrevue, Alexandre se sentit profondément ému aux paroles du prêtre catholique. Il le pressa contre son cœur, après un entretien qui dura plus de trois heures, et il lui fit des confidences qui n'ont pas été publiées, l'empereur ayant imposé le silence, mais qui font dire à Hohenlohe qu'il ne se passe point de jour qu'il ne se souvienne d'Alexandre dans ses prières au Tout-Puissant. Deux ans après le Czar avait cessé d'exister, à Taganrock, après une courte maladie, les uns disent par l'insalubrité du climat, d'autres avancent par le poison.

Oui, oui, puissant Empereur, qui à la fin as exprimé tes regrets en rendant hommage à l'unité catholique, c'est cette unité qui fait les grands peuples et les grands rois, et rend leur gloire non moins vraie que durable. Le schisme comporte des princes comme Boris et les Ivans ; des saints comme les Vladimir, les Alexandre Newski, qui n'ont été que d'éminents capitaines, et à qui la Russie a élevé des autels ; des princesses comme les Elisabeth, les Catherine ; des ministres

comme les Bestuchef et les Menzchikof ; des prélats et
des prêtres comme les popes et les métropolites russes,
cœurs étrangers aux ardeurs de la charité apostolique,
aux splendeurs de la doctrine du Dieu vivant ; des cé-
nobites et des religieuses comme en possèdent les monastères moscovites, c'est-à-dire, des hommes et des
femmes qui ont le peu de savoir, de tenue et de modestie de la plupart des gens du monde et même des li-
bertins. Mais les monarques qui sont les délices du
genre humain ; les reines comme les Clotilde , les
Blanche de Castille, les Marie Leczinska ; les ministres
comme Châteaubriand, qui entrent au pouvoir et en
sortent les mains et l'âme pures ; les prélats comme
Ambroise arrêtant à la porte du temple un Théodose
cruellement oublieux de la clémence ; les prêtres comme
Jean de Dieu avec ses disciples ; François Xavier et les
missionnaires qui ont suivi ses traces ; les Las Casas et
autres apostoliques défenseurs des opprimés ; Jean de
Matha, les Bruno, les François d'Assise, les Domini-
que, avec leurs angéliques phalanges consacrées au soulagement des infortunes humaines, à la prédication
chrétienne, ou à la contemplation que Dieu aime ; les
Ursule, les Thérèse, les Chantal et ces autres femmes
accomplies qui ont enfanté ces pieuses familles des autels, soutien et consolation des pauvres, c'est le catholicisme, le catholicisme seul qui les produit, parce qu'il
est l'unique source du bien, et surtout du bien porté à
son plus haut degré de puissance !

CHAPITRE V.

Persécutions du Catholicisme en Russie.

La vérité est une, éternelle, immuable, parce que
la vérité c'est Dieu. A qui ne connaîtrait l'histoire
de Russie, les retentissantes proclamations de Nicolas
1er, son dernier appel surtout à la guerre sainte,
paraîtraient les élans d'une âme convaincue et presque
magnanime dans l'erreur. Pour celui, au contraire, qui
a étudié l'empire du Nord, sa constitution, les odieuses
et machiavéliques combinaisons législatives et oppressi-
ves de l'état entier, le Czar actuel n'est pas même un fanatique; c'est un satan impérial, en guerre ouverte avec
Dieu et avec les hommes; au premier, adressant le défi
par son insatiabilité de puissance; aux autres, imposant, s'ils sont sujets, la lourdeur de son absolutisme,
et s'ils sont étrangers à son empire, découvrant des
masses d'hommes avec des bayonnettes, des canons et
des entraves. Le schisme grec, devenu la communion russe, n'est pas seulement une branche importante
détachée criminellement de l'arbre catholique, par
Photius, Cérularius et les empereurs énervés de Constantinople; cette église est quelque chose de plus avili,
de plus ravalé; c'est le culte à l'usage de l'Autocrate,
le culte sans prédication, sans épiscopat indépendant,
avec le Czar pour pontife suprême; c'est l'église nationale avec son clergé ignorant, livré à l'immodestie,
sans action spirituelle sur un peuple qui le méprise,
et qui le suit seulement dans les temples, parce que
ce peuple est superstitieux. Non, deux fois non, ce

n'est pas la croyance des Bazile de Césarée, des Grégoire de Nazianze, des Athanase, des Chrysostôme, des Damascène; la sainteté, le génie de ces apôtres du Catholicisme n'a rien de commun avec la communion russe, religion ne conservant de chrétien que le nom, et revendiquant en vain les œuvres, l'élévation, la charité du Christianisme.

Les empereurs de Russie font et défont là religion de leurs sujets. Jusques-là cette substitution idolâtrique de leur personne à la Divinité et à sa doctrine, quoique révoltante, a pourtant des limites. Mais là où toutes les bornes de la raison sont franchies, c'est dans le labarum des Czars, s'avançant audacieusement contre la bannière catholique pour l'anéantir. Nous avons vu précédemment, inhérentes à l'autocratie, les hostilités des princes russes contre l'Eglise romaine, aussi bien que leur manque de foi envers cette glorieuse dépositaire de la doctrine des apôtres. Abordons des faits contemporains et jugeons en dernier ressort ces fiers dominateurs moscovites, dont la pensée est d'anéantir le Vatican. Le voyage à Rome de Nicolas, en 1845, n'était qu'une démarche habile, autant pour pallier le mal qu'il avait commis contre notre foi, que pour endormir le Pape et les nations catholiques sur son compte, et pour mieux mesurer les coups qu'il méditait contre notre Eglise.

La haine de Nicolas contre le Catholicisme est telle, qu'il tolère dans son empire de nombreuses sectes, dont, par exemple, les unes nient le culte public et les sacrements, une autre se livre à des pratiques infames, et qu'il ne sévit que contre la communion romaine. La Pologne, dont le dévouement énergique à la chaire de Céphas a été si hautement confessé en maintes occasions, avait eu la joie, il y a bien des années, de ramener deux ou trois millions de Grecs schismatiques établis dans ses états à l'union catholique : c'est ce qu'on appelait les Grecs-unis. L'autocrate a commencé par cette fraction des membres de l'Eglise universelle, et par une longue suite de sourdes menées et de violences, est parvenu, en 1839, à consommer leur séparation d'avec Rome et les a parqués dans son église à lui. Un digne archevêque meurt. Il n'est pas remplacé. Un mandataire de Pétersbourg arrive, et par la corruption, par la perfidie, par la force injuste, fait supprimer la liturgie approuvée par le Pape, et y substitue des exemplaires sortis des presses impériales. La désunion était implicitement consommée. Le haut clergé grec-uni enjolé, acquis, achève la défection; il emploie quatre ou cinq ans à faire entendre au peuple que rien n'est changé dans le fond, que c'est toujours le culte antique de ses pères, et que d'ailleurs leur fusion à l'église du Czar lui devenant agréable, ils seront réintégrés complètement à la nationalité russe. Les actes officiels de l'apostasie de ces prélats, œuvre d'une trahison à force ouverte du pouvoir temporel, furent tenus secrets pendant assez de temps. On aurait voulu les faire passer inaperçus; ils parurent enfin et rendirent manifeste la sournoise conduite de Nicolas. Ces documents accusent une allégresse pharisaïque, et comme, sous la signature du synode dirigeant, c'est le Czar, toujours le Czar qui parle, on y voit poindre ce parti pris de s'emparer de Byzance, d'y renouveler l'ancien patriarchat, cette fois dans sa personne, et forçant l'adhésion des patriarches d'Antioche, d'Alexandrie et de Jérusalem, de réaliser enfin ce désir si long-temps caressé, d'être le pape de l'Orient, pour se ruer ensuite sur l'Europe avec une armée d'un million d'hommes.

Depuis ce succès tristement célèbre, nulle corruption,

nul mensonge, nulle prodigalité d'honneurs et de faveurs n'ont été négligés pour absorber les hommes con-
sidérables des Grecs-Unis de l'empire dans l'église nationale : de la sorte, les inférieurs ont suivi ou sont
sensés avoir suivi les plus élevés, dont plusieurs, pour prix
de leur désertion, ont été nommés sénateurs. Cependant il se rencontra de nombreuses résistances parmi
les prêtres et parmi le peuple. Ces derniers n'en
sont pas moins restés inscrits malgré eux, aux paroisses schismatiques. Un certain nombre d'ecclésiastiques
fidèles furent d'abord suspendus de leurs fonctions ou
éloignés. D'autres traînés dans les cachots, la tête rasée, comme des criminels ou des *apostats*, étaient battus avec le fouet et les verges, et maltraités ainsi
jusqu'à résipiscence. Une police spéciale les surveillait.
En 1837, des agents pénétrèrent de vive force dans
plusieurs églises catholiques, et en arrachèrent, malgré
l'indignation générale, de ces infortunés qu'on voulait
rendre schismatiques quand même. On les porta avec
beaucoup de mauvais traitements, dans les églises desservies par des prêtres renégats. En 1835, les portes
de l'église d'Oucszag (gouvernement de Witebsk)
avaient été brisées à coups de hache, et des bandits
gorgés d'eau-de-vie s'y étaient précipités en se déclarant *orthodoxes*. Sur cette déclaration, la paroisse entière fut réputée *orthodoxe*.— Le Czar n'entend pas autrement la liberté de conscience !

A la fin, ne pouvant venir à bout de la persévérance de ces villageois, leur église fut confisquée, et
défense fut faite aux prêtres grecs-unis de les recevoir aux sacrements. Admirable fidélité, cependant: ils
baptisèrent leurs enfants eux-mêmes et ils enterrèrent
leurs morts ! Les persécutions continuèrent, et tant de
vexations avaient réduit ces martyrs à se réfugier

dans les forêts, où on les poursuivit, où plusieurs furent pris, détenus, mis à la question : c'est à ce prix que l'on obtint quelques accessions au schisme. Tout ce qui n'eut pas un courage invincible, parmi le clergé, suivit l'exemple de ses déloyaux prélats, où succomba à leurs instances. Mais le reste s'exila volontairement en Autriche, ou expie son amour pour la vérité, dans le fond de quelque monastère russe, ordinairement véritable forteresse. Les laïcs qui osèrent persévérer, eurent en partage les cachots, les supplices et le Caucase.

De cette violation de tous les principes et de tous les droits, de ce prosélytisme autocratique qui s'inféode plusieurs millions de consciences, en escomptant la vénalité ou interposant la loi du glaive, abordons l'examen de l'oppression systématique de l'Eglise catholique en Russie.

Julien l'apostat, cet ennemi du Nazaréen, par qui à la fin il s'avoua vaincu, s'est montré plus ingénieux persécuteur de la primitive Eglise, que les princes extérieurement plus cruels, tels que les Dioclétien, les Maximien, les Galérius : ceux-ci expédiaient les victimes par des instruments actifs de supplice ou par les lions du cirque, et l'arbre du christianisme reverdissait plus vigoureux sous cette rosée de sang. Le César philosophe et libelliste espéra davantage des fers, des exils, des déportations éloignées et mystérieuses, des rudes tortures, des travaux accablants, des avanies et des épreuves non moins douloureuses que malicieusement recherchées. Tandis que ces moyens, raffinement de la tyrannie, décimaient les pasteurs et le troupeau du Christ, des écrits malignement conçus attaquaient les grands principes de sa religion, et des mesures prohibitives et répressives abondaient pour prévenir l'apparition ou tout au moins la lecture d'ouvrages apologétiques. Les églises étaient fermées, démolies ou livrées au culte des idoles par Julien. Les écoles chrétiennes étaient prohibées, et les familles n'avaient que le choix des écoles payennes. Les ministres saints ne pouvaient se livrer à quelque exercice spirituel qu'au péril de leur vie.

C'est là ce que copie fidèlement à l'égard de l'Eglise catholique la législation russe. Elle renchérit même, puisqu'elle violente les jeunes aspirants à la carrière lévitique, en exerçant une pression sur les doctrines qui doivent leur être enseignées; la translation du séminaire de Wilna à Pétersbourg, il y a dix ans, n'a pas eu d'autre but. En supprimant le catholicisme autour de lui, l'Autocrate se promet d'enlever toute résistance à la réalisation de ses desseins; car il n'ignore pas que les idées de grandeur d'âme, de dignité individuelle et de vrai respect pour Dieu et pour la justice, ne se trouvent que dans la tradition catholique.

Un oukase du 29 décembre 1839 défend au collége ecclésiastique catholique romain, 1° la construction d'églises partout où il ne se trouvera pas une agrégation de quatre cents à douze cents catholiques; 2° l'attachement à des églises ou chapelles construites par des particuliers, de prêtres spéciaux, et *beaucoup moins encore* à des ecclésiastiques *d'y avoir une demeure propre et fixe, ou d'y célébrer l'office divin*; 3° la conservation dans les monastères et chez le clergé séculier, de gens de service de la confession orthodoxe; 4° au clergé régulier et séculier, de s'écarter jamais de leurs résidences sans être munis d'un certificat écrit de leur doyen; et les moines, en outre, d'un certificat de l'autorité supérieure, ce premier cas s'ils ne *passent pas les limites de leur arrondissement;* pour se rendre *dans un autre arrondissement*, ils doivent être munis d'une licence de l'autorité supérieure diocésaine et d'un certificat de l'autorité supérieure civile et locale.

Un autre oukase du 31 décembre 1839 , exige, 1° des autorités diocésaines catholiques, le nom et le nombre des paroisses , qui relèvent d'elles ; le nombre des prêtres et des paroissiens de chaque village ; 2° *l'obligation de ne pas recevoir à confesse des gens d'autres paroisses* ; 3° que les seigneurs veillent à ce que les gens de confession *orthodoxe* assistent à l'office divin , et reçoivent les saints mystères dans les églises *orthodoxes*.

Les dispositions ainsi résumées des deux oukases attestent le profond cynisme qui a prsidé à leur rédaction. Là chaque mot est pesé , chaque expression est un ordre , une défense, une oppression. C'est Julien dans toute la recherche de son génie astucieux. Malheureuse église de Pologne , tes combats prolongés sont agréables à Dieu ! Ta fidélité fait l'admiration des anges ! Lutte et espère ; le Maître invisible que tu confesses , se joue de la puissance et des calculs des mauvais rois, et la chute des états les plus fermes n'est plus, quand il lui plaît, qu'un jeu de sa main toute-puissante !

Les iniquités autocratiques contre le catholicisme ont dépassé toutes les bornes. Il s'agit d'abolir à présent la foi de la Pologne, de même que sa nationalité le fut un jour , et pour cela faire, on n'a garde d'y aller de main morte ; un ancien conseiller d'état de Russie , après une éloquente énumération des motifs qui précèdent, tire cette conclusion :

« Ainsi se trouvent expliqués et justifiés les empiétements actuels du gouvernement sur toutes les immunités de ces provinces ; de là le droit de coercition exercé contre le culte catholique, et la réduction de ce culte, de l'état de dominant dans les neuf provinces, à celui de culte dissident simplement et très-imparfaitement toléré sous les conditions les plus dures ; de là la sécularisation d'un grand nombre de monastères, *et la récente confiscation de tous les biens, de toutes les fondations pieuses appartenant à l'Eglise catholique ;* de là enfin tous les sévices mis en pratique contre ses ministres, et la destruction complète de toutes les garanties de son existence, qu'avaient respectées les prédécesseurs du souverain actuel. »

Sans entrer dans toutes les appréciations que nécessiterait la constatation de tant d'excès, prenons-en une idée adéquate, par une seule indication. C'est l'auteur ci-dessus qui parle encore :

« Dans le cas où le seigneur territorial manquerait au devoir qui lui est imposé, de forcer ses vassaux à participer au culte schismatique, le gouverneur de la province a le pouvoir de le déposséder immédiatement de l'administration de ses terres, et de la confier à un ou plusieurs curateurs à son choix. Est-il nécessaire de mettre sous les yeux du lecteur le hideux pillage qui devient, en Russie, la conséquence d'une pareille mesure, pillage éhonté dont les fruits, comme une proie commune, se partagent entre tous ceux qui auraient le devoir de la surveiller, sans en excepter l'autorité supérieure de la province? Et pour peu que le propriétaire ainsi spolié encoure, *à raison de délations souvent soudoyées,* le soupçon d'avoir encouragé la résistance de ses vassaux, il est à l'instant enlevé à sa famille et déporté à l'intérieur, sans qu'elle puisse même savoir de quelle résidence éloignée l'autorité a fait choix pour lui. Pour que de si cruels sévices puissent s'exécuter, il n'est pas même besoin d'un ordre spécial du souverain ; tout gouverneur de l'une des provinces russopolonaises a le droit de les ordonner, sans formalités préalables, et sous la seule clause d'en faire rapport à l'empereur, qui, comme bien s'entend, ne trouve que des éloges à donner au zèle de son serviteur. »

Un troisième oukase, du 26 janvier 1840, ajoute à ces rigueurs, en faisant défense au clergé catholique romain, 1° d'appeler désormais le clergé et le peuple

ci-devant grec-uni de ce nom, et de faire aucune différence entre eux et les orthodoxes anciens; 2° en conséquence de ces motifs, *de mettre le moindre empêche-*
chement à ce que ses paroissiens contractent mariage
avec des personnes orthodoxes; leur enjoignant de leur
délivrer les attestations pour ce requises par le clergé
orthodoxe; et de se conformer, avec la plus scrupuleuse exactitude, aux lois contenues en l'article 57 du
tome X de la collection des lois, d'après lesquelles les
mariages des Russes qui n'auraient été bénits que par
des prêtres catholiques-romains *ne sont pas considérés*
comme réels et effectifs, avant d'avoir été célébrés par
le clergé orthodoxe.

Le Czar impose sa volonté en faveur des mariages
mixtes, au clergé romain, *sans dispenses ni conditions*
relatives à des enfants à naître, parce qu'il y a obligation formelle, inexorable, pour les époux mixtes, de
les faire élever dans la religion nationale. Nicolas se
montre bien, ici encore, tel qu'il est ; hypocrite et tyran : si, à la teneur de ces faits, vous joignez que les
mariages, dans les campagnes, dépendent du bon plaisir
du maître, de l'intervention cupide du clergé national,
vous aurez la mesure du despotisme de l'empereur sur la
religion catholique dans les Russies.

Il manque un couronnement à tout cet échafaudage
de persécutions et d'empiétements ; le voici, dans un
quatrième oukase du 21 mars 1840. Cette fois, ce n'est
ni le ministre de l'intérieur qui expédie la pièce, ni
tout autre grand officier de la cour ; c'est l'empereur qui
décrète *propria manu*, et l'acte est simplement signé :
Nicolas.

« Considérant, etc.— J'ai reconnu nécessaire d'établir ce qui
suit : «1° Si une personne ayant des serfs sous sa dépendance
est convaincue, par son propre aveu ou par suite d'une enquête

légale, d'avoir abandonné l'église orthodoxe : dans ce cas, et afin de maintenir dans l'orthodoxie les hommes qui appartiennent à ses domaines, *et indépendamment des autres mesures légales à prendre contre cet apostat*, ses domaines et ses biens immeubles seront sous tutelle, laquelle sera établie et aura son effet conformément à la législation existante. Mais ni le mari de l'apostate, ni la femme de l'apostat ne pourront être admis à y participer en aucune façon.

» 2° Celui qui aura abandonné l'orthodoxie ne pourra employer à son service personnel aucun serf orthodoxe de ses domaines ; il n'y pourra pas non plus habiter, s'il s'y trouve des orthodoxes.

» 3° Ces dispositions devront cesser du moment où par suite d'exhortations spirituelles, l'apostat sera revenu à l'orthodoxie.

» 4° La découverte des apostats se fera conformément à la législation criminelle ordinaire, section de la découverte des crimes.

» 5° La surveillance pour l'exécution de ces dispositions, en tout ce qui concerne les affaires de cette nature, incombe au *Ministre des affaires de l'intérieur*, lequel lorsqu'il aura reçu les informations préliminaires sur une personne coupable d'apostasie, et qu'il se sera assuré du fait, procédera d'après les instructions spécifiées ci-dessus, *et conformément* aux autres *dispositions prescrites pour les crimes commis contre la foi*.

» L'on considèrera comme conviction du crime d'apostasie: le propre aveu de l'apostat ; la découverte de l'apostasie par suite d'une enquête.

» En même temps, le ministre de l'intérieur recueillera des informations *sur la famille de l'apostat*, et, dans le cas où il s'y trouverait des enfants mineurs, il soumettra à mon examen les mesures à prendre pour les maintenir dans l'orthodoxie. »

Celui qui a des yeux verra sans peine dans ce document inqualifiable, la résolution formelle de détruire jusqu'au dernier vestige l'Eglise romaine dans l'empire russe. Quelle haine ! quelle animosité ! La spoliation, l'exil, des sévices inouis ailleurs qu'en Russie, pour les catholiques, et la tolérance, la protection pour les sectaires raskalniki, protestants, juifs, musulmans, chamanistes, etc. ! Nicolas porte des lois d'exception contre ses sujets catholiques ; car, d'après la législation ordinaire, la noblesse est exempte de *confiscations*, ainsi que de *punitions corporelles*. Mais la première peine s'appellera sequestre, pour passer outre aux lois en vigueur, et pour la dernière, la conspiration de 1825 et bien d'autres circonstances ont appris comment l'Autocrate régnant sait greffer une législation des suspects sur les décrets communs à la nation. *Le retour à l'orthodoxie par des exhortations spirituelles* ! L'épisode que nous donnerons au chapitre suivant, touchant *les religieuses basiliennes* nous initiera à l'horreur des réclusions dans les monastères russes. *Le ministre de l'intérieur*, non le ministre de la justice ! Assurément ; il s'agit d'une mesure politique, non d'une question ressortissant des tribunaux réguliers ! *Une enquête !* Elle est bien difficile : un domestique acheté n'est-il pas suffisant ? *Enfants mineurs !..* seraient-ils majeurs, qu'ils ne seraient pas plus heureux, et leur sort, aux uns comme aux autres, est de se voir contraints à recevoir l'instruction religieuse dans les écoles où le *catéchisme* oblige *d'adorer* l'empereur.

« Puisse, s'écrie le conseiller d'état précité, en attendant le céleste anathême, une clameur d'unanime indignation s'élever de l'Europe entière contre une persécution si perfide et si barbare, que Dieu seul est capable de la juger et de la punir ! Quant à nous, en la dévoilant aux yeux du monde, nous pensons avoir rempli un devoir pressant de conscience et de charité envers nos frères, et envers leurs persécuteurs eux-mêmes ; car, en écrivant ces pages nous croyons sans cesse entendre la voix divine, nous adressant le même commandement qu'à son Prophète : *Criez, ne cessez point de crier ; élevez votre voix jusqu'aux éclats de la trompette, pour annoncer ces crimes !... car ils prétendent connaître mes voies comme s'ils étaient une nation pratiquant la justice, et qui n'aurait point abandonné les préceptes de son Dieu! —Is. LVIII, 1-5. »*

L'empereur Nicolas qui joue de propos si délibéré avec les mots les plus saints, nous persuade profondément de son incrédulité. S'il n'était pas un impie raffiné, ne méditerait-il pas quelquefois sur la vie de ces potentats hors ligne, qui ont paru d'âge en âge, et ont voulu remplir l'univers du bruit de leurs triomphes. Cependant Alexandre meurt empoisonné à 33 ans ; César est assassiné le jour où il se croit au point de régir le monde du haut du Capitole ; Attila expire en Pannonie, la nuit même de ses noces ; Tamerlan n'achève pas la campagne de la Chine, dont il a pris le chemin. Qu'attend-il pour sa part, l'impérieux despote que tant et de si fameux exemples ne retiennent pas? Pourtant lui aussi un grain de sable peut le tuer. Qu'il regarde la succession au trône de Russie, à dater de Pierre Ier seulement, et qu'il voie l'avénement des princes et des impératrices, moins celui de Paul, signalés par quelque meurtre, dont la pourpre est souillée. Mais l'orgueil ne se souvient plus d'hier et ne songe nullement à demain ; il profite du jour présent. Du passé, il en serait effrayé ; de l'avenir, il serait forcé de reconnaître qu'il ne lui appartient pas.

Le plus bénin des autocrates, Paul, dont la fin tragique est si rapprochée de nous, n'était à son tour qu'un superbe : il osa, en 1797, faire son entrée à Moscou, le dimanche des Rameaux, au milieu du faste de sa cour et faisant étendre sous les pieds de son coursier des tapis précieux, à l'imitation de ce que l'Evangile nous apprend de l'entrée du Sauveur des hommes à Jérusalem. Sans respect pour les cérémonies de la semaine sainte , il ordonna , à l'indignation de la foule , les préparatifs du sacre , et voulut être couronné le jour même de la fête de l'Âques. Et le métropolite se tut. Qu'avait-il à dire à l'empereur ? N'était-il pas le czar de l'Eglise comme le czar de la Russie ? Quel abaissement de l'épiscopat ! Avant Pierre Ier, le patriarche de Moscou avait droit de remontrance , et le jour des Rameaux , ce dignitaire , représentant la personne du Messie , suivait la procession solennelle du clergé et du peuple, monté sur un âne, bridé et caparaçonné d'or , et le Czar , tenant l'animal par la bride , le conduisait dans la cérémonie sacrée. Les temps sont bien changés! Paul pouvait bien parodier l'Evangile; le czar Pierre s'en était si peu gêné. Ce cynique impérial, qui fit de l'Eglise russe une institution d'état , n'a-t-il pas été vu, aux jours gras , lui et les compagnons de ses désordres , parés des ornements du sacerdoce et de l'épiscopat, se rendant en partie de traîneaux , au faubourg dit la Slobode allemande , pour s'y livrer aux turpitudes de l'orgie et de la débauche ? Le palais du même prince fut plus d'une fois aussi témoin de scènes identiquement ordurières et sacriléges.

En regard de ces extravagances impies, plaçons l'appareil dans lequel, en 1584 , Ivan III reçut le P. Possevin ; ce rapprochement de plusieurs époques renferme son enseignement :

« Il était assis sur un trône, dans tout l'éclat de ses magnificences. Une longue robe d'étoffe d'or, parsemée de perles et de diamants l'enveloppait ; il avait sur la tête une couronne *en forme de tiare*, et à la main gauche un sceptre d'or *semblable à la crosse des évêques*. Une multitude de sénateurs, de généraux et de boyards entourait le monarque et remplissait les appartements. L'or et les pierreries étincelaient autour du Jésuite et de ses quatre compagnons, qui, vêtus du costume de leur ordre, s'avançaient gravement. Lorsqu'ils furent au pied du siége impérial , ils s'inclinèrent profondément. Alors un sénateur dit : « Très illustre empereur, Antoine Possevin et ceux qui l'accompagnent frappent la terre de leur front pour marquer le respect qu'ils vous rendent. » (*Histoire de la Compagnie de Jésus*).

Quels ornements! Quelle formule de présentation ! Hâtons-nous de dire que l'attitude humble et digne de l'ambassadeur pontifical protesta contre le cérémonial auquel on le soumettait.

Telle est donc la dévotion des Czars. Catherine, que son intérêt avait portée à accueillir les Jésuites expulsés des autres états, n'a-t-elle pas, elle aussi, exercé des rigueurs extraordinaires contre les Grecs-unis, en interdisant leur culte, en livrant leurs églises aux ministres schismatiques, en forçant les populations , par des vexations et des châtiments, à fréquenter leurs églises profanées? Les ornements, les vases sacrés étaient enlevés, confisqués par le clergé russe, escorté de troupes, et les hosties saintes étaient semées sur la voie publique, livrées à la voracité des animaux. L'exercice du culte grec-uni était défendu aux prêtres de ce rit, sous peine d'exil perpétuel en Sibérie.

Nicolas se modèle donc sur Pierre Ier et sur Catherine. De plus que la dernière, le Czar actuel défend aux prêtres grecs-unis de passer au rit latin, sous des peines terribles. S'il est assez bien élevé pour s'abstenir de ridiculiser le culte par des farces hideuses, il a des singularités dans sa politique qu'il est bon de noter : l'empereur entretient à grands frais à Pétersbourg, pour les faire figurer aux parades, plusieurs régiments composés d'habitants du Caucase, dont l'uniforme est leur costume local. Ces hommes sont musulmans. Ils ont des mosquées entretenues par le trésor, et desservies par des *moullah* bien rétribués. Des croix gravées sur des pierres funéraires attestent que les aïeux de ces Caucasiens ont été chrétiens, et ils l'assurent eux-mêmes. Mais on laisse exister parmi eux, on entretient l'idée qu'il leur serait honteux de reparaître au milieu des leurs, sans y reporter le culte maternel. De nombreux enfants de cette race, gratuitement élevés dans la capitale russe, demandent, quelquefois avec larmes, d'être admis à l'enseignement religieux du pays; mais ni l'instruction chrétienne, ni l'accès des églises, rien ne leur est accordé. Ne faut-il pas que ces pépinières humaines de l'Autocrate, retournent dans leur province vanter à leurs frères les avantages d'une soumission sans partage au gouvernement russe? — La religion de Nicolas est-elle assez dévoilée, et la raison de ses inimitiés contre le catholicisme est-elle assez élucidée? Un dernier trait demande à figurer ici; sa ténuité lui donne de l'importance. Depuis une douzaine d'années, un oukase remplace, dans la Pologne, le calendrier Grégorien par le calendrier Julien. Qu'importe d'être en désaccord avec le cours annuel de l'année? Qu'importe d'abolir un usage séculaire et rationnel dans un pays usurpé? Ce qui est essentiel avant tout, c'est de renier l'autorité pontificale, c'est de respuer tout ce qui en retrace la sagesse!

Et penser que des hommes qui aiment leur pays et leur croyance, poussent l'incurie jusqu'à voir quelqu'avantage pour toutes les bonnes causes dans la propagation de l'église russe, et même dans la prise de Constantinople! Insensés! L'islamisme est une erreur imposée par le fanatisme, crue par le fanatisme, bien! Mais elle décline, elle s'en va, et vous pouvez espérer que la religion de Mahomet affaiblie, ne peut que faire place aujourd'hui à la croix du Calvaire. Mais le christianisme du Czar, cette force du sabre abritée derrière une image de la Mère de Dieu, qu'en attendez-vous pour votre foi, pour vos libertés, pour les principes traditionnels de vos pères, pour la gloire de votre nation? Guerre! guerre à la Russie, pagano-schismatique, subrepticement usurpatrice! Et pour l'Orient, pas de conquête, mais la diffusion des lumières évangéliques, et par là sa conversion; ce sera l'aurore d'une ère de bonheur universel.

CHAPITRE VI.

Persécutions du Catholicisme en Russie.

(SUITE.)

Qu'on lise le récit suivant, dont l'exactitude est garantie par des preuves irréfragables, et que l'on déclare ensuite si jamais persécution religieuse fut exercée avec plus de fureur et prit un caractère plus atroce. Cette lettre, que nous empruntons au journal l'*Univers*, du 30 septembre 1845, est le résumé fidèle de l'histoire d'une persécution de sept ans, dictée à Rome, par la supérieure des Basiliennes de Minsk, une des martyres, au digne recteur de la Propagande et à deux autres ecclésiastiques désignés par Grégoire XVI, pour recueillir authentiquement cette importante narration.

« Vous avez bien voulu publier, il y a peu de jours, quelques détails sur les persécutions exercées dans la Pologne Russe, et une partie de la presse parisienne s'est associée à votre généreuse sympathie, en répétant cette relation. Malheureusement le tableau que vous avez présenté n'est pas tout-à-fait exact, et surtout il n'est pas complet. Les héroïques religieuses de l'ordre de saint Basile, qui ont si admirablement affronté et subi le martyre, n'ont pas seulement résisté jusqu'à la mort ; des centaines d'autres femmes vouées à Dieu, beaucoup de prêtres séculiers, beaucoup de laïques se sont montrés également fidèles, et enfin c'est toute une population de quinze cent mille âmes (grecques-catholiques), qui, depuis sept années consécutives, maintient sa foi contre une persécution semblable à celle qui entreprit d'étouffer le Christianisme dans son berceau. Afin donc que nos ennemis, honteux de leur barbarie, ne puissent pas même essayer de mettre en doute l'authenticité de ces faits horribles, en épiloguant sur quelques faits erronés, je vous adresse un extrait fidèle de ce que j'ai entendu dire à l'abbesse du couvent de Minsk. Cette religieuse, actuellement à Paris, ainsi que vous l'avez annoncé, porte encore la trace des longues tortures qu'elle a subies. Elle est arrivée avec des lettres de recommandation de plusieurs personnes notables de Posen, particulièrement de M. l'Archevêque, qui l'a vue et interrogée pendant trois jours, et qui a fait parvenir au Saint-Père le procès-verbal de cet interrogatoire. Elle se nomme Julie Mieczyslawska, et son nom de religion est Macrène. Voici son récit :

» Il y avait au couvent de Minsk, en Lithuanie, trente-quatre religieuses. Elles tenaient un pensionnat de jeunes demoiselles, et en outre, avec leurs économies, elles élevaient quarante orphelines et pourvoyaient à la subsistance d'un certain nombre de veuves tombées dans le besoin. Dès 1857, l'évêque grec-uni Siémaszko, ayant consommé son apostasie, les pressait de suivre son exemple. Voyant l'inutilité de ses sollicitations et de ses ruses, il leur annonça tout-à-coup que, si elles ne se rendaient pas dans un délai de trois mois, elles devaient se préparer à de rudes épreuves. Mais, trois jours seulement après cette notification, à cinq heures du matin, au moment de la prière, l'apostat entouré de fonctionnaires et de gendarmes, fit cerner le couvent, enfoncer les portes et enlever les religieuses, sans leur permettre d'emporter leurs effets et même leurs livres de prières. Elles obtinrent seulement la permission d'entrer un moment dans leur église et d'emporter le crucifix. Là, aux pieds de ces autels qu'il fallait quitter, une sœur très-pieuse et déjà avancée en âge, expira de saisissement et de douleur.

» A peine hors de la ville, elles furent enchaînées deux à deux, et les soldats les firent marcher, en pressant le pas, sur la route de Witebsk. On craignit une émeute. Une partie de la population, éveillée au bruit de l'enlèvement, accourait et suivait les saintes filles en répandant des larmes. Les cris des quarante orphelines abandonnées nâvraient tous les cœurs. La police battit et chassa ces catholiques, dont la douleur l'importunait; ils n'eurent pas même la consolation de pouvoir faire une aumône aux prisonnières.

» A Witebsk, elles furent enfermées, avec dix autres religieuses orthodoxes de cette ville, dans le couvent des religieuses schismatiques, qui les soumirent aux travaux les plus durs et aux services les plus humiliants. Pour se faire une idée de ce qu'elles eurent tout de suite à souffrir de la part de ces geôlieres, il faut savoir que les religieuses russes se recrutent parmi les veuves des officiers et des soldats : elles ont toutes les mœurs et la grossièreté de cette classe, avec un fanatisme doublement cruel, parce qu'il est à la fois religieux et national. La position de nos martyres était d'autant plus dure, qu'appartenant pour la plupart à des familles notables et riches, elles avaient reçu par conséquent une éducation distinguée, relevée encore par les vertus et les habitudes de leur sainte profession.

» Elles restèrent deux années à Witebsk, soumises à ce supplice de tous les jours et de tous les instants ; ensuite on les conduisit à Polotsk , où dix autres victimes encore vinrent augmenter leur nombre. Là, leurs souffrances redoublèrent. On leur donna d'abord pour nourriture du hareng salé ; mais, lorsqu'on vit que plusieurs d'entre elles allaient mourir de soif et de fièvre , craignant sans doute qu'elles ne fussent trop tôt délivrées de cette vie affreuse, on changea de supplice ; du régime de la soif on passa à celui de la faim. Elles reçurent tous les jours en commençant et bientôt seulement tous les deux jours, une demi-livre de pain noir. Plusieurs furent souvent réduites à manger de l'herbe. En outre, deux fois par semaine , le mercredi et le samedi , chaque religieuse était frappée de cinquante coups de verges. Une des sœurs, déjà toute exténuée par de si longues souffrances, mourut au trentième coup. Pour compléter le nombre prescrit, le soldat qui frappait , se conformant aux coutumes russes , frappa vingt fois sur le cadavre. Deux autres sœurs expirèrent quelques heures après la flagellation.

» Vous avez dit que les religieuses avaient été employées comme manœuvres aux travaux du palais archiépiscopal ; cela est vrai. Plusieurs perdirent la vie : cinq périrent dans une carrière profonde, sous un éboulement de terre, cinq tombèrent avec un pan de muraille et furent tuées, en même temps que quatre autres, écrasées par les décombres.

» Parmi les persécuteurs les plus acharnés, l'évêque apostat se distinguait toujours ; mais il avait un digne émule dans la personne du prêtre Michalewicz, ancien aumônier et directeur du couvent de Minsk. Encore fervent catholique au commencement de la persécution, mais gagné plus tard par l'évêque, il semblait vouloir, à force de cruautés, étourdir sa conscience, qui sans doute le tourmentait toujours. Ce malheureux a déjà comparu devant son juge. S'étant adonné à l'ivrognerie, il est tombé ivre dans une mare d'eau, et s'est noyé. L'évêque a fait en sorte que la mort de Michalewicz n'apportât aucun soulagement à ses victimes : souvent on l'a vu frapper de ses mains les saintes filles, dont la constance le jetait dans une sorte de délire, épuisant contre elles, dans ces occasions, le vocabulaire russe, si abondant en termes injurieux. Un jour, il résolut de les faire à tout prix entrer dans une de ses églises. Frappées, meurtries de coups, inondées de sang, elles sont poussées à force de bras par les gens de police que l'évêque encourage. En ce moment la supérieure ordonne à une de ses sœurs de placer devant la porte de l'église un morceau de bois qu'elle voit dans la cour ; elle leur fait signe ensuite de s'agenouiller ; puis, arrachant de la main d'un manœuvre une hache, elle la présente à l'évêque apostat. « Vous avez été notre pasteur, lui dit-elle ; soyez maintenant notre bourreau. Tranchez nos têtes, et jetez-les avec nos cadavres dans votre temple; car, vivantes, vous ne nous y verrez pas. » L'apostat, confondu, pâle et défaillant, enleva la hache de la main de l'abbesse et tomba entre les mains de ses popes, qui l'emmenèrent. Les sœurs alors, se relevant, entonnèrent le *Te Deum*, ainsi qu'elles avaient l'habitude de le faire après chaque épreuve, et rentrèrent processionnellement dans leur demeure, ou plutôt dans leur prison.

» Je passe beaucoup d'autres faits, parmi lesquels il en est que la plume ne sait comment retracer. Pressé d'en finir, Siémaszko réunit une soldatesque qu'il enivre et qu'il stimule encore par ses promesses et par sa présence, et il livre les religieuses à la brutalité de ces misérables. Une horrible scène s'en suivit. Les saintes héroïnes luttèrent avec une surnaturelle énergie ; mais elles payèrent chèrement leur victoire. Les soldats de Siémaszko arrachèrent les yeux à huit d'entre elles ; d'autres eurent les joues, les lèvres, les oreilles, tout le visage arraché et *dévoré* ; deux moururent foulées aux pieds et tuées à coups de talons.

» En vingt-sept mois, le nombre des sœurs, tant de Minsk que de Witebsk et de Polotsk, fut réduit à vingt-trois. Alors on les transféra à Miadzioly, autre couvent de schismatiques, situé au milieu d'un lac. La localité donna l'idée d'ajouter un nouveau supplice aux anciens. C'est là que chaque religieuse fut, à tour de rôle, plongée dans l'eau, ainsi que vous l'avez rapporté. Lorsqu'elle revenait à la surface, les bourreaux leur demandaient si elles voulaient se convertir, c'est-à-dire apostasier leur croyance ; et comme ils n'obtenaient toujours de ces saintes filles qu'un généreux refus, ils les submergeaient de nouveau, jusqu'à ce qu'elles eussent perdu tout sentiment. Trois sœurs périrent de la sorte.

» Le séjour des martyres au couvent de Miadzioly, où, indépendamment des noyades, elles retrouvèrent tous les mauvais traitements de Witebsk, dura vingt-six mois, et il fut alors question de les envoyer à Tobolsk, capitale de la Sibérie. Déjà un convoi de ces saintes captives était parti de Smolensk, et plus de la moitié sont mortes avant d'arriver au lieu de leur exil, où les autres ne vivront pas long-temps.

» Les religieuses de Saint-Basile étaient dans toute la Pologne Russe, au nombre de deux cent quarante. Toutes ont été tourmentées ; pas une seule n'a trahi sa foi. De nos vingt détenues à Miadzioly, quatre, moins estropiées et moins exténuées que leur compagnes, ont pu profiter de l'ivresse et du sommeil occasionnés par la fête de la supérieure du couvent, et se sont échappées. La supérieure est entrée en France par la Prusse ; les trois autres sœurs, mesdames Wawrzecka, Konarska, Pomarnacka, ont gagné l'Autriche. Elles se proposent de se rencontrer à Rome et de déposer leurs griefs aux pieds du Souverain-Pontife, leur père et leur appui.

» Pendant la durée de leur martyre, tout signe de compassion de la part des assistants était considéré comme un crime capital. Une dame de haute naissance, qui, déguisée en paysanne, se condamnait à contempler ces atrocités pour en rendre témoignage un jour, fut reconnue, saisie et emmenée ; il n'a pas été possible de savoir ce qu'elle est devenue. Un propriétaire notable des environs de Polotsk assistait également déguisé, à la flagellation des religieuses. Il a eu le malheur de se trahir en s'écriant : « O Seigneur ! quand aurez-vous enfin pitié de nous ? » Pris à ces mots, il fut sur-le-champ, et sans autre jugement, déporté eu Sibérie. Les parents de plusieurs de ces saintes filles osèrent intercéder en leur faveur auprès de l'empereur. L'empereur envoya leurs pétitions à l'évêque apostat, qui en prit occasion de multiplier encore plus les supplices et les outrages. Ainsi ce prince, qui a donné tout pouvoir à l'apostat Siémaszko sur le clergé et sur le peuple fidèle, et qui veut à tout prix leur imposer la foi de l'église dont il est le pontife suprême, ce prince, dis-je, est bien réellement et bien justement responsable devant Dieu et devant les hommes de toutes ces barbaries, quoique peut-être il ne les ordonne pas en détail. Il n'a pas besoin de descendre jusque là ; il peut, avec confiance, s'en remettre au zèle industrieux des agents auxquels il prodigue le pouvoir et l'or.

» Quant aux religieux du même ordre de Saint-Basile et aux prêtres séculiers, trois cent quarante-six ont été dirigés sur la Sibérie en un seul convoi. On dit, et cela est trop croyable, qu'à peine la moitié est arrivée à Tobolsk. D'autres, au nombre de cent environ, qui ont eu les mains et les pieds gelés pendant l'hiver dans les forêts, comme bûcherons, devaient être envoyés également au fond de la Russie. Plusieurs ont péri d'une mort lente ou violente. Ainsi, trois abbés ou supérieurs de couvent, MM. Bierynski, Zylinski et Zylenicz, placés sous une pompe, sont morts par l'eau glacée dont on les inondait ; un quatrième, M. Zanecki, a été tué à coup de bûche. Ces quatre meurtres ont eu lieu à Polotsk.

» Le peuple, privé de ses pasteurs légitimes, livré aux mercenaires, en butte aux Russes, à l'appât du gain qu'on lui présente sans cesse, battu, emprisonné, persévère néanmoins depuis sept ans dans sa foi. On fouette à tour de rôle le mari et la femme, afin que l'un des deux, ému par la compassion, engage l'autre à se rendre. On a vu des femmes enceintes expirer sous leurs coup. Pour obtenir l'apostasie des pères, on va jusqu'à fouetter les enfants ! A ma connaissance, dit la supérieure du couvent de Minsk, dix-sept de ces innocentes petites créatures sont mortes dans ce supplice. Contre tant de rigueur, ce peuple, que le gouvernement russe présente comme s'étant librement rallié à la religion de l'empire, cède alors aux sbires qui le poussent dans l'église schismatique ; il y reste aussi long-temps qu'il est tenu par la police et les soldats. Déjà même ce peuple, si doux naguère et si soumis, prend de terribles revanches sur les popes impériaux.

» La noblesse catholique latine qui habite ces provinces se trouve dans une position terrible. Le gouvernement exige qu'elle lise ses ordres au peuple rassemblé et qu'elle l'engage à embrasser la religion de l'empereur. Celui qui refuse, (comme M. Mirski, dont les journaux ont parlé dans le temps), est déporté ; celui qui obéit au moins extérieurement est exposé à la vengeance du peuple exaspéré, ainsi qu'il est arrivé à un certain M. Morejko.

» Tant de courage et tant de malheurs font comprendre ce que peut encore la Pologne. Les catholiques, grecs ou latins, qui résistent à une semblable persécution, sont en Russie seulement au nombre de plusieurs millions. Il y a encore des millions de Polonais catholiques en Autriche et en Prusse. Du reste, toute la population de l'ancienne Pologne est par différentes causes, exaspérée au dernier point, et il est vrai de dire que, loin d'être un *cadavre*, la Pologne n'a jamais été si forte. Elle est forte de son désespoir même ; seulement elle est désarmée et abandonnée.

» Nous prions tous les journaux, de quelque couleur qu'ils soient, de publier ces faits ; car la malheureuse Pologne n'a plus d'autres armes que la généreuse indignation des peuples, et la Russie insulte à la civilisation et à l'humanité. »

Quel narré ! Encore est-il décoloré par les proportions auxquelles il est réduit ! quels faits ! Et les auteurs de ces ignominies sont un évêque, un empereur, flétris, il est vrai, l'un comme rénégat, l'autre comme tyran ! Sous quelles images nous paraissent, dans ces conjonctures, les deux caractères les plus imposants, les plus augustes de la société chrétienne : l'épiscopat et la monarchie ! Un prélat est le père des âmes, un prince le pasteur des peuples ! L'un et l'autre sont les lieutenants du Messie sur la terre. Quand l'évêque est à l'autel sous un manteau de velours étincelant de dorures, et le front resplendissant sous la mitre épiscopale, symbole du triangle lumineux qui rayonnait au front de Moïse admis à voir Jehovah face à face ; quand le roi paré de la pourpre, ceint de la couronne, tenant le sceptre, s'assied sur un trône

magnifique , je vois dans cette double splendeur l'élévation de leur diguité , la grandeur de l'autorité qu'ils
exercent , et je m'incline, parce qu'ils représentent des
principes venus de Dieu , qu'ils sont les anges gardiens
et les protecteurs de toutes les justices, la personnifica-
tion du bien et de la vérité. Mais , si dans le prêtre je
ne trouve qu'un homme méchant, dans le roi qu'un
superbe ne croyant qu'en ses passions ; dans chacun
d'eux l'opposé de la vertu , des oppresseurs de consciences, des exploiteurs de l'humanité, alors je me couvre la face des deux mains , et tout en révérant encore
les croyances religieuses et sociales , je verse dans ma
douleur résignée, je verse des larmes de sang. Toutefois, j'entends autour de moi l'insatisfaction se plaindre, le vulgaire cesser de croire, l'intrigant se déme-
ner et blasphémer pour être mis en part de la curée
du despotisme ; et de cette bonne volonté impuissante,
de ce découragement profond, de ces déclamations
toujours fructueusement écoutées, dérivent les tourmentes populaires, le choc des guerres intestines et
étrangères, les calamités qui ébranlent l'univers.

Le drame aux brusques péripéties qui vient de se
dérouler à nos regards, avait duré sept années, et le
Souverain-Pontife n'avait rien appris de ces événements
sinistres , malgré la notoriété qu'ils avaient en Pologne ! Que faut-il en conclure ? que ni lettre , ni émis-
saire n'ont pu sortir des frontières gardées par l'espionnage russe, et que des inhumanités sans nombre,
non moins déchirantes que celles qui précèdent, existent réellement dans les faits , quoique non racontées
et non publiées dans les journaux et dans les livres.
Tout ce que la pensée peut embrasser de plus désas-
treux, de plus inquisitorial, de plus torturant, s'est
donc passé dans l'empire du Nord, contre ce qui y reste

dévoué à l'antique foi des apôtres, et qui n'y fléchit pas le genou sans mot dire devant le Moloch de toutes les Russies! Faites donc encore des réserves en faveur de l'Autocrate, vous dont la débonnaireté estime la communion russe et s'exagère les appréhensions inspirées au christianisme par les sectateurs de Mahomet! Optez, si vous l'osez une fois encore, entre Saint-Pétersbourg et Constantinople, l'une vous menaçant de toutes les ruines qu'elle traîne après elle, l'autre s'appuyant, pour exister, sur votre bras, et n'attendant peut-être que la rosée des exhortations évangéliques pour devenir votre coreligionnaire!

Quoique n'ayant encore lu que les oukases qui consommaient perfidement la destruction de l'union romaine en Lithuanie; quoique n'ayant encore recueilli que des rumeurs, et l'annonce que par ordre les schismatiques étaient inhumés dans les cimetières catholiques; l'illustre doyen du Sacré-Collége, le cardinal Pacca, avait pu, dans un discours prononcé à l'ouverture solennelle de l'Académie de la religion catholique, faire entendre avec raison ces lamentables paroles : « Pour dépeindre l'état de la religion catholique dans le Nord et surtout en Russie et dans l'infortunée Pologne, je ne trouve aucune expression que celles des Souverains-Pontifes, quand ils préconisent en consistoire les siéges épiscopaux des pays infidèles : *Status plorandus, non describendus*, état qu'on ne peut exprimer que par des larmes. »

Cependant une éclatante confirmation vint fixer les jugements et éclaircir les mystères. La Rev. M. Macrène Mieczyslawska était l'objet de commentaires dans les journaux allemands, narrateurs de sa lugubre histoire. Cette magnanime abbesse arrivait elle-même à Paris, où elle attendrissait, par sa présence, par les mutilations dont elle était couverte, ses compatriotes exilés. Un service funèbre fut célébré pour le repos des martyres lithuaniennes, dans l'église Saint-Roch, et les proscrits, autour de la vénérable abbesse de Minsk, priaient aux pieds des autels, en songeant aux malheurs de la patrie absente. Déjà la glorieuse victime avait reçu à Marseille, à Aix, à Avignon, à Lyon, un accueil qui ressemblait à une marche triomphale. NN. SS. les évêques de ces diverses cités avaient reçu la même supérieure avec une bonté paternelle, et la foule se pressant sur ses pas, ce fut à qui aurait la joie de toucher ses vêtements. A Avignon, l'enthousiasme fut au comble, et quatre fois le voile de la supérieure fut enlevé par le peuple et partagé en des milliers de mains. Refusant partout les offres généreuses des prélats et des fidèles, elle avait résolu d'aller déposer elle-même son récit aux pieds du siège pontifical, et elle se rendit à Rome, où elle descendit au couvent du Sacré-Cœur, à la Trinité-du-Mont.

Quel est cet homme, à la belle stature, au port assuré, au geste hardi, au regard impérieux, qui monte les degrés du Vatican ? On devine une tête couronnée ! Cependant c'est une audience qu'elle obtient ; nulle invitation ne lui est parvenue. Nul cortége ne lui a été envoyé, et nulle fête ne se prépare dans la ville éternelle, comme cela se pratique en pareille occasion. L'intérieur du palais n'a rien changé du pied de réception ordinaire. C'est que le visiteur, c'est l'empereur Nicolas, le persécuteur des catholiques de Pologne. Ho ! que Grégoire XVI me paraît grand dans cette apostolique protestation, et que l'Autocrate est humilié par l'attitude sévère du Père des fidèles !

Les deux souverains sont en présence. Le Czar s'incline et baise la main du Pape. Le Pontife tend les bras que la miséricorde ouvre à tous les humains , et embrasse le monarque. Ce dernier débute par des compliments ; mais le Pape le place immédiatement sur le terrain des hautes questions qui intéressent l'Eglise, et expose les désolations du Catholicisme en Pologne , excipant du vivant témoignage de l'abbesse de Minsk. Nicolas se trouble et voile son dépit sous les apparences d'une vive émotion. Grégoire XVI soutenant sa supériorité, appuie l'amertume de ses plaintes par l'énumération de vingt-six oukases tous dirigés contre l'union catholique, et remet une note à l'empereur, en lui disant : « Recevez cette énumération de vos actes contre Dieu et contre son Eglise ; qu'elle vous fasse souvenir de quoi vous devez vous justifier. » L'entretien avait duré une heure dix-huit minutes. Le Saint-Père le termine par ces mémorables paroles : « Je touche à la fin de ma vie ; dans quelques mois peut-être j'irai rendre mes comptes à Dieu, et c'est pour acquitter le devoir de ma charge apostolique que je vous parle ainsi. Vous aussi , vraisemblablement plus tard que moi , vous comparaîtrez au tribunal du souverain juge , et vous aurez à y répondre sur les mêmes choses. »

Les protestations de l'empereur, comme ignorant les faits et comme devant découvrir la vérité, ne manquèrent pas. Son trouble était extrême. Plusieurs fois il saisit la main du Pape et porta à ses lèvres la manche blanche de l'auguste pontife, pour donner le change sur son embarras sans doute. L'histoire nous présente Alexandre devant le grand-prêtre Jaddus, Attila devant Léon-le-Grand, et chacun de ces conquérants se retire avec honneur d'auprès des deux vicaires du Seigneur ; que vous semble de Nicolas devant le vénérable Grégoire XVI? Ce qu'il présente de plus impérial dans cette solennelle occurrence, n'est-ce pas une piteuse contrainte ?

Cependant Rome entière fut à l'unisson de son pontife; la noblesse et la population restèrent froids et réservés envers l'empereur, qui voyageait sous le nom de général Romanoff. Quelle leçon ! et combien celui à qui elle fut infligée dut rugir intérieurement et reconnaître qu'il était hors de ses domaines ! L'abbesse de Minsk sollicita d'être présentée à l'empereur ; la faveur fut refusée. On se l'explique aisément ; le juge eût tremblé en face d'une si noble victime. Le Czar fit au Vatican une dernière visite, et il quitta Rome atterré, roulant de plus belle dans son esprit des projets de haine et de proscription, et donnant, comme toujours, pour théâtres à ses sévices, les ténèbres des prisons, la sourde profondeur des forteresses, l'air pestilentiel des mines et les glaces mortelles de la Sibérie. L'ordre de fermer les églises catholiques des principautés danubiennes envahies, est une marque récente d'hostilité et de ressentiment, laquelle en suppose bien d'autres. Toujours est-il que tous les hommes de bonne foi applaudirent à la fermeté apostolique du Père des fidèles, et l'Angleterre protestante, par l'organe du *Times*, ne put s'empêcher d'admirer, en déclarant : « Que la conduite du Pape avait été pleine de dignité, parce qu'il avait plaidé la cause de la conscience et de la liberté. » Ce même organe, au moment où la presse européenne répétait la relation de tant d'énormités, exprimait « sa profonde sympathie pour ces pieuses personnes, si sincèrement dévouées ; le traitement, ajoutait-il, auquel elles ont été soumises n'est pas surpassé en cruauté par ce qu'on peut lire dans les anciens martyrologes ; il est sans parallèle pour le temps de sa durée. »

Dans la chambre haute de Londres, lord Kinnaird interpellait de la sorte le ministre des affaires étrangères: «Il s'est passé en Lithuanie des choses si montrueuses, que l'on se refuserait presque à y croire. Malheureusement il paraît que ces faits ne sont que trop exacts. Je ne révolterai pas vos sentiments par le récit de ces scènes d'horreur et de cruauté exercées sur des religieuses sans protection et des personnes qui professent la religion catholique. » Et une intervention de remontrances fut réclamée par l'orateur.

Le grand O'Connel se faisant également entendre sur la même question, à la chambre des communes, disait :

« Qui n'a pas entendu parler des persécutions atroces, des cruautés horribles exercées contre les religieuses de Minsk ? Le tyran, le monstre qui a commis de si lâches outrages contre ces vénérables dames, est, il est vrai, un objet de dégoût ; mais néanmoins, il est peu honorable pour les chrétiens de l'Europe de n'avoir pas fait quelque démonstration publique pour exprimer l'horreur et l'indignation qu'inspirent à toute la chrétienté le monstre de Russie et ceux de ses satellites qui l'ont aidé à commettre ces énormités. »

Bon sang ne ment jamais, dit le proverbe; en effet, un frère de la généreuse abbesse, Calixte, religieux basilien aussi et nullement épargné dans la persécution, quoique de haute naissance, refusa d'apostasier, et mourut sur la route de Smolensk. Une attestation de quatre sœurs de Saint-Vincent de Paul, heureusement échappées aux persécutiens autocratiques, nous apprennent de plus, en venant à l'appui des déclarations de la Rév. Macrène, que leur congrégation fut dissoute et abolie dans les mêmes circonstances. Quelques faibles et sottes dénégations étant arrivées de Pétersbourg, il fut prouvé par le livre d'un résident anglais, *Révélations sur la Russie*, que des convois de prêtres polonais avaient été vus , en habits de galériens et dans un état affreux de souffrance, sur la route de la Sibérie.

A tous ces faits viennent aussi se joindre d'autres lamentables histoires de l'année 1842 , qu'avait signalées l'*allocution* du Saint-Père, de la même année, et dont les nombreux documents ont tristement fait époque dans les annales du Vatican. En effet, un tribunal composé d'un officier impérial et de prêtres, faisait comparaître à sa barre des hommes , des femmes, des enfants, et sur leur refus de renier leur foi, les soumettait à des traitements indignes.

» On nous mit au fers, disent ces malheureux, et on nous enferma par un froid des plus rudes dans les bains non chauffés qu'on remplissait d'une fumée fétide et étouffante ; on menaçait de nous faire battre de verges ; à ces menaces on joignit force coups et de mauvais traitements ; en un mot, un criminel n'endura jamais autant de souffrances que nous pendant ce temps, où l'inhumanité de nos bourreaux nous retenait pendant trois ou quatre jours aux fers, souffrant la famine, le froid et les injures, en sorte que plusieurs d'entre nous tombèrent gravement malades, et d'autres sont encore en danger de mort. »

« Les prêtres, est-il dit ailleurs, les prêtres sont jetés en prison, et là on les emploie aux plus vils travaux : ils ne reçoivent de nourriture qu'en compagnie des serfs et avec toutes sortes d'ignominies ; quelques-uns sont renfermés dans d'étroites cellules pendant cinq et six jours , sans rien recevoir pour manger et sans même obtenir un verre d'eau.

» Si l'abbé ou le supérieur (des monastères schismatiques où ils sont détenus) apprend qu'un des prisonniers s'est confessé à l'un de ses compagnons de captivité , il le frappe à coups de poings, le foule au talon sans miséricorde, comme si ce n'était pas un homme... C'est ainsi qu'un abbé octogénaire, frappé un soir par ses persécuteurs, mourut de froid et de faim pendant la nuit, en s'écriant : « Ayez pitié de moi, Seigneur ! » L'apostat qui le tourmentait , l'ayant vu mort le lendemain, se jeta, de honte et de désespoir , dans une piscine , et s'y noya. »

« Pour vous donner une idée de l'acharnement avec lequel

les popes poursuivent leurs œuvres, ajoute une autre relation, je vais vous dire que nous avons vu le *protopope* Paul donner le knout de sa propre main aux habitants d'un village qui avait appartenu aux prêtres missionnaires, et cela sans épargner les vieillards. »

« Cent vingt prêtres Ruthéniens-Unis présentèrent une supplique à l'empereur, en le priant humblement de nommer un évêque à la place de l'apostat *Siémaszko* ; mais l'empereur *remit la réponse entre les mains de Siémaszko, et celui-ci dispersa les prêtres dans différents cloîtres russes, pour y être tourmentés jusqu'à ce qu'ils consentissent à se convertir au schisme.* »

Ces plaintes, ces douleurs émanaient, en 1842, du Souverain-Pontife, et ce n'est qu'un diminutif des nombreux documents qui étaient dans les mains de Sa Sainteté. Puisque nous avons laissé la parole aux citations, nous empruntons encore une page au *Constitutionnel*, dont on connaît les doctrines à cette époque ; cette relation, datée du 6 février 1846, était écrite par un Russe, M. D. M. Bakounine, alors à Paris :

« L'empereur, dit ce sujet de Nicolas, envoya en Lithuanie l'archevêque Siémaszko, *armé de pleins pouvoirs*, enjoignant aux autorités civiles et militaires de lui prêter secours et assistance.

» Les populations dissidentes protestèrent unanimement contre le concile de Polotsk ; il y eut des révoltes particulières réprimées par la force armée ; beaucoup de paysans furent fusillés, d'autres assommés sous le knout, un plus grand nombre envoyés en Sibérie, soit pour y être colonisés, soit aux travaux forcés. Une quantité de prêtres *récalcitrants* eurent le même sort ; plusieurs d'entre eux furent jetés en prison pour y être livrés à la torture ; oui, monsieur, à la torture ! car, quoiqu'abolie par un oukase de Catherine II, elle continue néanmoins d'être employée, même en Russie, dans les instructions criminelles, non contre la noblesse, si ce n'est dans les procès politiques, mais souvent contre le peuple et une partie du tiers-état.

» Malgré ces mesures barbaresque, les *dissidents* résistent encore aux prétentions tyranniques du gouvernement russe;

l'affaire des basiliennes en est une nouvelle preuve, et, après tout ce que je vous ai dit, vous conviendrez que les plaintes de madame Mieczyslawska ne peuvent être taxées d'éxagération. Un homme comme Siémaszko est capable de tout.

» Pour ce qui concerne les mauvais traitements et les insultes que les malheureuses basiliennes ont eu à souffrir de la part des religieuses russes, je n'y trouve aussi rien d'invraisemblable ; *car la plupart des couvents d'hommes et de femmes, en Russie, sont remplis de personnes désœuvrées, ignorantes, qui, habituées dès leur plus tendre enfance à toutes sortes de brutalités, passent leur existence entre des prières mécaniquement récitées, des commérages, et quelquefois l'ivresse.* On s'imaginera facilement comment de telles religieuses ont dû recevoir des femmes sans défense, accusées d'hérésie et de désobéissance à l'empereur.

» Les faits dont je viens de vous entretenir me sont particulièrement connus, parce que j'ai passé quelque temps en Lithuanie comme militaire. »

De semblables récits sont assez éloquents par eux-mêmes; les commentaires deviendraient superflus.

CHAPITRE VII.

L'Esclavage.

Le Christ, en portant la réhabilitation aux hommes dégradés et asservis, est venu leur dire : Aimez-vous les uns les autres. C'est ce cri véhément de liberté et d'amour qui releva l'humanité, laquelle, en secouant les chaînes dont elle était écrasée, put revendiquer, au nom du ciel qui l'affranchissait, la force du droit contre le droit de la force. Le monde romain lésardé de vétusté, était prêt à crouler de toutes parts. Quand le sens moral est éteint, la vie a déserté les veines des em-

pires; Rome, qui, pour ses amusements, avait fait égorger, en un jour, vingt mille gladiateurs, dans plusieurs de
ses fêtes, avait mis le comble à la mesure de l'asservissement, et par ces flots de sang répandu, avait scellé
l'arrêt de sa destruction. Il craque aussi déjà dans
toutes ses parties le colosse moscovite ; une immense
agitation l'ensevelira et mettra fin à ses crimes qui se
sont élevés comme des montagnes. Formidables seront
en Russie ces moments providentiels de retour et de
représailles ! Heureusement pour le repos de la terre,
que le christianisme, cette perpétuelle vertu de la
création, sera, comme après tous les grands désastres
nécessités par les iniquités de plusieurs, le modérateur
et le point d'arrêt de ces mouvements convulsifs.

Est-il douteux pour quelqu'un que la seule barrière
opposée autrefois à l'invasion, aux dévastations des
barbares, ait été l'influence de la religion du Verbe ?
D'où est sorti de même le principe vivifiant et res-
taurateur des sociétés, lors de la décadence, si ce
n'est de la foi chrétienne, qui réchauffa avec les cultes
de l'âme, le génie des arts et des sciences; nous ne ré-
péterons pas la liberté, puisque l'Évangile la promul-
guait pour tous, en l'associant à l'autorité nationale,
consacrant ainsi ces deux types primitifs : la liberté ou
la dignité humaine dans l'individu, l'autorité ou l'application au gouvernement de la hiérarchie de la famille.
Le Fils de Dieu redotait l'homme exhérédé, et il
prescrivait aux rois de rester les justiciers des peuples;
aux riches de se considérer comme les dépositaires
des biens de l'indigence ! Une philosophie menteuse a
beaucoup fait pour nier, ou du moins amoindrir les résultats de l'ascendant religieux sur le monde, ne se
souvenant pas, les éloquents empiriques, les démolisseurs
à la plume d'or, des éboulements passés. Ces pitoyables

ayant privé l'édifice social de ses étais, ils n'ont fait que des ruines. C'est le Catholicisme qui a de nouveau tout consolidé , tout retiré de la destruction.

Et la Russie, elle, l'ennemie d'une croyance dix-neuf fois séculaire, parce que cette religion condamne l'asservissement, qu'a-t-elle retiré de son schisme idolâtrique? Recherchons-le. Quelques milliers de boyards ou nobles, répandus sur une étendue de plus de seize cents lieues de territoire, en Europe seulement, tiennent à l'état d'esclaves d'innombrables habitants. Le serf appartient à son maître comme un objet sans condition, sans réserve, excepté quand le Czar parle ou qu'une chose exigée du captif est contraire aux intérêts de l'état. Et encore, si le paysan tente de déplaire au tyran en sous-ordre , que n'a-t-il pas à redouter des traitements de ce dernier ? N'y a-t-il pas deux gibets toujours dressés devant l'esclave : le knout altéré de sang et la béante Sibérie ? Un serf n'est donc pas régi par la législation écrite, puisqu'il lui est défendu de formuler d'autres plaintes contre le seigneur , que celles qui sont relatives à une conjuration, ou aux fraudes contre le gouvernement , en dissimulant le véritable nombre d'esclaves pour la capitation : un boyard paie l'impôt d'après la quantité de serfs employés dans ses domaines. Catherine, qui faisait le bel esprit et le philanthrope avec Diderot et consorts, rendait à la même époque, en 1767, un oukase où on lit: « Si un serf, contre l'obéissance due à son maître , fait un recours contre lui, spécialement s'il a l'audace de le faire parvenir jusqu'au trône, l'auteur du recours et celui qui se plaint seront passibles des peines portées par les lois.» C'est-à-dire la fustigation et les mines.

Un autre oukase de la même czarine , confirmé par Nicolas, en 1825 , défère à toute la rigueur des cours martiales un esclave qui désobéit à son maître ou à ses intendants. Ces rigueurs terrifiantes tiennent les serfs dans la soumission. Cependant, en 1773, un soulèvement redoutable, conduit par le cosaque Imméliam Pougatchef, exposa le trône et la propriété, mit l'un et l'autre à deux doigts de leur perte. Qui nous dira si un nouveau Spartacus ne se révèlera pas un jour, au milieu de ces populations durement attachées à la glèbe, et si, heureux jusqu'au bout, comme le fut long-temps le célèbre gladiateur romain, en repoussant par le fer plusieurs préteurs, plusieurs consuls et menaçant Rome, il ne mettra pas fin à tant de tortures imposées, pour la honte de l'humanité, par l'Autocrate et par ses lieutenants? Alexandre et Nicolas ont abrogé ce qui jusque là s'était quelquefois rencontré, la liberté rendue aux serfs par testament. Ainsi, un mourant, animé de sentiments de mansuétude chrétienne, voudrait-il, pour satisfaire une inquiétude de conscience, donner la liberté à un seul de ses esclaves, la loi l'en empêche : est-ce l'athéisme légal cette fois, et l'esprit du christianisme pourrait-il être plus pyrrhoniquement immolé? Qu'il les marque au front les serfs qu'il possède, un propriétaire, comme un troupeau qu'on mène à la foire; qu'il les parque où bon lui semble; qu'il les soumette à un despote nouveau, soit; mais leur donner la liberté, le premier des biens dont la Divinité nous a fait don, même à l'heure suprême où il va paraître devant Dieu, et que le remords le tourmente : le Czar-pontife le lui défend. Plus on avance dans l'analyse de la société russe, plus la rougeur vous vient au front et l'indignation dans l'âme. Cette *chose* du patron, qui a nom esclave, qu'elle soit laboureur, marchand, artiste, homme, femme, n'importe; elle peut être vendue, envoyée à mille lieues , privée de ses affections , mise à l'usage de ses appétits sensuels : il peut tout , le possesseur sur les serfs ; qu'il les ravale à merci , c'est son pouvoir. Si le serf possède, c'est par tolérance de l'exploiteur, qui est autorisé à tout lui ôter : la loi ne permet pas à l'esclave d'avoir à soi : la propriété est sœur de la liberté ; pour lui, il n'existe ni l'une ni l'autre.

Nous ne soulèverons pas le voile qui couvre les exécrables violences commises contre les mœurs , sur les femmes et les filles des serfs, par leurs infames possesseurs : il est des récits qu'il faut écourter, malgré le désir de tout exprimer , parce que la chasteté du langage est une loi dont l'honnête écrivain ne se sépare jamais , et que, pour peindre les immondices bien connues sur ce point , il faudrait reproduire tout ce que les anciennes orgies impudiques de Rome et de la Grèce ont présenté de plus révoltant et de plus monstrueux.

Les serfs particuliers de la couronne sont encore plus malheureux que le reste, surtout quand un village est converti en *colonie militaire*. On cite, dans les derniers temps, un général qui, ayant commis des cruautés inqualifiables , dans cette sévère mesure commencée en 1819, put à peine échapper à la fureur d'un soulèvement populaire. L'exaspération des colons-soldats fut telle , en divers lieux , que des pères massacrèrent leurs enfants de leurs propres mains , pour les empêcher de tomber dans l'état désolant de servage où on voulait les réduire. Et les évêques russes qui ont visité ces peuplades , ont applaudi à leur institution, à leur état ! Et c'est là cet *épiscopat orthodoxe*, mettant de la sorte en pratique, la doctrine de St. Paul : « Vous avez été baptisés en Jésus-Christ; il n'y a plus entre vous ni juif, ni gentil, ni grec, ni homme, ni femme ; vous êtes une seule chose dans le Seigneur Jésus. » Et le Verbe n'a-t-il pas dit : Ce que vous ferez au dernier de mes frères , *vous me le ferez à moi-même.* Mais si l'église de Russie est muette contre l'esclavage, ou plutôt si elle l'autorise et le sanctionne, prêtez une oreille attentive à tous ces conciles , à tous ces pontifes du catholicisme, qui depuis les apôtres jusqu'à nous, ont pris en main la défense du faible , de l'humble travailleur? Quelle différence de langage! Comme l'assistance divine est éclatante ici, tandis que le schisme grec est et demeure l'instrument immonde de l'oppression et de toutes les passions mauvaises ! Admirable religion, que celle qui, du temps de saint Cyprien, employait les biens de ses adeptes au rachat des esclaves chrétiens, et qui, faute d'autres ressources, fondait ses vases précieux, pour ne pas interrompre la délivrance de ses enfants ! Auguste et seule perpétuelle religion, que celle qui institua plus tard les Trinitaires , pour la même rédemption des captifs, et qui chaque jour, à chaque instant, depuis le sacrifice du Golgotha , réalise des prodiges de consolation , fait pleuvoir d'inénarrables bienfaits !

Qu'elle outrage à son aise le siége apostolique, dont elle est embarrassée, la hautaine Russie , elle qui, pour s'être attachée à l'église grecque, est restée en dehors du sublime mouvement des croisades, et a gémi, faute d'être catholique, pendant trois siècles, sous le joug honteux des hordes de la Tartarie ! Incapable de se lever , comme la foi robuste des autres pays, au cri pénétrant de *Dieu le veut* , elle est demeurée sous l'ascendant soporifique du schisme de Cérularius, et puis changeant de rôle avec le mahométisme jadis conquérant, c'est elle qui s'est chargée de continuer la chaîne des invasions, pour lesquelles elle s'est mise cent fois en marche, et pour lesquelles elle déploie de nouveau, à l'heure qu'il est, ses drapeaux, contre trois puissances qu'elle a paru braver, mais devant qui elle reste à présent, tant qu'elle peut, lâchement retranchée.

L'absorption du synode russe dans le Czar est si complète, qu'un écrivain distingué de l'empire, ayant publié dans un écrit, la doctrine suivante, les deux métropolites de Moscou et de Pétersbourg la censurèrent et la firent rétracter : « Au tribunal de la pénitence, avait-il été avancé, il n'y a pas de différence entre la pourpre du prince et les haillons du mendiant.»

La nation russe, telle que les Autocrates et l'erreur schismatique l'ont faite, est donc un composé informe, où il n'y a de splendide que l'écorce ; le reste n'est que de la pourriture et de la putréfaction. Rien de grand ne germe sous ce ciel d'airain, sur cette terre de fer. Le peuple y est esclave, par conséquent malheureux, sans lumière, abruti, et secouant convulsivement ses fers, chaque fois qu'il se recueille un moment et que le désespoir lui montre son abjection. La Russie des princes, des boyards et du haut clergé est polie, sans doute, et sait se donner le confortable de la vie et s'entourer des magnificences des arts ; mais c'est pour de l'or que tous ces avantages sont tirés de l'étranger. Le génie ne prend pas racine sur ce sol ; l'arbre divin à l'ombre duquel s'inspirent les beaux talents, les nobles caractères, ne déploie ses fleurs et ses fruits que sur les terres que la vertu et la justice fécondent. Le baron L. T. de Spittler, auteur protestant de l'Allemagne, énonce ces idées, dans son *Histoire des différents états de l'Europe*, dans les termes suivants :

« Ce fut vraiment un grand malheur pour la Russie, que la communion grecque, et non la romaine, devînt son église nationale ; parce que les instituts monastiques de l'Occident, plus utiles à la culture des peuples que ceux de l'Orient, et même la primauté du Pontife romain ; réunissant plusieurs nations en une seule royauté spirituelle, étaient plus avantageux pour la civilisation, étaient également plus conformes au caractère général des peuples, que le faible système de la hiérarchie grecque.

» Le tort enduré par les peuples de cette dernière communion, ne peut s'exprimer par des paroles ; parce que n'ayant pas introduit chez eux le droit romain, le droit canonique établi au moyen-âge dans la docte Italie, et propagé dans tout l'Occident, ils ne purent en ressentir l'influence sur leurs institutions nationales. Il pourrait sembler qu'au défaut de cette influence étrangère, le progrès de la civilisation nationale indigène n'ait pas été interrompu dans son développement propre, et que malgré cela, quoiqu'un peu plus tard, il ait marché vers son but. Mais s'il est possible de se tracer une règle pour évaluer le degré plus ou moins avancé de culture chez un peuple, l'histoire du moyen-âge nous enseigne clairement que dans tous les pays où le droit romain, ni le droit canonique n'ont exercé leur domaine, les populations y sont demeurées dans un état de vraie dépression, privées de tout développement moral ou civil. »

L'Autocrate actuel n'a rien négligé pour faire prendre le change aux autres peuples sur ses véritables intentions ; il porte un soin extrême à empêcher la publicité sur ce qui existe dans ses états. Les étrangers qui ont visité la Russie ont été surveillés de près, ce qui n'a pas empêché à la vérité de se faire jour. De cette crainte de publicité et du besoin d'étouffer toute opposition dans son germe, résulte un espionnage comme il n'en existe nulle part. Il ne se dit, il ne se fait rien de contraire aux vues du pouvoir, que celui-ci n'en soit informé par ce profond échelonnement d'agents de tous degrés qui composent la police ombrageuse de Nicolas. Les indigènes savent si bien de quelle suspicion ils sont entourés, qu'ils laissent là sans aucune civilité, dès qu'on arrive, les étrangers qui ont voyagé avec eux, qu'elle qu'ait été l'intimité nouée entre ceux-ci et ces derniers, pendant la route.

Mais avant de poursuivre nos investigations dans les cités, observons la servitude là où nulle décoration ne la déguise ; parcourons les terres seigneuriales. C'est au retour de la belle saison que les boyards quittant la capitale, retournent dans leurs terres. Les vassaux se portent au-devant du grand propriétaire, les anciens en tête. Les vivat éclatent. Arrivé dans la cour du château, des discours sont prononcés ; le seigneur répond et admet la foule au baisemain. Le reste de la journée se passe en danses, en libations d'eau-de-vie, au moyen desquelles on s'enivre; car, en Russie, toute fête finit par une orgie.

Les boyards, dans les domaines desquels la solennité est ainsi chômée, se montrent d'habitude les plus humains. D'autres spéculant sur la circonstance, reçoivent, du haut d'une estrade, les hommages des paysans, qui s'avancent en se prosternant, et déposent, dans certains villages, chacun un rouble (4 francs), dans une urne d'airain, tenue par un intendant.

Les nobles nouvellement parvenus reçoivent beaucoup moins d'honneurs que les anciens boyards. Ils se distinguent aussi par des vexations et des violences plus excessives, de manière à réaliser de l'or quand même, par les travaux dont les pauvres serfs sont surchargés.

Un esclave qui a une demande à faire à son seigneur, se présente à genoux à l'audience de celui-ci, et tient la supplique sur sa tête. Les terres sont divisées par portions, d'après le nombre des paysans. La redevance est fournie tantôt en argent, tantôt en journées. Heureux quand le maître n'est ni trop besogneux, ni trop avare, et que les intendants à leur tour n'enchérissent pas sur des exigences exorbitantes. Certains serfs obtiennent l'autorisation d'aller commercer dans les villes, sans pour cela cesser de payer la

prestation heddomadaire déterminée d'une certaine somme. Il est de ces serfs qui font de grandes fortunes ;
mais ils n'en sont pas moins vassaux et ne parvien-
draient pas à s'affranchir pour tout ce qu'ils possèdent,
serait-ce un ou plusieurs millions : on en a des exemples.

Peut-être voudra-t-on tenir pour quelque chose la
libération du soldat russe, qui acquiert sa liberté en
effet, après les vingt-cinq ans exigés de présence sous
les drapeaux. Beau refuge que le vôtre, messieurs les
apologistes ! Le voyez-vous bien, le pauvre diable,
après un quart de siècle de corps de garde, de caserne
ou de compagnes, s'il y arrive, cassé, vieux, infirme,
sans famille, dénué? c'est là ce débris d'homme à qui
on laisse son indépendance ! Il sera bien heureux si
avec ce présent, maintenant inutile, il est casé comme
gardien invalide de place, ou comme domestique.

A l'époque des moissons, après les travaux du jour,
les serfs se livrent à la joie, et se donnent de l'eau-de-
vie jusqu'à l'ivresse. C'est là le triste dédommagement
d'une triste position. Le seigneur n'a garde de mettre
obstacle à ces excès ; le paysan y noie sa raison qui
pourrait lui rappeler trop vivement sa dégradation.
Qu'il boive ! le gouvernement de son côté entretient
des cantines ou cabarets sur les terres seigneuriales,
et favorise ainsi la vente de l'eau-de-vie, objet soumis
à l'impôt, et à lui seul procurant à l'état un revenu
de deux cents millions. Le Russe ainsi excité par les
vapeurs bachiques, se livre à la danse et au chant.

Sur la déclaration téméraire de quelques-uns, que
l'esclavage se trouve moins terrible aujourd'hui qu'autrefois, M. Leouzon le Duc réplique :

« Quelles étaient donc les horreurs d'autrefois, pour que
l'on amnistie si facilement celles qui se commettent aujour-

d'hui ? N'est-ce donc rien de battre à coups de verges ou de bâton, ou de faire battre, pour la plus légère faute, des créatures humaines ; d'abuser à son gré de l'honneur des femmes et des filles ; d'arracher, sous prétexte *d'intérêt*, l'époux à son épouse, l'enfant à sa mère ; de transporter des hommes d'une terre dans une autre terre, comme un vil bétail ; de les écraser d'injustes corvées ; de les dépouiller du champ qu'ils ont cultivé ou de l'argent qu'ils ont gagné ; de faire exiler en Sibérie les sujets que l'on ne peut nourrir ? N'est-ce donc rien, en un mot, de traiter comme des brutes des êtres raisonnables, et de refuser de reconnaître en eux ce que Dieu lui-même y a mis : une intelligence et un cœur ?

» Voilà pourtant les effets du servage, tels qu'ils se produisent de nos jours en Russie. J'ai vu moi-même, de mes propres yeux, plus de cent exemples qui viendraient à l'appui de mes observations. Oui, j'ai vu des seigneurs russes , j'ai vécu avec des seigneurs russes qui se faisaient un jeu cruel, vis-à-vis de leurs serfs, de ce que la nature humaine a de plus vénérable et de plus sacré. »

Que si , à bout d'arguments , on avait encore la hardiesse imprudente d'invoquer à propos de tant de griefs inouis , en faveur de la Russie , de rares exceptions ; nous demanderions avec raison si l'exception ne confirme pas la règle.

Nous avons dit que, d'après la législation russe, les serfs ne peuvent rien posséder en leur nom ; s'ils achètent un immeuble, s'ils obtiennent une patente, c'est sous le nom de leur chef. Bien plus, plusieurs de ces paysans devenus citadins et marchands, s'étaient récemment enrichis, et, par une exception très-grande , ils étaient parvenus à faire affranchir leurs enfants. Le père meurt. Les héritiers revendiquent les biens paternels. Le seigneur fait opposition. Un procès s'en suit, et les tribunaux se prononcent pour le boyard. Quelle justice ! La traite des nègres est abolie , les esclaves d'Amérique sont presque partout émancipés ; la Russie seule , la Russie, qui veut s'imposer à l'Europe , à l'univers, reste la terre classique de l'esclavage. Un maître y tuera ses paysans, et éludant quelques dispositions illusoires de la loi, le meurtrier est assuré de l'impunité.

On a prétendu que les serfs de la couronne, dont le nombre est d'environ vingt millions, sont mieux partagés que les autres et qu'ils jouissent de plus de latitude, moyennant la capitation annuelle de quinze roubles, ou soixante francs, par tête mâle. Mais ne sait-on pas que cette redevance est doublée, triplée même, selon que le trouve bon le seigneur des seigneurs? Puis pourquoi compte-t-on les prestations obligées pour l'entretien et la construction des routes, les travaux d'utilité publique auxquels ils sont soumis? Que de mécomptes n'ont-ils pas en outre dans leur obligation de nourrir et de transporter les soldats, puisque le gouvernement, qui est censé devoir payer ces frais énormes, se met assez peu en peine de compter de l'argent aux serfs, n'importe à quel titre ou à quel droit? Pour tout dédommagement, les serfs impériaux reçoivent depuis un hectare environ jusqu'à dix hectares de terrain, qu'ils exploitent à leur profit.

Maintenant, si vous énumérez les tracasseries, les mauvais traitements, les oppressions que les serfs de la couronne subissent de la part des intendants, des chargés d'affaires du Czar, vous reconnaîtrez qu'ils sont loin d'avoir des avantages sur les esclaves des boyards. A la plus légère indisposition de l'employé dont ils dépendent, à eux la Sibérie. Si l'intempérie des saisons a détruit la récolte dans son germe ou dans sa floraison, leur dénuement est absolu. Il arrive en Russie des années de disette assez fréquemment.

« L'été de 1841, dit M. Marmier, on a vu des milliers de ces pauvres gens errant avec leurs femmes et leurs enfants sur les grands chemins, et implorant avec un visage pâle et des mains décharnées, un morceau de pain noir pour apaiser leur faim. Très-peu des paysans des seigneurs ont été réduits à cette extrémité. Quand j'allai à Moscou, la disette durait encore; à chaque station, des femmes vêtues de misérables haillons, des enfants aux membres chétifs, au teint cadavéreux, se pressaient autour de notre voiture, se courbaient à nos pieds, en nous appelant d'une voix gémissante *bons seigneurs* et beaux *soleils*, pour obtenir par ces supplications orientales une aumône de quelques kopecks. »

La Russie, qui avait gémi honteusement tributaire des Mongols pendant trois siècles, ne secoua ce joug que pour en recevoir un plus humiliant, celui de ses souverains réguliers. C'est ce qu'atteste l'extrait suivant de l'ouvrage : *la Russie et les Russes*, par M. Tourgueneff :

« Avant, pendant et long-temps après la domination des Tartares, les paysans russes n'étaient pas la propriété du possesseur de la terre sur laquelle ils vivaient. Sous ces conquérants, princes, nobles, laboureurs, tous étaient également soumis au joug du vainqueur. Mais, après que les Russes s'en furent affranchis, le pouvoir des princes s'accrut, et non-seulement ils laissèrent s'établir l'esclavage, mais ils s'en firent même les fauteurs. Pour les paysans, les nobles remplacèrent les Tartares ; et ces nouveaux maîtres appesantirent sur le peuple un joug qu'ils rendirent plus cruel encore que celui de l'étranger, en le rendant plus systématique. Enfin, on compléta l'œuvre d'asservissement en appliquant au paysan le nom que les Tartares donnaient à tous les Russes, tous indistinctement esclaves à leurs yeux ; c'est le nom de *chrétien*. En effet, le nom de *chrestianin*, paysan, n'est autre que celui de *christianin*, chrétien. »

Quelle dérision amère ! Peut-être, par cette appellation significative, a-t-on pensé obtenir des esclaves accablés abêtis la résignation évangélique ? Qu'il en soit ainsi, ou que ce nom soit fatalement demeuré attaché à la condition d'esclave, il n'en est pas moins, pour les Czars, la négation de toute soumission à la

Divinité, et leur étalage de dévouement à la religion soi-disant orthodoxe n'est au fond que la plus signalée des impudences.

Cela étant, la servitude dans la Russie *orthodoxe*, est plus dure, plus insupportable qu'elle ne l'était dans l'antiquité payenne. A Athènes, par exemple, les esclaves étaient traités avec douceur et humanité par les maîtres. Bien vêtus, bien nourris, ils n'étaient pas surchargés de travail. Ceux que le dérangement de leurs affaires avaient réduits à la condition de serviteurs, avaient le droit de propriété. Si les maîtres les maltraitaient ou attentaient à leur pudeur, ils appelaient ceux-là devant les tribunaux. L'obligation de ne point porter certains habits, de ne pas se parfumer les cheveux, de ne pouvoir plaider ni rendre témoignage, n'étaient pas des privations comparables à celles dont souffrent les paysans russes. On brûlait les jarrets au fugitif, la main au voleur; on marquait les gourmands au ventre; on fendait la langue aux babillards; on donnait au besoin le fouet, dira-t-on. Oui, mais les exemples en furent peu fréquents, et ces dispositions pénales de la loi semblaient plutôt intimidatrices que d'exécution positive. Athènes ne connut point de révolte d'esclaves, malgré les 400,000 individus de cette condition que la ville et le voisinage renfermaient. On les appliquait d'ailleurs aux talents agréables, à l'industrie, aux arts. Ils pouvaient se racheter.

A Rome, il y eut d'abord plus de sévérité. Primitivement ceux qui ne payaient pas leurs dettes, tombaient en servitude après un certain délai. Mais ils étaient admis dans les écoles, et on les employait selon leur aptitude et leur savoir. Les terres leur étaient données à ferme, et leurs bénéfices n'étaient jamais contestés. Les plus érudits devenaient précepteurs des fils de famille. Horace eut pour père un affranchi. Térence reçut sa liberté du sénateur Terentius Lucanus, qui lui avait fait donner une bonne éducation, et son génie lui valut l'amitié de Scipion Emilien et de Lélius. Le mariage des esclaves à Rome était sans forme légale, il leur était défendu de tester; mais ils pouvaient posséder. Le droit de vie et de mort appartint au maître sur l'esclave ; mais bien rarement il en fut usé : d'ailleurs l'empereur Adrien abolit cette monstrueuse disposition. Si le châtiment du fouet a existé dans la cité des Augustes, des réglements en modérèrent les abus. Il reste donc bien démontré que *l'orthodoxie* des Autocrates est autrement cruelle que toute la législation de la démocratie grecque, du despotisme des Césars, relativement à l'esclavage,

« Cette condition civile de l'humanité, dit Montesquieu, résultant de l'établissement d'un droit qui rend un homme tellement propre à un autre homme, qu'il est le maître absolu de sa vie et de ses biens. Il n'est pas bon par sa nature; il n'est utile ni au maître ni à l'esclave : à celui-ci parce qu'il ne peut rien faire par vertu ; à celui-là, parce qu'il contracte avec ses esclaves toutes sortes de mauvaises habitudes ; qu'il s'accoutume insensiblement à manquer à toutes les vertus morales ; qu'il devient fier, prompt, dur, colère, voluptueux et cruel. »

Cependant, quoique sans armes, quoique retenus par la menace des supplices, les paysans quelquefois exaspérés, exercent sur les boyards d'épouvantables représailles. Ces drames sanglants surviennent dans l'éloignement de quelque village ; le bruit n'en pénètre pas au loin, la publicité n'existant pas ; mais tous les ans il arrive quelques-uns de ces terribles événements. Pas un voyageur qui, dans ses pérégrinations, n'apprenne que dans telle propriété traversée par lui, ou dans une localité voisine, quelque scène tragique des serfs contre les seigneurs ne se soit passée. Là, un boyard inhumain a été écorché vif et brûlé dans son château avec sa famille. Ici, un autre grand propriétaire a réuni ses compagnons d'âge et de débauche; l'orgie a fait entendre son libidineux tumulte : de jeunes serves choisies ont reçu les derniers outrages de l'infamie. Rien n'a manqué à cette bachanale désordonnée. Les convives épuisés ronflent enfin ivres-morts. Mais la vérité a été sue dans le village. Des cris de mort retentissent. L'indignation est au paroxysme. On agite des instruments de vengeance, on secoue des torches. On tue, on mutile, et des solives du château en flammes, on fait un bûcher, où le maître est jeté et expire dans les horreurs d'une inexprimable agonie. Pense-t-on, après de tels faits, que le jour soit bien éloigné où tant de millions d'esclaves se donneront le signal, au moyen de leurs fers dont la longue chaîne deviendra électrique, et rendront générales les vengeances partielles qui sont connues? L'abîme n'appelle-t-il pas l'abîme?

CHAPITRE VIII.

Le Knout et la Sibérie.

Après les souffrances de l'esclavage, quelle voix assez attendrie, quelle âme redira les tristesses, les amertumes, les désolations causées par l'horrible instrument de supplice qui porte le nom de knout, et par ces bagnes gigantesques, ces mines de la Sibérie, catacombes effrayantes, où la barbarie autant que la cupidité peut-être des Autocrates, jette impitoyablement tant de bandits et tant de nobles cœurs! Où es-tu, sombre poète florentin, dont les pinceaux ont eu des couleurs assez sombres, des ombres assez ténébreuses pour peindre les écrasements des démons sur les damnés ? A-t-il voulu, cet autre Lucifer, le Czar qui le premier colloqua ses condamnés dans ce grand cercle des douleurs, réaliser sur notre planète, les tortures que ton imagination créatrice plaça dans ce séjour de désespoir éternel, à la porte duquel le criminel abandonne toute espérance ? O Dante ! majestueuse figure, l'épouvante des mauvais souverains, soit du glaive, soit de la pensée, parce que tu fis connaître aux hommes la place de ces grands coupables sous la chappe de métal, dans les lacs de soufre et de bitume où dure à jamais leur supplice de réprouvés, dis-nous, ô révélateur des expiations, le sort que la justice du Roi des rois réserve à ces potentats que les cris perçants de tant de milliers de malheureux ne sauraient un instant apitoyer !

Ce serait une histoire bien pénible à raconter que celle des meurtrissures du knout et des galères de la Sibérie. Que de volumes on remplirait à ne mentionner que les plus mémorables infortunes de ces deux moyens de punition et de tourment ! Le peu de pages que nous leur consacrerons ici suffiront pour faire apercevoir combien de maux incroyables les ressentiments du pouvoir et des despotes subalternes de la Russie sont capables de causer.

Le livre de M. de Lagny, *le Knout et les Russes*, renferme la description ci-après sur le supplice du knout et des battogues : c'est le récit le mieux fait peut-être du grand nombre de ceux qui ont été imprimés sur ce sujet :

« Figurez-vous un homme robuste, plein de vie et de santé. Cet homme est condamné à cinquante, à cent coups de knout.

Il est amené à moitié nu à l'endroit désigné pour ce genre d'e-
xécution ; un simple caleçon de toile lui couvre l'extrémité
inférieure du corps. Il a les mains attachées plat sur plat, les
cordes lui brisent les poignets ; n'importe ! Il est couché à plat
ventre sur un chevalet incliné diagonalement, et aux extrémités duquel sont fixés des anneaux de fer. Par un bout, les
mains y sont fixées, et par l'autre les pieds. Puis le patient est
étendu de manière qu'il ne puisse faire aucun mouvement,
ainsi qu'on tend une peau d'anguille pour la faire sécher. Cette
tension fait craquer les os et les disjoint, n'importe ! Tout-à-
l'heure les os vont autrement craquer et se disloquer.

» A vingt-cinq pas de là est un autre homme ; c'est l'exécuteur des hautes œuvres. Il est vêtu d'un pantalon de velours
noir , entonné dans ses bottes, et d'une chemise de coton de
couleur boutonnée sur le côté. Il a les manches retroussées, de
manière que rien ne gêne ni n'embarrasse ses mouvements. Il
tient à deux mains l'instrument du supplice, un knout. Ce
knout est une lanière de cuir épais, taillée triangulairement
et longue de trois ou quatre mètres, large d'un pouce, s'amin-
cissant par une extrémité et terminée carrément par l'autre ;
le petit bout est fixé à un petit manche de bois d'environ
deux pieds.

» Le signal est donné ; on ne prend jamais la peine de lire
la sentence. L'exécuteur fait quelques pas, le corps courbé,
traînant cette longue lanière à deux mains entre les jambes.
Arrivé à trois ou quatre pas du patient, il relève vigoureusement le knout vers le sommet de la tête, en le rabattant aussitôt avec rapidité vers ses genoux. La lanière voltige dans
l'air, siffle, s'abat et enlace le corps du patient comme d'un
cercle de fer. Malgré son état de tension , le patient bondit
comme sous les étreintes puissantes du galvanisme. L'exécuteur retourne sur ses pas et recommence la même manœuvre
autant de fois qu'il y a de coups à appliquer au condamné.
Quand la lanière enveloppe le corps par ses angles, la chair
et les muscles sont littéralement tranchés en rondelles comme
avec un rasoir ; mais si elle tombe sur le plat de deux angles,
alors les os craquent ; la chair n'est pas hachée, mais elle est
broyée, écrasée, le sang jaillit de toutes parts ; le patient devient vert et bleu comme un cadavre pourri. Il est porté à
l'hôpital, où tous les soins lui sont donnés, et on l'envoie ensuite en Sibérie , où il disparaît pour jamais dans les entrailles de la terre.

» Le knout est mortel, selon la volonté de la justice, du Czar ou du bourreau. Si l'Autocrate se propose de donner à son peuple un spectacle digne de ses yeux et de son intelligence ; si quelque puissant seigneur, quelque grande dame veulent se passer la jouissance de ce sanglant spectacle ; s'ils veulent voir la victime l'écume à la bouche, couverte de sang, se tordre et expirer dans d'effroyables souffrances, le coup mortel sera donné le dernier : Le bourreau vend sa pitié et sa miséricorde au poids de l'or. Quand la famille du misérable veut acheter le coup mortel, alors du premier coup il donne la mort, avec autant de certitude que s'il tenait une hache à la main.

» Après le knout, viennent les battogues ou les verges, supplice d'un autre genre, mais encore plus barbare, puisqu'il est toujours suivi de mort, au moins quatre-vingt-dix-neuf fois sur cent. Cette fois, c'est l'armée qui exécute les hautes œuvres de la justice du pays et les sentences des autocrates. C'est l'armée qui sert de bourreau. Autant de coups de verges, autant de soldats ; six mille coups ne sont pas la somme la plus élevée que la loi permette d'appliquer au criminel : mais c'est le chiffre le plus usité, et ici encore la législation s'est montrée ingénieuse. Moins de mille coups suffisent et au-delà pour donner la mort ; avec six mille, la mort est six fois certaine.

» Il m'a été réservé une seule fois d'assister à ce genre d'exécution. En voici sommairement les détails :

» C'était en 1841. Le malheureux condamné était un garde forestier, d'origine suédoise, dans la force de l'âge. Il était né dans les environs de Wiborg, et par conséquent homme libre, au même titre que les Suédois, ses compatriotes. Il avait été pendant plusieurs années au service d'un prince qui l'avait renvoyé sans lui payer ses gages ; c'est assez l'habitude des boyards russes. Il avait femme et enfants, et réclamait depuis plusieurs mois le paiement de ce qui lui était dû. On allait entrer dans l'hiver et le ménage manquait de tout, de bois et de pain. Bien des fois le garde était venu à pied à Saint-Pétersbourg, solliciter comme une grâce ce qu'en tout autre pays il eût pu exiger avec moins de forme de son débiteur ; et chaque fois il avait dépeint à son ancien maître toutes les misères qui l'assiégeaient, lui et sa famille, toutes les souffrances qu'il endurait : il suppliait humblement. Mais un grand seigneur qui possède quinze ou vingt mille esclaves ne connaît pas ces misères-là ; il n'a jamais redouté ni souffert la faim et le froid. Le Suédois est chassé à coups de rotin ; le malotru, le manant, qui ose tourmenter un seigneur, troubler la sieste et la digestion de ce luxurieux ! A bout de ressources, exaspéré du traitement indigne qu'il vient de subir, éperdu, il s'arme d'un pistolet et revient auprès du prince, qui le fait rosser et jeter à la porte. Sa tête s'égare ; il attend le prince à sa sortie et le tue raide.

» Les formalités d'un jugement ordinaire eussent été trop longues. Un paysan tuer un seigneur ! un boyard ! un prince ! c'était chose inouïe, cela pouvait être d'un mauvais exemple pour le peuple. En tout pays, d'ailleurs, cela eût été un assassinat. Ce n'est pas ce que nous cherchons à excuser. Amené quelques heures après son crime, qu'il ne nia pas, devant un conseil de guerre qui se borna à constater son identité seulement, il fut condamné à six mille coups de verges ; et vingt-quatre heures après, six mille hommes, rangés sur deux lignes parallèles, dans une plaine hors de la ville, attendaient, armés de baguettes de bois vert de la grosseur du petit doigt, l'heure de l'exécution. Le condamné fut amené sur un chariot, escorté de quelques hommes ; aucun prêtre ne l'avait assisté. Il était garrotté et vêtu d'un caleçon roulé et lié par une ficelle autour et au-dessous des hanches. Le reste du corps était nu et seulement vêtu d'une capote de soldat qu'on lui avait jetée sur les épaules. On le fit descendre et on lui lia fortement les deux mains à la gueule de deux fusils de munition croisés à la hauteur des bayonnettes dont ils étaient armés. Dans cette situation, les mains s'appuyaient sur le canon, et la pointe des bayonnettes sur la poitrine du patient. Un roulement de tambour se fit entendre, tous les officiers entrèrent dans les rangs, et deux sous-officiers vinrent prendre les fusils, qu'ils tinrent constamment de la même manière qu'un soldat qui recule tenant la bayonnette en avant. Ici encore, admirez la barbarie, l'intelligence raffinée de ce peuple ! Le patient, à un signal donné, doit s'avancer à pas lents entre la haie des soldats, qui, chacun à son tour, doivent le frapper vigoureusement sur les reins. La douleur pourrait lui suggérer l'idée de passer aussi vite que possible au milieu de cette haie de bourreaux, pour éviter le nombre et la violence des coups qui lui entament les chairs. Mais il a compté sans la justice russe : les deux sous-officiers reculent pas à pas et avec lenteur pour donner le temps à tout le monde d'accomplir sa mission ; ils retiennent ou repoussent le malheureux en lui enfonçant la pointe des bayonnettes dans la poitrine. Il faut que chaque coup porte, entame le flanc et fasse jaillir le sang; pas de pitié ! Chacun doit faire son devoir. Le soldat moscovite est une machine qui ne doit avoir aucun sentiment, et malheur à ses propres épaules, s'il montre de l'hésitation : séance tenante, il recevra de vingt-cinq à cent coups, au caprice du général qui a l'honneur de commander ces six mille bourreaux. Le gouvernement russe est scrupuleux dans les moindres détails ; il tient à ce que tout se fasse et s'exécute d'ensemble. Mais avec de tels hommes on ne peut se hasarder. Alors on fait des répétitions pour exécuter un homme comme pour passer une revue : une botte de paille ou de foin , mise sur un chariot, passe quelques heures avant au milieu des rangs.

» Le patient s'avança jusqu'au neuf cent troisième coup de verges. Il n'avait point poussé un cri, une seule plainte ; seulement un tremblement convulsif accusait de temps en temps l'agonie. Alors l'écume commença de sortir de ses lèvres , et le sang de jaillir de son nez. Après quatorze cents coups , la face, qui avait depuis long-temps commencé à bleuir, prit tout-à-coup une teinte verdâtre ; les yeux devinrent hagards; ils sortaient presque des orbites, d'où découlaient de grosses larmes sanguinolentes qui lui souillaient le visage. Il était haletant, il s'affaissa. L'officier qui m'avait accompagné me fit ouvrir les rangs, et je m'approchai du cadavre. La peau était littéralement labourée ; elle avait, pour ainsi dire, disparu ; la chair était hachée, presque réduite en bouillie ; des lambeaux pendaient le long des flancs, comme autant de lanières ; d'autres lambeaux étaient restés collés aux baguettes des exécuteurs ; les muscles étaient déchirés. Aucune langue humaine ne pourrait rendre ce spectacle. Le commandant fit avancer le chariot qui avait amené le condamné. On le plaça dessus à plat ventre ; et, bien qu'il eût entièrement perdu connaissance , l'on continua le supplice sur ce cadavre jusqu'à ce que le chirurgien commis par le gouvernement et qui suivait aussi pas à pas l'exécution , eût donné l'ordre de la suspendre ; ce qu'il ne fit que lorsqu'il ne restait plus au patient qu'un souffle de vie.

» A ce moment-là, deux mille six cent dix-neuf coups avaient réduit son corps en hachis.

» Frapper un cadavre, en Russie , ce n'est point assez

cruel, cela n'inspirerait point assez de terreur à ces esclaves. Il faut que l'homme vive pour subir son jugement.

» On porta ce malheureux à l'hôpital, où il fut, comme d'habitude, trempé dans un bain d'eau saturée de sel, puis soigné et traité avec la plus grande sollicitude, jusqu'à guérison complète, afin qu'il pût acquitter son jugement dans son entier. Les lois pénales de la Russie se montrent partout, et toujours, d'une barbarie atroce. Ce malheureux fut sept mois à guérir et à se rétablir, et, au bout du temps, il fut ramené solennellement au même lieu d'exécution et passé de nouveau par les verges jusqu'à l'appoint des six mille coups. Il mourut dès le commencement de cette deuxième exécution. »

De pareilles tortures font frissonner d'horreur. Et la législation russe prétend avoir aboli la peine capitale ! N'existe-t-elle pas, au contraire, avec une aggravation de déchirements, sans exemple dans les temps anciens, et même dans les annales de ces pauvres déshérités des côtes africaines, dont on a trafiqué si long-temps, au mépris de toutes les lois divines, et à qui les traitements énormes ont été si peu épargnés ? Si encore ce n'étaient que des criminels qui succombassent sous la fureur du régime révoltant des verges et du knout ; ce serait l'iniquité pliant sous la plus grande somme possible de tourments physiques, mais ce ne serait que l'iniquité. Et si, au contraire, la fidélité au devoir, la pensée du ciel, le respect pour le bien, conduisent à ce double genre de martyre ! si un caprice, une colère injuste du maître, une délation intéressée, un mouvement d'humeur, sont le fond du jugement, quelle main assez forte marquera du fer chaud de la réprobation les juges et les bourreaux ! Mère, fille, qui avez reçu de la nature le don de la beauté, votre attachement à la pudeur vous expose à des sévices innomés ! Prêtres, catholiques qui n'abjurez pas la foi des apôtres, vierges consacrées aux autels qui ne plierez pas aux injonctions des émissaires du Czar, gare aux battogues ! gare à la lanière de l'exécuteur ! Nul cœur innocent , nulle belle âme, en Russie , n'est à l'abri des supplices : c'est souvent, c'est presque toujours la cause des persécutions que tant de personnes endurent en dehors des individus légalement atteints par la justice. Les verges, le knout, la Sibérie, voilà la triple raison d'état des empereurs russes, de leurs boyards , de leurs ayant-cause.

Nous l'avons prononcé, ce nom qui fait peur, qui glace d'effroi , la Sibérie ! C'est la contrée du monde où pleuvent les plus vives douleurs , c'est l'enfer anticipé sur la terre. Là, plusieurs milliers de criminels sont envoyés tous les ans par les tribunaux russes ; mais à ces voleurs, à ces meurtriers , sont assimilés des infortunés à qui on ne reproche que l'esprit de nationalité , le dévouement à la foi de leurs pères ; des prêtres arrachés à leurs autels , aux fonctions de leur ministère; des innocents de toutes les classes, de tous les états. Pour ne citer qu'une particularité , ving-six religieux capucins ont été déportés aux travaux des mines. Cette indication donne seule une idée du nombre de pieux confesseurs et des mémorables victimes qui peuplent ces déserts de la mort. Oh ! lorsque tant de cruciations physiques et morales se convertiront,sous le souffle de la justice d'en-haut en traits brûlants contre les Czars et leurs plus puissants esclaves , qui sont ses complices, comme il sera vrai de s'incliner le front dans la poussière , et de s'écrier devant les manifestations d'un Dieu rémunérateur, mais vengeur : Laissez passer la justice de Jéhovah.

Suivez-les dans ces souterrains , dont les exhalaisons sont morbifères , dans ce climat où le froid descend jusqu'à quarante degrés, sous la camisole de force , en butte aux sévérités d'une surveillance éter-

nellement rigoureuse, ces victimes du despotisme! Suf-
focation de l'intérieur des mines, austérités des travaux, âpreté insupportable du climat, absence des
moindres commodités de la vie, tout dans ces lieux
maudits est à la fois misère et malheur, dureté et an-
goisse. Les souffrances corporelles qui consument les
déportés ne sont pas souvent les plus rigoureuses : là
bas, sur le sol qui fut un jour la patrie, reste un vieux
père délaissé, une épouse dont les larmes ont imprimé
leur trace sur les joues, des enfants qui grandissent
en songeant à leurs pauvres parents enterrés vivants dans
les flancs des montagnes d'Asie! Et les soupirs doivent
être étouffés, et les plaintes sont comprimées par une
discipline de fer comme l'inhumanité qui a rempli ces
déserts! Travaille et souffre en silence, galérien qui
fus un ange sous l'étole, un chevalier dans les combats! Ici, au lieu des chants du lieu saint, des sourires
de la famille, des brises si douces du pays natal, le regard farouche des gardiens, l'aspect désolé de solitudes
affreuses, et le coudoiement du faussaire, de l'assas-
sin, du brigand qui tua pour de l'or !

L'imagination la plus féconde en images touchantes
atteindrait-elle le degré de tristesse nécessaire pour
reproduire les peines déchirantes des pauvres exilés
de Sibérie? Citons d'abord un passage d'un ex-conseiller
d'état de Russie; il parle des persécutions de Catherine II :

« L'exercice du culte grec-uni était défendu, sous peine
d'exil perpétuel en Sibérie, aux prêtres de ce rit; et lorsque
l'un d'eux était surpris en flagrant délit, ou dénoncé pour infraction à une interdiction si inique, il était immédiatement
livré à la vindicte des tribunaux, qui, lorsqu'il n'était pas de
condition noble, lui faisaient appliquer l'affreux supplice
du knout; s'il était noble, le soumettaient à la dégradation de
sa noblesse et de son sacerdoce, et, stigmatisé de ce double

opprobre, l'envoyait, ainsi que l'autre, aux mines de Sibérie. Là ces infortunés en trouvaient d'autres, comme eux condamnés à la privation de la douce lumière des cieux et à des travaux sans relâche. C'était de malheureux officiers polonais que le sort des armes avait fait tomber aux mains des troupes de Catherine, et auxquels elle faisait expier ainsi le crime d'avoir voulu défendre leur patrie contre l'invasion de ses ennemis héréditaires;c'étaient encore de malheureux propriétaires convaincus ou seulement accusés d'avoir donné asile à quelque prêtre proscrit, et d'avoir prêté quelque réduit de leur maison aux charitables exercices de son sacré ministère, en faveur de ses ouailles restées fidèles. Combien de soupirs sont montés, du fond des mines de Nertchensk, au ciel, et de combien de larmes n'ont pas été trempées les galeries souterraines de cet affreux séjour, pendant que la meurtrière de son époux et l'usurpatrice de son trône se livrait aux ignobles plaisirs de sa vie dissolue ! »

Que d'effrayants secrets d'état, que de lamentables histoires la Sibérie pourrait raconter ! que de spectres menaçants doivent rôder autour de l'Autocrate, au milieu de son sommeil ! Comprenons-le par Kotzebue, que Paul fit saisir sans jugement aucun, sur le soupçon d'un pamphlet écrit contre lui, et transporté d'un trait à Tobolsk ; par ce ministre qu'Alexandre venait de combler de politesses dans son cabinet, et qui trouva à la porte du palais, un téléga prêt à le transporter comme le poëte allemand ci-dessus, sans même lui accorder un instant pour dire adieu aux siens ; par cette dame de qualité, qui, au rapport de M. May, prise en costume de bal, au premier pas qu'elle faisait dans la rue pour se retirer d'une réunion, fut déportée à l'instant, resta douze ans exilée, sans avoir jamais su pourquoi, fut rappelée enfin, avec ordre de dire qu'elle avait passé le temps entier dans ses terres ; par ce commerçant, qui, il y a peu de jours, à Pétersbourg, pour avoir fermé son magasin et avoir ainsi causé quelque rumeur, a été, lui aussi, transféré aux bagnes, bien qu'un boyard l'eût forcé subitement de lui rembourser une forte somme, motif de sa faillite (1). Les circonstances de ce genre abondent en Russie.

Mille fois les chemins de l'Asie ont été couverts de braves Polonais, allant chercher sous escorte, une tombe dans les steppes glacées. En 1839, le Czar a cru découvrir une conspiration, dans l'irrésistible frémissement de quelques jeunes fils des anciens chevaliers varsoviens, et de nouvelles fournées de ces forçats généreux allaient, sur les traces de tant d'autres enfants de ce royaume humilié, traîner dans les mines sépulcrales le boulet et la brouette autocratiques.

« A chaque pas que je fais ici (en Russie), s'écrie M. de Custine, je vois se lever devant moi le fantôme de la Sibérie, et je pense à tout ce que signifie le nom de ce désert politique, de cet abîme de misère, de ce cimetière de vivants ; monde des douleurs fabuleuses, terre peuplée de criminels infames et de héros sublimes; colonie sans laquelle cet empire serait incomplet, comme un palais sans cave. »

Pas de livre consciencieux écrit sur la Russie, où l'on ne trouve des lamentations sur des scènes dont les voyageurs ont été témoins sur la route sinistre de la Sibérie. Telle est ce passage des *Révélations sur la Russie, par un Résident Anglais* ; il parle des prêtres Polonais :

« Des centaines d'hommes pieux, objet des respects et de la vénération de leurs paroisses, se traînent maintenant avec des fers aux pieds, la tête à moitié rasée, et portant le grossier vêtement bicolore ; enchaînés deux à deux, ils poursuivent leur fatigant voyage de Sibérie, qui ne prend pas moins de deux années, et tombent chaque jour expirants sur la route, sans être pleurés, sans être plaints. Beaucoup d'entre eux portent le germe d'une mort inévitable, leur corps ayant été

(1) On sait que le boyard a été mis à l'amende de 15,000 roubles, et exilé dans ses terres.

affaibli et leur constitution brisée par les cruelles injures du plitt (espèce de knout). »

On lit dans le *Voyage en Sibérie* de Gmelin :

« Ce que les voyageurs avancent du froid qu'on ressent en Sibérie n'est point exagéré ; car à la mi-décembre il fut si violent que l'air même paraissait gelé ; le brouillard ne laissait pas monter la fumée des cheminées ; les moineaux et autres oiseaux tombaient de l'air comme morts, et mouraient en effet, si on ne les portait pas sur-le-champ dans un endroit chaud. Les fenêtres en dedans de la chambre, en vingt-quatre heures étaient couvertes de glace de trois lignes d'épaisseur... On raconte même qu'il y eut un hiver où le froid fut à un tel degré qu'un Vayvode en allant de sa maison à la chancellerie, qui n'en était éloignée que d'une centaine de pieds, quoiqu'il fût enveloppé dans une longue pelisse et qu'il eût un capuchon fourré qui lui couvrait toute la tête, eut les mains, les pieds et le nez gelés... Le même savant rapporte que M. de La Croyère, qui avait pris une direction différente pour ses observations scientifiques, eut tous ses instruments météorologiques gâtés par le grand froid ; en sorte qu'il ne lui restait plus aucun de ses meilleurs thermomètres, les ayant tous emportés avec lui pour n'en pas manquer dans les lieux où il comptait pouvoir surprendre le froid presqu'à sa véritable source.

» Ce qu'il y a de plus remarquable peut-être, écrit encore l'abbé Chappe, qui était allé observer la planète Vénus passant au-dessus du soleil, dans cette région, surtout pour un étranger, c'est le froid, qui prive de toutes choses un pays de quatorze cents lieues de longueur sur cinq cents de largeur: cette vaste étendue ne présente constamment qu'un sol triste, désert et dépouillé, où les terres sont alternativement couvertes de neige et inondées par le débordement des grands fleuves qui se glacent dans leur course impétueuse ; où le printemps même est hérissé de brouillards épais qui se gèlent avec l'haleine des voyageurs ; où les sapins en été n'offrent qu'une verdure sombre et pâle, dont la tristesse qu'inspire leur aspect est encore augmentée par un long gémissement des vents qui sifflent à travers leur feuillage ; où les bords des fleuves et de la mer ne sont parsemés que de branchages morts et de troncs déracinés. »

En 1814, des missionnaires catholiques consolaient

encore et soutenaient les malheureux exilés Sibériens, par leur zèle apostolique. C'était trop de douceur. Les proscrits, pour les czars, sont des damnés à qui ils ne laissent que la désespérance. Les lignes ci-après que j'ai là parmi des documents nombreux, vont nous admettre à une des confidences sans nombre que connaissent chacune des bruyères , des mousses , des roches, des glaces de cette latitude inclémente. C'est un missionnaire qui écrit. Il relate d'abord des calamités générales , des myriades d'insectes qui ravagent les champs et empoisonnent l'air; la peste avec son cortège d'horreurs. Il termine ainsi :

« Il me reste à demander pardon pour des dépenses que j'ai faites. Comment agir? Quelle règle observer lorsqu'un malade meurt faute de pain, sort de l'hôpital sans chemises? Qu'auriez-vous fait si vous aviez rencontré le fils de M. le comte Potocki sans bas, sans souliers, sans culottes, sans chemises? Pourrait-on me reprocher d'avoir demandé son mouchoir à la première dame que je rencontrais, ses bottes à un cosaque, sa chemise à un autre? Mille cas semblables se présentent. Depuis pâques je suis sans argent, et je dépense par mois trois cents roubles. Grâce à la divine Providence, je n'ai pas de dettes. Personne ne serait resté en vie pour porter de nos nouvelles en Pologne ; mais j'ai fait instance auprès du Général, et, quoiqu'il n'y ait ici aucune troupe pour les remplacer, il vient d'envoyer par une estafette ordre de faire partir de suite tous les Polonais de Mozdok, les malades même sur des voitures. Quels douloureux adieux je vais recevoir! j'en reçois de plus consolants des moribonds qui, au moment de rendre l'âme, tournent encore les yeux vers moi, comme s'ils voulaient me dire : « A vous revoir dans le ciel, mon cher père. »

Mais dans la Sibérie, si tout exil est une sépulture, toute translation un long trépas, comment représenter ces domaines ténébreux, les mines, où sont descendus à cinq cents pieds sous terre, pour ne plus voir la lumière du soleil, les malheureux parias de l'autocratie! Là jamais on n'aperçoit le lever de la riante aurore, les rayons de pourpre qui colorent le couchant; l'obscurité devant vous, au-dessus de vous, partout l'obscurité : on y devient les fils de l'ombre et des ténèbres. La colère du Czar a scellé l'entrée de ces abîmes noirs, où le silence n'est interrompu que par le pas du condamné, par le bruit répété de la pioche coupant le minerai! Pleurez, pauvres désolés, vos larmes baigneront la roche insensible! Blasphêmez, le rire démoniaque des gardiens vous raillera. La Sibérie!.. Malheur! vivre et être retranché du nombre des vivants! sentir une voute épaisse comme la hauteur d'une montagne peser sur vous! O Sibérie, tu es pleine de désespoir et de rage!.. Mon Dieu, faites descendre vos anges dans ces ténèbres extérieures de la terre!

CHAPITRE IX.

Commerce, Industrie, Science, Littérature, Beaux-Arts.

Pierre Ier, ce réformateur de serre-chaude, en voulant brusquement greffer la civilisation européenne sur la barbarie asiatique de la Russie, a bien pu presser la végétation nouvelle que sa main téméraire associait à la végétation ancienne; mais l'orgueil et le défaut de réflexion et de conseils, l'empêchèrent de voir que des bases disparates n'adhèrent pas toujours ensemble, et que leur union, quand elle est possible, demande au moins un délai. Pierre força tout, parce qu'il voulut tout faire en peu de jours, comme si l'homme atteignait à la puissance de Dieu; et l'œuvre du czar devint un monstre, autant par l'excès de la précipitation que par l'absence du catholicisme, cette chaleur fécondante, sans laquelle une nation ne peut grandir et répandre au milieu d'elle les prospérités qui lui viennent de cette source intarissable de vie, que le ciel alimente par son infinité. Où en est la Russie, cette contrée où la terre ne manquera jamais aux habitants ? Elle n'a point de croyance solide, la foi étant une lumière pour l'âme, non quelques signes extérieurs qui sont uniquement un jeu pour les sens. Elle n'a point de doctrine, son clergé étant inféodé au despotisme et à l'altération de la vérité. Elle n'a point de morale, les grands ne voyant pas des égaux dans leurs semblables, autant devant les lois divines que devant les lois humaines. Elle n'a point d'avenir, parce que l'abrutissement n'empêchera pas les esclaves de se lever un jour, et dans les rugissements de leur colère, de faire des boyards un carnage semblable à celui dont l'histoire de Babylone nous a transmis le souvenir, sous le nom de *Magophonie.* Elle n'a point de passé, parce qu'un passé sans vertu, sans sainteté, sans véritable gloire militaire et artistique, n'est qu'un état de barbarie, n'ayant d'appui à donner à la civilisation que pour la repousser et la rendre impossible. Quant au Czar, le moteur de la grande machine russe, l'homme qui se fait *adorer,* sans lequel tout reste délabrement, il aura sa large part de ce qui lui revient dans l'ordre de la justice inévitable de la Providence : seulement c'est surtout au tribunal de Dieu que sa responsabilité entendra les éclats des foudres qui, comme les siennes, ne sont pas limitées par le temps et par l'espace. Continuons la démonstration de ce qui précède par l'exposition des faits.

Jusqu'ici le nom de citoyen n'est pas sorti de notre

plume : comment désigner ainsi un seul individu vivant sous un régime autocratique ? A-t-il des droits le noble ; ont-ils des droits le marchand, l'artiste que le Czar peut dépouiller de leur nom, de leurs biens, de leur famille ; qu'il peut mettre à mort sans recours aucun en faveur des malheureux proscrits? La désignation de citoyen, pour indiquer un habitant de la ville, serait donc un mensonge : là ou l'arbitraire , et l'arbitraire de la tyrannie est la loi suprême, il ne se trouve que des esclaves, diversement parqués, il est vrai, mais enfin des esclaves. On peut donc se figurer ce qu'est dans l'empire du Nord la bourgeoisie. La noblesse a seule le droit de posséder des terres. Les commerçants ne peuvent avoir que des maisons, avec des dépendances à l'usage de leur industrie. La loi ne partage pas également les avantages à tous les bourgeois ; le négociant de la première classe ou première guilde a la pleine faculté d'être armateur, d'établir des usines et des manufactures. La seconde classe jouit de la faveur de monter des fabriques , mais ne peut avoir que de simples bateaux. Ces deux catégories peuvent atteler deux chevaux à leur voiture. La troisième guilde comprend les petits marchands et les industries secondaires de toute espèce. Elle n'a le droit que de mettre un cheval à sa voiture. On sait qu'elle n'est pas à l'abri du knout et des autres peines corporelles. La première classe de ces marchands n'arrive pas à mille. La seconde est évaluée à dix-huit ou dix-neuf cents ; la troisième à trente-sept mille et deux ou trois cents, sur lesquels plus de trois mille serfs trafiquant avec l'autorisation de leurs maîtres. En tout environ quarante mille marchands , pour le plus vaste état de l'Europe. Beaucoup de personnes, de celles surtout qui ont des sympathies stupidement intéressées pour le Czar,

connaissent-elles cette statistique infime? De plus , ces
commerçants, ces fabricants sont en majorité des étrangers et des juifs. Beaucoup d'Allemands s'occupent des
transactions générales. Les usines sont dirigées par des
Anglais. Ainsi l'industrie et le commerce n'existent qu'à
un état précaire, et les hommes qui l'exploitent ne sont
pas Russes. Et d'où viendraient à ce peuple courbé ,
broyé par le poids éternel d'une autocratie ombrageuse,
les nobles ambitions, la prodigieuse activité, l'émula-
tion exemplaire qui existent chez les autres nations
occidentales ? Est-ce seulement de richesses que l'homme intelligent a faim et soif? Ne sent-il pas le besoin
d'être pour sa part dans le fonctionnement moral de
la cité et de l'état? Mais en Russie, le marchand est
toujours marchand ; la carrière des honneurs, des distinctions lui est fermée. Point de charges impériales
à attendre; mais le dédain et les tromperies de la noblesse, qui prend et ne paie pas toujours, qui emprunte
et souvent ne rend pas. En outre, les hommes de valeur
qui se rencontrent parmi les serfs, peuvent-ils être sti-
mulés à embrasser le négoce, quand ils y sont autori-
sés encore, lorsqu'après un gain considérable réalisé,
le maître peut venir et dépouiller l'homme plante,
l'homme machine qui est sa chose ? Les gens de commerce ne jouissent pas des agréments de la société;
ils ont leur chez soi, c'est tout : c'est leur sphère, et
comme elle est étroite, elle reçoit peu de personnel et
contribue à rabougrir les sentiments et les idées.
Qu'est-ce que l'homme qui n'a pour répertoire de conversation que ces mots : *doit* et *avoir*? S'il ne sait de
temps à autre déserter son comptoir, pour se mêler
aux affaires publiques, pour respirer l'air propre à la
vie intellectuelle, vous ne trouverez à la fin chez lui qu'une
ossification automatique, qui fonctionne mécaniquement

où ils sont ruinés ou se ruinent : il en est très peu dont les biens ne soient pas engagés à la couronne : le Czar est leur banquier. Cette statistique détruit les illusions qu'on pourrait se faire sur l'écoulement des produits manufacturés en Russie, pour la partie du luxe surtout. Certaines familles de boyards reçoivent leurs modes de Paris : cet objet n'a pas d'importance. Voilà la Russie commerciale et manufacturière.

Les voies ferrées, qui sont pour l'Europe en général un si prompt moyen de transport et de communication, deviennent, par la difficulté de leur construction en Russie, un nouvel obstacle aux avancements commerciaux. Le sol est peu propre à recevoir les empierrements, à cause de son amollissement en automne et à l'époque du dégel, et en hiver, des quantités de neige qui s'amassent en certains lieux et se durcissent subitement. Les travaux d'entretien seraient énormes. Le débordement des rivières qui s'élèvent parfois à trente-huit pieds au-dessus de l'étiage, nécessiterait l'élévation de la route au-dessus du sol naturel, ce qui est une nouvelle cause de dépense. Il y a bien d'autres raisons qui militent contre l'établissement de railwais en Russie, comme l'abondance des forges pour la prompte réparation des accidents. Rien cependant n'a arrêté l'Autocrate, ni les difficultés, ni l'excès des dépenses ; la ligne de Pétersbourg à Moscou a été exécutée ; les lignes de Pétersbourg à Odessa et de Moscou à Varsovie sont à l'étude. Ainsi seraient réunies les trois capitales de l'empire, puis la mer Noire et la mer Baltique. Personne ne se méprendra sur les vues du Czar dans ces vastes travaux, dont une partie reste encore à l'état de projet. Le commerce n'y est que pour but de second ordre ; les véritables motifs de la conduite de Nicolas, c'est la stratégie, c'est son ambition.

La véritable richesse des Russes, ce sont les produits territoriaux, les céréales surtout, et les fourrures. Archangel exporte pour une valeur moyenne annuelle de seize millions ; il n'importe qu'environ pour 1,450,000 fr. Les ports de la Baltique, Riga, Revel et Cronstadt exportent pour une valeur de quarante millions. Les ports d'Azoff et de la Crimée exportent pour 28,000,000, et l'importation est de 8,000,000 environ. Le port franc d'Odessa a exporté, pour le premier trimestre de 1852, pour une valeur de 16,024,288 f. ; l'importation s'élève à 6,714,628 f.

On évalue le commerce de la Russie en importations ou exportations à une somme totale approximative de huit cents millions. L'Asie entre dans ce chiffre pour cent millions. Un traité commercial entre la France et la Russie a été conclu ; mais il est désavantageux à la première de ces deux puissances, puisque le tarif russe frappe de droits excessifs la plupart des produits manufacturés dans notre pays, ce qui réduit à peu de chose nos importations dans les états du Czar. Ainsi les denrées et autres marchandises tirées de la Russie par la France s'élèvent ordinairement à trente millions, et la valeur de nos échanges ne s'élève que de onze à douze millions.

La Russie, ni par nature, ni dans l'ordre de ses institutions, ne saurait donc être considérée comme nation industrielle ; elle est essentiellement agricole, et quant à cela, sa fortune est immense. Observons-la maintenant sous le rapport directement intellectuel. Puissante par son inclination belliqueuse, par sa soumission due à la crainte, à la stupidité du peuple, la Russie reste dans une incomparable indigence pour les travaux de l'esprit. Comment les trésors de la pensée enrichiraient-ils un peuple où l'on tient si peu compte des prérogatives de l'âme, cette glorification du beau et du juste? La poésie, l'éloquence, les beaux arts en général n'habitèrent jamais sous le régime le plus absolu du sabre. La muse ne déploie pas ses grandes ailes sous un ciel qui ne couvre que des esclaves.

La mère du développement de la science et des arts, c'est l'instruction. Or, pour quoi est tenue l'instruction en Russie? Catherine, qui fut la première à instituer de nombreuses écoles, va nous l'apprendre; le gouverneur de Moscou se plaignait à l'impératrice des difficultés qu'il avait d'attirer quelques élèves dans les établissements d'instruction. Catherine lui répondit : « Mon cher prince, ne vous plaignez pas de ce que les Russes n'ont pas le désir de s'instruire; si j'institue des écoles, ce n'est pas pour nous, c'est pour l'Europe, où *il faut maintenir notre rang dans l'opinion;* mais du jour où nos paysans voudraient s'éclairer, ni vous ni moi ne resterions à nos places. » Trouve-t-on l'aveu assez naïf? Aussi aujourd'hui, comme sous Catherine, plus de quarante millions de serfs croupissent dans une crasse ignorance, par suite du système autocratique. Sur les vingt millions d'esclaves de la couronne, 18,700 élèves seulement fréquentent les écoles des villages. Dans tout l'empire, moins la Pologne, l'ensemble des écoliers n'excède pas 300,000. Quelle éloquence dans ces chiffres! Les classes prétendues libres participent donc presque exclusivement à l'enseignement; mais la science qu'elles acquièrent dans les écoles impériales sont incomplètes et sans profondeur. Bien dupe qui se fierait aux dénominations pompeuses d'académies, d'instituts, d'établissements de tout genre d'enseignement, que les Czars entretiennent pour *maintenir en Europe*

leur rang dans l'opinion. C'est une démonstration si évidente pour le pouvoir autocratique, que les lumières
abaisseraient son action toute d'arrangement et non de
principe, que l'impulsion donnée à la science par Elisabeth et par Catherine II, émurent Alexandre, à la fin
de sa vie, et que croyant voir partout des symptômes révolutionnaires, il sembla avoir à cœur de défaire
tout ce qui avait déjà été fait dans un but philomatitique. La couronne n'envoya plus des jeunes gens étudier à l'étranger. Les meilleurs établissements publics
consacrés aux études dépérirent. Nicolas signala le commencement de son règne par plusieurs fondations académiques et scientifiques ; mais bientôt revenant sur
ses pas, il réglementa l'enseignement d'après son système de concentration de pouvoirs, et l'étouffoir impérial
s'étendit sur les écoles aussi bien que sur tout ce qui a
vie dans l'empire. Une censure impitoyable harcela dès
ce jour les hommes d'intelligence, et le talent exposa à
l'exil aussi bien que toute autre infraction aux résolutions compressives et inquiètes du Czar. Nous citerons
un fait : Pouskine, le seul poète d'un vrai mérite du
règne de Nicolas, était mort des suites d'un duel. L'empereur, qui avait eu son chantre, voulut paraître le
pleurer : il lui décerna de pompeuses funérailles. Un
jeune homme inspiré par un exemple auquel il ne voyait
personne d'insensible, loue la munificence impériale
encourageant ainsi les lettres. L'éloge de Pouskine
vient ensuite. L'enthousiasme du jeune fils de l'art va
jusqu'à entrevoir pour lui un avenir... un appui dans
le fils du Czar... Insensé ! Chanter la gloire du génie;
annoncer sa célébrité future... sous le sceptre de Nicolas ! Et il reçut un ordre secret qui l'envoyait au
Caucase, « cette succursale adoucie, a-t-on dit, de l'antique Sibérie. »

« Dans les instituts du gouvernement, rapporte un voyageur, règne une grande impéritie. Des maîtres de tous genres y sont entassés : chacun à son tour y professe machinalement les connaissances qu'il prétend posséder, et ne s'inquiète guère que ses élèves en retiennent quelque chose. Ceux-ci ont les oreilles tellement rebattues de leçons hétérogènes, qu'ils finissent par en devenir hébétés. L'enseignement mutuel de la débauche est le seul qui fasse de véritables progrès ; la surveillance est si molle et si lâche! Aucune sollicitude ne fait sentir son influence; nul regard expérimenté, sage et capable d'imposer ne se porte sur ces établissements, qui, dérigés par d'habiles mains, pourraient devenir une source de prospérités pour l'état. Les Russes ont vu des universités dans le reste de l'Europe, il leur a fallu des universités ; mais à quelle administration sont-elles confiées ! Quelle distance morale sépare ces instituts de notre école polytechnique et de nos principaux colléges ! Il est à croire que nous conserverons longtemps notre immense supériorité sur ces prétendus Français du Nord, qui ne savent nous imiter que dans le ridicule. »

Il n'est pas jusqu'à la science médicale, si perfectionnée dans les autres états, qui ne demeure en Russie, dans une déplorable inertie. Les hommes d'une certaine valeur dans la médecine sont très-rares, et à Pétersbourg on n'est pas toujours sûr, au besoin, de se procurer leur ministère. Dans les petites localités, les médecins ne sont que des empiriques, partageant généralement avec des sorciers, non le produit d'ordonnances et de remèdes, mais de philtres, donnés de concert aux pauvres malades, et autres machinations de l'ignorance et de l'imposture. Beaucoup de docteurs allemands vont faire à Pétersbourg une fortune assurée. Les visites des médecins en réputation se paient alternativement vingt-cinq et cinquante roubles. C'est l'usage que les saignées prescrites aux malades soient l'office des barbiers. Mais si d'un côté on constate tant d'indigence, on vante beaucoup, de l'autre, le jardin de botanique, près Pétersbourg : des Allemands y tiennent parfaitement les serres, et la collection de cette flore universelle supposerait un tout autre corps médical.

Point de science quelque peu étendue donc en Russie, et d'après ce précédent, quels chefs-d'œuvre aurait pu produire une littérature sans érudition et reglementée en outre par le servage? Vingt ou vingt-cinq noms sont à peine cités dans le répertoire des belles lettres moscovites, prosateurs ou poètes, qui les uns et les autres n'offrent rien d'original, et n'ont fait chacun qu'imiter quelqu'une des célébrités de l'Europe.

Sans examiner ici les vues des francs-maçons, qui avaient fondé à Moscou, avant 1789, une *Société typographique*, achetant toute espèce d'écrit et de traductions, on ne voit pas l'influence qu'a exercé ce genre d'encouragement pour la production d'ouvrages estimés. D'ailleurs, à l'époque de la révolution française, Catherine détruisit, par crainte des idées occidentales, toutes les associations scientifiques qui lui portaient ombrage. Jusqu'à l'avènement des Romanoff, la littérature russe n'avait produit que des chroniques et des contes vaporeux, comme le climat du Nord, dans les cloîtres où les lettres se réfugièrent pendant la domination mongole. Mais comme la protection prêtée aux écrivains par les empereurs n'avait pas la nationalité pour base, ceux-là ne surent qu'imiter d'assez rares productions. Après quelques jolis écrivains de fables, de pièces lyriques, de causeries et de romans de mœurs, quatre plus imposants se présentent : Karamsin, qui a composé l'histoire de Russie ; Lamonosoff, qui a traduit plusieurs auteurs grecs et latins; Schukowsky, qui reproduit le genre allemand, et Pouskine, qui affecte le *faire* de Lord Byron.

Quelle pauvreté littéraire, comparativement à toutes

les autres nations de l'Europe ! Et la Russie outrage ignominieusement tout ce qui n'est pas elle ! Elle a osé se promettre, elle, le pays de l'esclavage, le pays de l'impuissance intellectuelle, d'attacher à son char les nations de qui elle a tout reçu. Elle en veut en particulier à la France, la plus vivace d'entre elles, et celle où elle sait qu'il y a le plus de nationalité, parce qu'il s'y trouve une littérature incomparable. La patrie qui a produit Pascal, Bossuet, Châteaubriand, et tant d'autres soleils de la pensée, offusque l'ambition moscovite. Elle est sûre de rencontrer dans ce peuple une résistance puisée dans un passé glorieux, dans la conscience d'un avenir non moins grand, enfin dans l'exubérance d'énergie que communique la vieille foi catholique, principe des sublimes inspirations. Comme on le pense bien, les précieuses épaves littéraires qui nous sont venues de l'antiquité, à travers le naufrage des temps, ne sont que peu connues en Russie, et ne sauraient y être évaluées comme beautés du premier ordre. Les talents, pour devenir appréciateurs et pour s'épanouir, ont besoin de protection ; là tout concourt à les étouffer. A quoi bon, se dit-on alors, se fondre en efforts pour n'aboutir qu'à d'inutiles et dangereux résultats ? L'intelligence ouvre-t-elle la carrière des récompenses, des honneurs ? Nullement ; si elle est trop hardie, elle ouvre les prisons. Voit-on beaucoup d'écrivains décorer leur poitrine de l'étoile du mérite, orgueil des savants des autres pays ? Non, tout au plus laisse-t-on assez de latitude pour la diffusion de la science matérielle ; encore faut-il observer que son étude supérieure est un privilége, et qu'elle est essentiellement cultivée sous le point de vue stratégique.

Celui qui visite les cabinets, les collections, les musées, les bibliothèques de Pétersbourg et de Moscou, pourrait croire à la supériorité scientifique des Russes. Mais chez ce peuple, tout n'est-il pas fausse apparence, mystification, vanité? Riche en mines aux souvenirs trop célèbres, il en étale fastueusement les substances combinées, dans lleur innombrable variété. Il entasse dans ses palais des montagnes de livres précieux, pour combler sans doute le vide laissé dans l'empire par l'absence des doctes esprits. Il a enrichi des musées considérables de curiosités étrangères, d'antiques, d'objets d'art; mais ces amoncellements de richesses artistiques ou d'érudition ont été acquises par des monceaux d'or et n'émanent point des enfants de la Russie. Et par tout cet amas de trompeuses splendeurs, ce sont les czars qui cherchent à l'emporter en magnificence sur les autres princes, et qui veulent éblouir le voyageur pour l'empêcher de découvrir la rouillure qui dépare le œolosse. Le jugement discerne là l'amour-propre des autocrates du culte de la patrie et des beaux arts.

Dans les salons russes vous trouverez les usages du monde; mais on y lit peu, parce qu'on y pense peu. L'existence y est brillante, mais monotone et automatique, comme dans les dernières classes. Ainsi l'ordonne le Czar. Le sentiment du grand manque partout, et la haute société, malgré le goût de la dépense dont elle fait ostentation; malgré le luxe de ses résidences, n'en a pas plus pour cela la conscience de la perfectibilité artistique. En l'absence de l'empereur, la société parle souvent français. Elle se pique de connaître notre littérature; mais généralement elle en est encore à Paul de Koch et *tutti quanti*. Toutefois, les dames, dont le goût est plus épuré que celui des hommes, lisent maintenant nos bons auteurs et les recherchent même avec quelque avidité.

Des deux théâtres de Pétersbourg, l'un représente la plupart de nos pièces françaises et des pièces allemandes que la censure ne défend pas; des acteurs des deux nations y jouent alternativement. L'autre salle est affectée aux ouvrages originaux ou traduits. Le choix des pièces empruntées à l'étranger laisse à désirer; on s'empare d'une farce, d'un drame des boulevards, de préférence à une œuvre de maître. La scène russe n'a d'éclat que par les artistes divers qui lui viennent de France, d'Allemagne ou d'Italie. L'art ne saurait pas plus faire exception pour les acteurs que pour les littérateurs. On vante pourtant les chœurs de la chapelle impériale, en fait de musique, et on y signale de très-belles voix; mais ce qu'il faut dire aussi, c'est que les chants grecs d'autrefois, remaniés par des musiciens romains appelés en Russie, il y a un siècle, ne doivent nullement leur solennité et leur mélodie à des artistes indigènes. Ce sont les Tamburini, les Taglioni, les Boïeldieu, les Weber, les Auber et nos autres grands compositeurs ou chanteurs, qui ont arraché jusqu'ici des larmes aux assistants, par le pathétique des partitions, ou qui les ont ravis sur les ailes diaprées d'une harmonie suave; on attend encore une illustration théâtrale en Russie.

Étrangeté d'un pays où la convention prend la place de la raison des choses! Un acteur sera facilement décoré à Pétersbourg des premiers ordres de l'état, quand le guerrier intrépide, le laborieux érudit auront à peine ou n'auront pas du tout à leur habit le plus modeste des rubans. D'un autre côté, la manie des tableaux qui tient tant de gens, a pour résultat, chez les Russes, de leur faire acheter chèrement de médiocres copies prises pour des tableaux de maître.

Malheur à la contrée où la pensée du souverain ne

ne naîtra pas de la conscience nationale, et où cette dernière sera en désaccord avec les sentiments du monarque; cette contention aboutira à l'irrégularité, et rien de ce qui sera fait ne portera l'empreinte de la perfection. C'est ainsi que Pétersbourg, capitale d'un homme, n'est pas celle d'un peuple. «Pétersbourg est russe, a dit Nicolas lui-même; ce n'est pas la Russie. » En effet, les monuments grecs et romains qui décorent cette cité, restent dépaysés sur ce point du continent : leurs proportions, au sein de cette plaine où pas un monticule ne borne l'horizon, se trouvent écrasées par l'incommensurabilité de la scène. Pierre Ier voulait *la mer à tout prix*, et c'est ce qui lui fit commettre le contresens gigantesque d'élever une ville reine dans un marais. La somptuosité de Pétersbourg ne l'a pas rendue plus sacrée aux éléments, qui la sapent et la corrodent sans cesse. Les Czars ont sacrifié des sommes inimaginables, dans ces quais de granit , dans ces remparts qu'il faut réparer sans cesse, dans ces palais qui sans restaurations ne résisteraient pas un demi-siècle à la rigueur du climat. Mais que leur faisaient ces dépenses ? Leur pensée fixe n'était-elle pas Constantinople, en espérance leur capitale prochaine ? Ils ont donc été de tout temps prêts à l'abandon de ce camp de pierre dure et de marbre du nom de Pétersbourg.

« La capitale russe, dit Bremmer , a rempli l'univers d'étonnement par la rapidité de sa construction ; doit-elle l'étonner encore davantage par la rapidité de sa chute ? Le fier monarque du Nord entendra-t-il répéter de sa résidence bien-aimée, ce qui fut dit au Prophète, au sujet de la citrouille, dont la vue le réjouissait : «Une nuit l'avait vue naître ; une nuit la vit périr. »

J'ai parlé des monuments de Pétersbourg, dont le style d'emprunt confirme ce qui a déjà été avancé sur cette Russie plagiaire, qui, depuis qu'elle a commencé à faire du bruit en Europe, n'a rien su tirer de son fond particulier. Des lignes droites, des angles droits, voilà l'architectonie des construcions russes sans jamais interrompre l'uniformité : les dessinateurs de monuments, comme tout le reste, sont dans l'empire, des soldats de plomb alignés au cordeau. La magnificence prétentieuse de leurs constructions n'annonce ni la perfection, ni l'originalité, ni le génie ; elle ne parle que de la règle et du niveau autocratiques. Cette règle et ce niveau ont été les ordonnateurs des édifices, l'art et la nation n'y servent que d'encadrement. Aussi ces façades, ces intérieurs de plâtre dorés, de peintures et de porphyre, présentent-ils plus d'ornements que d'architecture. De plus, c'est à des étrangers que ces œuvres d'art doivent leur confection. La statue de Pierre Ier, vantée outre mesure, et qui n'est pas sans reproche, est de la main d'un Français. Un Français, M. Ladurnère, est le peintre militaire de Nicolas. La colonne d'Alexandre, véritable merveille monolithique, puisque, monument de granit d'une seule pièce, elle domine la ville et dépasse en hauteur les monolithes de l'Egypte, c'est un Français qui l'a exécutée et placée sur sa base, M. de Monferrant. Ce même architecte a présidé à la construction de l'église de Saint-Isaac, qu'on a parfois la témérité de comparer à Saint-Pierre de Rome. Le vaisseau de cette cathédrale, ses desseins, ses proportions imposent; mais qui a admiré la colonnade du Bernin, la coupole de Michel-Ange, ne peut que sourire à la comparaison. Au reste, la communion grecque bannit les images sculptées et met des conditions à la peinture, rendant cet art sans âme pour toute haute conception. Comment donc établir un parallèle entre les prodiges du ciseau et les sujets représentés en mosaïques au-dessus des cinquante autels de l'église pontificale romaine, et le temple russe ? C'est folie. L'Italien Rochetti présida, il y a cent ans, à l'édification du palais d'hiver, naguère incendié et reconstruit. En sculpture les Russes sont nuls. Un peu plus avancés en peinture, ils n'ont pourtant à présenter, comme valeur, que Orlowski, lequel a su attraper la manière d'Horace Vernet, et qui reproduit avec un incontestable talent les scènes orientales.

Quant aux musées de peinture et de sculpture, celui du palais de l'Hermitage est le seul qui mérite une mention : là se trouvent réunis une foule de tableaux sans valeur ; mais aussi l'amateur y admire, comme au Louvre, d'excellentes pages hollandaises et italiennes. Il y a une salle dite de Rambrandt, où se trouve une suite de tableaux de ce maître ; c'est peut-être le premier trésor de la collection. Claude Lorrain, le Poussin, Mantegna, Giambellini, Salvator Rosa, sont ensuite les plus heureux noms dont les travaux aient été transportés jusque dans ces régions du pôle. Les statues présentent moins de chefs-d'œuvre, malgré les acquisitions faites lors des campagnes de 1814 et de 1815. L'Hermitage possède toutefois une Vénus antique, présent de Clément XI à Pierre Ier. On ne saurait, en outre, comparer l'accroissement des ouvravrages d'art, dans les musées de l'empire moscovite, avec celui des établissements de ce genre des peuples plus policés, obligée qu'est la Russie de tout attirer du dehors de ses frontières.

Les églises, en Russie, sont généralement peu remarquables, quoique Pétersbourg en possède trois ou quatre hors ligne et vraiment dignes du culte. Toutefois, ces édifices pieux s'effacent devant la structure idéale des cathédrales gothiques du reste de l'Europe, et devant l'éclat et les élégantes proportions de Saint-Sulpice, à Paris, Sainte-Marie-Majeure, à Rome. Les temples slaves dépouillés de figures désespèrent par leur nudité, comme aussi, ils ont le désagrément de ressembler presque toujours à une caserne ou à une forteresse. Comme je suis autrement touché à l'aspect des basiliques de Reims, de Rouen, de Florence, de Milan! Comme les décorations bibliques des églises d'Espagne et d'Allemagne parlent plus délicieusement à mon cœur! L'erreur peut bien revêtir de formes extérieures, de fastueuses apparences, les œuvres d'art qu'elle produit, elle n'atteint jamais la hauteur où l'âme a besoin de s'élever. L'erreur, c'est l'opposé de l'idéal, l'antipode d'une poésie grande et divine, quels que soient les signes qu'elle parvienne à représenter avec la pierre, les couleurs, les métaux. Ainsi l'erreur a été greffée sur l'autocratie, laquelle se servant de l'art pour sa vanité, a dû être aussi incapable de sentir le beau que d'en féconder le sentiment sublime. Qu'est-ce que l'art, sinon le libre enthousiasme de l'esprit se pénétrant des grâces, des perfections de la nature, pour reproduire ensuite dans un ordre harmonique les divers secrets qu'il a pénétrés çà et là, les profondes combinaisons qu'il a saisies? Qu'est-ce encore que l'art, sinon l'élan rapide de la pensée, allant puiser jusque dans le sein du Créateur des formes ravissantes qui, provoquent l'étonnement et portent à l'adoratiou? Et où voudrait-on que ce despotisme exorbitant des autocrates puise cet essor supérieur et le propage? Ayant paganisé le pouvoir, ils n'ont pu que pétrifier les travaux de l'esprit. Ce résultat logique découle au même chef de la volition des Czars et de la fatalité inhérente à cette volition. La précision mathématique ne saurait être appliquée aux transports artistiques, non plus que le langage purement philosophique n'est celui qui convient à l'éloquence. L'architecture russe manque de netteté, de correction dans le style, ces qualités ne pouvant se commander et n'appartenant qu'au goût non régenté, non discipliné par la même loi du glaive qui courbe sous son poids un empire démesuré. La prodigalité de colonnes, les clochers innombrables, les perspectives, les façades de Pétersbourg ne font donc pas excuser les défauts de sa structure, où manque l'esprit national, où la monotonie d'un terrain indéfiniment plat affaisse tout, où l'on trouve l'idée d'un seul homme réalisée à travers des dépenses et des difficultés inouïes, mais seulement l'idée et la volonté d'un homme.

« Les magnifiques palais des dieux du paganisme (*Russie en 1839*), ces temples qui couronnent admirablement de leurs lignes horizontales, de leurs contours sévères, les promontoires des rivages ioniens et dont les marbres dorés brillent de loin au soleil sur les rochers du Péloponèse, dans les ruines des Acropolis antiques, sont devenus ici des tas de plâtre et de mortier ; les détails incomparables de la sculpture grecque, les merveilleuses finesses de l'art classique ont fait place à je ne sais quelle burlesque habitude de décorations modernes qui passent parmi les Finlandais pour la preuve d'un goût pur en fait d'art. Imiter ce qui est parfait, c'est le gâter. On devrait copier strictement les modèles, ou inventer. Au surplus, la reproduction des monuments d'Athènes, si fidèle qu'on la suppose, serait perdue dans une plaine fangeuse toujours menacée d'être submergée par une eau à peu près aussi haute que le sol. Ici la nature demandait aux hommes tout le contraire de ce qu'ils ont imaginé ; au lieu d'imiter les temples payens, il fallait s'entourer de constructions aux formes hardies, aux lignes verticales pour percer les brumes d'un ciel polaire, et pour rompre la monotone surface des steppes humides et gris qui forment à perte de vue et d'imagination le territoire de Pétersbourg. L'architecture propre à un tel pays, ce n'était pas la colonne du Parthénon, la coupole du Panthéon, c'était la tour de Pékin. C'est à l'homme de bâtir des montagnes dans une contrée à laquelle la nature a refusé tout mouvement de terrain. Je commence à comprendre pourquoi les Russes nous engagent avec tant d'instances à venir les voir pendant l'hiver : six pieds de neige cacheraient tout cela, tandis qu'en été on voit le pays. »

La nation n'existe en Russie qu'à l'état de régiments soumis à la discipline d'airain de l'empereur. Aussi n'entend-on en tous lieux que le commandement d'un chef, n'aperçoit-on que les traces des exigences d'un chef. Passons de Pétersbourg à Moscou, pour la même étude.

Moscou présente de loin aux regards une véritable forêt de clochers, de flèches, d'aiguilles et de dômes. Ces tours, ces campaniles peints ou dorés accusent quelque chose de bizarre, de fantastique, mais ne manquant pas de poésie, au milieu d'une plaine attristée et peu fertile, dont l'horizon est perpétuellement zébré de lignes blafardes. Les rapports symboliques de ces milliers de minarets chrétiens, surmontés de croix ouvragées à jour, impressionnent agréablement et annoncent la ville *sainte*. A mesure qu'on avance, les toitures des églises se dessinent avec leurs couleurs tranchantes, la variété de leurs desseins, la singularité de leurs découpures mystérieuses : on dirait d'un camp dont les tentes élevées seraient des draperies et des tapis aux teintes chatoyantes rehaussées d'or. Tel est le prestige de cette première vue particulière à Moscou, sur toutes les autres grandes cités. On assure que l'ancienne métropole renferme au moins 400 églises.

La Russie est là, nation orientale, avec une sorte d'originalité; mais encore un peu avant, et le désenchantement ne se fera pas attendre : à une lieue de la ville est le chateau de Pétrowski, fantaisie de Catherine II; c'est une masse carrée singeant le gothique, cet dont l'abohdance des parures ne rachète nullement le mauvais goût. En pénétrant dans les murs de la cité, la déception est complète ; on ne rêve plus des apparitions aériennes de l'Asie ; on retrouve une cité occidentale, mais une cité construite sans ordre, sans art, copie des villes européennes avec les sveltes et fantasmagoriques représentations orientales. Les proportions sont spacieuses ; la finesse d'imagination, la délicatesse, le vrai goût manquent : c'est l'œuvre de la force matérielle, non de la pensée guidée par la grandeur et par le talent ; quelques promenades remarquables, quelques établissements publics réguliers et bien tenus n'infirment point cette assertion. Mais caractérisons Moscou, la vraie capitale de la Russie, le prototype jeté en pierre de la domination des autocrates, en décrivant le Kremlin et l'église de Saint-Basile. Donnons encore la parole au marquis de Custine, dont la plume a trouvé tant de vérité éloquente dans la double peinture de ce temple et de cette citadelle :

« Ce prodigieux monument (le Kremlin), avec ses murs blancs, déchirés, ses créneaux étagés, est à lui seul grand comme une ville. On me dit qu'il a une lieue de tour.

» Héritage des temps fabuleux, où le mensonge était roi sans contrôle : geôle, palais, sanctuaire, boulevard contre l'étranger, bastille contre la ration, appui des tyrans, cachot des peuples : voilà le Kremlin !

» Espèce d'acropolis du Nord, de panthéon barbare, ce sanctuaire national pourrait s'appeler l'Alcazar des Slaves.

» Tel fut donc le séjour de prédilection des vieux princes moscovites ; et pourtant ces redoutables murailles ne suffirent pas encore à calmer l'épouvante d'Ivan IV.

» La peur d'un homme tout-puissant est ce qu'il y a de plus terrible en ce monde : aussi n'approche-t-on du Kremlin qu'en frémissant.

» Des tours de toutes les formes : rondes, carrées, ovales, à flèche aigüe, des beffrois, des tourelles, des vedettes, des guérites sur des minarets, des clochers de toutes les hauteurs, différents de couleurs, de style et de destination ; des palais, des dômes, des vigies, des murs crénelés, percés ; des meurtrières, des mâchicoulis, des remparts, des fortifications de toutes sortes, des fantaisies bizarres, des inventions incompréhensibles, un kiosque à côté d'une cathédrale ; tout annonce le désordre et la violence, tout trahit la continuelle surveillance nécessaire à la sûreté des êtres singuliers qui se condamnent à vivre dans ce monde surnaturel. Mais ces monuments d'orgueil, de caprice, de volupté, de gloire, de piété, malgré leur variété apparente, n'expriment qu'une seule et même pensée qui domine tout ici : la guerre soutenue par la peur. Le Kremlin est sans contredit l'œuvre d'un être surhumain, mais d'un être malfaisant. La gloire dans l'esclavage, telle est l'allégorie figurée par ce monument satanique, aussi extraordinaire en architecture que les visions de saint Jean sont extraordinaires en poésie : c'est l'habitation qui convient aux personnages de l'Apocalypse.

» En vain chaque tourelle a son caractère et son usage particulier, toutes ont la même signification : la terreur armée... Habiter le Kremlin, ce n'est pas vivre, c'est se défendre. L'oppression crée la révolte, la révolte nécessite les persécutions ; les précautions accroissent le danger, et de cette suite d'actions et de réactions naît un monstre, le despotisme qui s'est bâti une maison à Moscou : le Kremlin ! voilà tout. Les géants du monde antédiluvien, s'ils revenaient sur terre pour visiter leurs faibles successeurs, après avoir vainement cherché quelque trace de leur asile primitif, pourraient encore se loger là.

« Tout a un sens symbolique, volontaire ou nom, dans l'architecture du Kremlin ; mais ce qui reste de réel quand vous avez surmonté votre première épouvante, pour pénétrer au sein de ces sauvages magnificences, c'est un amas de cachots pompeusement nommés palais et cathédrales. Les Russes ont beau faire, ils ne sortent pas de prison. Des merveilles de cette effrayante architecture il faut dire ce que les voyageurs disent de l'intérieur des Alpes : Ce sont de belles horreurs. »

Arrivons à l'église Saint-Basile :

« Elle est à coup sûr le monument le plus singulier, si ce n'est le plus beau de la Russie. Je ne l'ai vu que de loin : l'effet qu'elle produit est prodigieux ; figurez-vous une agglomération de petites tourelles inégales, composant ensemble un buisson, un bouquet de fleurs : figurez-vous plutôt une espèce de fruit irrégulier, tout hérissé d'excroissances, un melon cantaloup aux côtes brodées, ou mieux encore une cristallisation de mille couleurs, dont le poli métallique a des reflets qui brillent de loin aux rayons du soleil comme le verre de Bohême ou de Venise ; comme la faïence de Delft la plus bariolée, comme l'émail de la Chine le mieux verni : ce sont des écailles de poisson doré, des peaux de serpents étendues sur des tas de pierres informes, des têtes de dragons, des armures, des lézards à teintes changeantes, des ornements d'autel, des habits de prêtre ; et le tout est surmonté de flèches dont la peinture ressemble à des étoffes de soie mordorée : dans les étroits intervalles de ces campaniles, ornés comme on parerait des personnes, vous voyez reluire des toits peints en couleur gorge de pigeon, en rose, en azur, et toujours bien verni ; le scintillement de ces tapisseries éblouit l'œil et fascine l'imagination. Certes ! le pays où un pareil monument s'appelle un lieu de prière, n'est pas l'Europe, c'est l'Inde, la Perse, la Chine, et les hommes qui vont adorer Dieu dans cette boîte de confitures ne sont pas des chrétiens. Telle est l'exclamation qui m'est échappée en apercevant pour la première fois la singulière église de Vassili. Depuis que je suis entré dans Moscou, je n'ai d'autre désir que d'aller examiner de près ce chef-d'œuvre du caprice. »

... C'est la merveilleuse église de Vassili Blagennoï, dont l'aspect m'avait tant frappé de loin, que depuis mon arrivée à Moscou, ce souvenir m'ôtait le repos. Le style de ce grotesque monument contraste d'une manière par trop bizarre avec les statues classiques des libérateurs de Moscou (1). Dans mes promenades, entreprises seul et au hasard, j'avais pénétré au Kremlin par des portes éloignées, de sorte que l'église à peau de serpent, monument vraiment russe, s'était toujours dérobée à mes investigations. Enfin la voilà devant moi : cette fois j'y entre ; mais quel désenchantement !!... Une quantité de coupoles bulbeuses, dont pas une n'est semblable à l'autre, un plat de fruits, un vase de faïence de Delft rempli

---

(1) Un groupe médiocre en bronze, représentant, sous la figure de Minine et Pojarki, les libérateurs de la Russie, dont ils ont chassé les Polonais, au commencement du XVIIe siècle.

d'ananas tout piqués de croix d'or, une cristallisation colossale : il n'y a pas là de quoi faire un monument d'architecture : celui-ci perd son prestige à n'être pas vu de loin. Cette église est petite, comme toute église russe, à bien peu d'exceptions près ; la flèche informe ne brille que de loin , et malgré l'incompréhensible bariolage de ses couleurs, elle n'intéresse pas long-temps l'observateur attentif : deux rampes assez belles conduisent à l'esplanade sur laquelle l'édifice est construit; de cette terrasse on entre dans l'intérieur, qui est resserré, mesquin, sans caractère (1).

Ce qui vient d'être rapporté sur les deux métropoles autocratiques, peut servir de régulateur pour l'appréciation de l'art dans tout l'empire. A Pétersbourg, des contre-sens, le plagiat, et ce qu'il y a de supérieur conçu par des étrangers. A Moscou, l'association de l'absurde et du terrible, des féeries asiatiques et l'imitation ébauchée de l'élégance européenne. De part et d'autre l'uniformité despotique des czars stéréotypée sur des pérystiles grecs ou des donjons, voilà l'architecture russe ; toujours l'architecture russe.

A Moscou, comme à Pétersbourg, ce furent des architectes étrangers qui donnèrent les plans des monuments. Ici comme là, ils furent les conducteurs des travaux à exécuter, et ces constructions décèlent la rudesse des monarques slaves.

Seulement il faut tenir compte de la comparaison des époques et des influences. Moscou, c'est la ville métropolitaine au temps où les yeux du Czar n'étaient tournés que vers l'Orient. Pétersbourg suppose le voyage de Pierre Ier, et à la fois ses desseins d'a-

(1) Cette œuvre impatientante a causé la perte de l'homme qui l'accomplit. Elle fut commandée en mémoire de la prise de Kazan , l'année 1554 , par Ivan IV, dit poliment le Terrible. Ce prince, que vous allez reconnaître, voulant, sans démentir son caractère, remercier dignement l'architecte d'avoir embelli Moscou , fit crever les yeux à ce pauvre homme, sous prétexte qu'il ne voulait pas que ce chef-d'œuvre pût être reproduit ailleurs.

grandissement sans fin , autant en Europe qu'en Asie.

Cependant ce fut Aristote de Bologne , ingénieur et architecte, qui, sous le règne d'Ivan III (1464-1506), établit à Moscou la première fonderie de canons, en même temps qu'il élevait la belle église de l'Assomption, que l'on remarque encore. Ce temple s'était écroulé plusieurs fois sur les ouvriers ignorants qui y travaillaient, sous les ordres d'architectes aussi inhabiles, quand on eut recours aux artistes de la Péninsule. Marco et Piétro Antonio, italiens aussi, élevèrent, sous le même règne, cette montagne de pierres, cette cité de remparts, de tours, de mâchicoulis, de palais, de cathédrales, qui a nom le Kremlin, et dont les aiguilles , les contours bizarres, accidentés, diversifiés à l'infini, ressemblent à un monde de spectres, à une épopée magique de pierre , sans beauté dans les détails , mais d'un effet d'ensemble à l'extérieur qui fait éternellement rêver , et qui proclame ce bâtiment la merveille burlesque du nord de l'Europe, merveille unique dans son espèce. Ce furent les capacités de l'extérieur qui initièrent les Russes à toutes les connaissances. Toute œuvre monumentale ou essentiellement scientifique est encore aujourd'hui confiée aux soins et aux talents des intelligences de l'étranger.. Il n'est pas jusqu'à des troupeaux et à des bergers expérimentés que le czar Pierre n'ait fait venir de la Saxe et de la Silésie.

La Russie n'est donc rien moins que le pays des arts. L'inspiration se montre si antipathique envers cet empire d'esclaves, qu'il ne s'y est pas produit un seul grand compositeur d'harmonie , alors que la musique est dans toutes les maisons aisées, que les habitants ont l'organisation musicale, de la justesse d'oreille, et qu'ils attirent par les ressources offertes au talent à ce sujet , les maîtres les plus éminents. Field, le premier pianiste du monde , s'était fixé à Moscou. L'ancienne cité des Czars ne possède pas les musées de Pétersbourg; mais le Kremlin en tient lieu. Le trésor , l'arsenal de la forteresse des Ivan renferment des curiosités historiques d'un intérêt piquant. C'est une vraie profusion d'armures, de vases, de bijoux nationaux. Ce sont des couronnes, des trônes, des trophées dans un ordre, une disposition, un encadrement de décors qui ne manquent pas d'orgueil sans doute, mais auquel le sentiment patriotique a aussi présidé.

Depuis la couronne de Monomaque, laquelle lui fut apportée de Byzance à Kief, en 1116, jusqu'à celle du dernier souverain décédé, toute une constellation de diadèmes est étalée dans une vaste enceinte, sur des coussins splendides, soutenus par des piédestaux. Parmi cette irradiation de bandeaux de rois et d'empereurs, figurent les couronnes des royaumes de Kazan, d'Astrakan, de Géorgie, de Crimée, de Sibérie même, de Pologne enfin. La couronne impériale domine, comme une planète supérieure, autour de laquelle gravitent ses inférieurs ou satellites. Des diamants d'une extrême grosseur irisent tous ces cercles d'or ; mais les pierreries qui rehaussent les diadèmes de Pierre Ier, de Catherine Ire, d'Elisabeth, sont d'un prix inestimable.

Les trônes de chaque souverain rangés autour des murs, sont élevés sur des estrades , du haut desquelles leur richesse se déploie : par intervalles éclatent des globes impériaux, des sceptres ; puis ce sont des vases aux fines ciselures, des coupes ornées de perles, des épées, des armures, des étoffes d'argent et d'or, des tapisseries, des broderies rares , des verreries et des cristaux importés de toutes les contrées. L'intérieur du Kremlin n'enserre pas seulement les siéges des souverains moscovites, mais les caparaçons de leurs coursiers, leurs habits de parade, leurs meubles précieux. Comme le bouclier victorieux des généraux antiques, dans les temples; comme les dépouilles des Perses au Parthénon; là se trouvent les reliques guerrières de la nation,: le casque d'Alexandre Newski, la chaise où était porté Charles XII à Pultawa. Les chars de cérémonie des empereurs et du dernier patriarche occupent une partie du rez-de-chaussée du palais renfermant le trésor.

Mais après le premier éblouissement produit par cet entassement de magnificences historiques, on évoque tour à tour les personnages qui occupèrent ces fauteuils, qui ceignirent ces couronnes, qui se couvrirent de ces armures ou firent ce butin sur l'ennemi, et l'on recule épouvanté de voir à quoi se réduisent ces beaux titres dont l'orgueil est flatté, l'éclat de grandes victoires terni par la mort qui laisse enfin à découvert la vie des mauvais princes, et des héros qui ont oublié dans leurs insultants triomphes que Dieu seul est grand. Hideux et pâles monarques, qui nous apparaissez tels que le trépas vous a faits, passez, passez les uns après les autres, en baissant la tête, en vous déchirant les flancs de désespoir, en suant le sang par tous les pores, en indiquant du doigt et avec effroi, dans votre délire, la vérité qui vous poursuit et vous terrifie, elle que vous foulâtes autrefois sous les pieds de vos cavaliers ! Passez, passez, troupe des autocrates et de leurs acolytes, dont aucun n'eut l'âme et le cœur de ce sénat de majestés françaises, desquelles le ciseau et la palette font revivre les images bénies dans les galeries de Versailles; phalange de princes, de généraux, de soldats, de saints, d'évêques, de docteurs, de savants, de poètes, d'écrivains, d'artistes, de gloires et d'illustrations de tout genre, si solennelle et si compacte, qu'on ne peut en énumérer les têtes, mais qu'on salue, qu'on admire, qui fait croire à la vertu, qui rapproche de Dieu; tandis qu'à vous observer, ô célébrités moscovites, ainsi que l'éclosion de votre société dans le passé et dans le présent, on se sent porté au blasphême, au scepticisme, à la désespérante doctrine des Spinosa et des Proudhon!

Si donc la Russie a produit quelque chose de considérable en matière d'art, outre la copie imparfaite, le plagiat prétentieux, elle n'a enfanté que des monstres : tant il est vrai de dire que les arts sont la reproduction rigoureuse des idées, des aspirations d'un pays. Cet amas de couronnes du Kremlin a son symbolisme particulier, c'est celui de la domination des autres peuples, représentée par le diadème impérial s'élevant au milieu et au-dessus des diadèmes secondaires. Moscou, Pétersbourg réunissent des monuments considérables, chacun dans leur spécialité; mais le souffle inspirateur du beau n'a point gonflé la poitrine ou rafraîchi le front des hommes qui les ont conçus. Toute la vanité, tout l'or des Ivan, des Romanoff, n'a pu faire surgir un le Bernin, un Bramante, un Philibert Delorme, un Soufflot; ils n'ont pu faire éclore un Michel-Ange, un Raphaël, un Mignard, un Ribeyra; ils n'ont pu donner l'être à un Mozart, à un Beethoven, à un Talma, à un Duprez; ils n'ont pu échauffer l'imagination d'un Milton, d'un Camoëns, d'un Lamartine, non plus qu'allumer, comme par un éclat de la foudre la parole de ces majestés de l'éloquence, de la poésie, de la méditation, qui s'appelèrent Corneille, Bossuet, Bonald. L'inanité, le vide, le néant partout; car ce qui n'est pas le produit du génie, la filiation du noble et du grand, ne mérite ni l'enthousiasme des contemporains, ni l'assentiment de la postérité. Les travaux des hommes d'élite doublent leur valeur de siècle en siècle;

les œuvres vulgaires, si elles survivent quelque temps, perdent chaque jour un peu de leur crédit, jusqu'à ce que l'oubli les dévore sans pitié.

Nous le redirons encore, nous le répèterons sans cesse, c'est le catholicisme qui a manqué à la Russie. Ce feu surnaturel de la foi était seul capable de fondre les frimas intellectuels du royaume des Autocrates, et de le doter, comme les autres contrées de l'Europe, des présents miraculeux de la science et des arts. Jamais, sans lui, jamais l'Italie, la France, l'Espagne, l'Allemagne n'auraient possédé les prodiges du pinceau, du ciseau, comme les trésors littéraires qui leur appartiennent respectivement. La réformation de Luther coupa les ailes aux conceptions poétiques. Otez le catholicisme, l'art se meurt d'inanition, il étouffe, privé d'air et d'espace. Le protestantisme est forcé de se faire catholique en matière de sculpture, de peinture, de littérature : hors de ce centre infini d'inspiration, de cette sphère idéalisée de l'espérance, de l'amour, de la sensibilité, livres, statues, tableaux, tout est froid et sans mouvement. Qu'aurait donc pu être la Russie, où l'église comprimée, absorbée par le pouvoir d'un seul, comme tout le reste, a rompu la chaîne de l'unité, s'est ainsi séparée de la tradition et de Dieu, par conséquent, et même a converti sur l'autel la croix du patriarche en l'épée du despote? Faute d'être catholique, la Russie a gémi sous le yatagan des Tartares; elle a langui dans la barbarie; elle est frappée de stérilité dans les mémorables productions de l'esprit; elle est prise de l'épilepsie des conquêtes; et c'est par son éloignement du catholicisme qu'elle restera, dans une crise suprême, à l'état de cadavre sur le sol, le feu conservateur de toute société, la tradition chrétienne non interrompue, l'ayant depuis long-temps abandonnée.   16

CHAPITRE X.

Nicolas et la guerre présente.

La haute noblesse russe, à laquelle l'autocratie est importune, avait cru le moment venu, à la mort d'Alexandre, de secouer le joug qu'elle déteste; mais la conspiration n'ayant pas de racine dans les masses, et les soldats insurgés ne marchant que sur un subterfuge qui leur avait été donné comme la vérité, quelques coups de canon et la fermeté de Nicolas le sauvèrent et coupèrent court à l'émeute. Les principaux conjurés furent mis à mort, les autres envoyés aux mines. « Quel commencement de règne! s'écria le Czar, le soir du jour où la sédition fut déjouée. » Une colonie militaire, exaspérée des mauvais traitements et des exactions de ses chefs, se soulève, pend ces derniers à des arbres et leur ouvre le ventre. A cette nouvelle l'Autocrate accompagné d'un seul officier, se présente aux révoltés, leur adresse de brèves et sévères paroles, et les voit soudain prosternés à ses pieds. Le choléra s'était abattu sur Pétersbourg. Un peuple superstitieux comme celui de Russie, pouvait s'imaginer facilement que les sources empoisonnées par les Polonais, ou bien par les étrangers et les médecins, étaient la cause de la mystérieuse maladie. Des meurtres se commettaient secrètement. On avait jeté des docteurs par les fenêtres, et des passants avaient été tués dans la rue. Un jour, la fureur populaire est à son comble, la foule s'amasse sur une grande place de la cité, armée et jetant des hurlements. Elle court à un massacre général de ceux qu'elle croit les auteurs du fléau. En ce moment, l'empereur se présente, et s'adressant à la populace d'une voix tonnante : « Ou allez-vous, leur dit-il? Vous voulez égorger des innocents ! frappez plutôt votre poitrine et demandez pardon à Dieu de vos péchés, car ce sont vos péchés qui ont attiré sur vos têtes le mal qui vous désole... A genoux ! » Et tous les genoux fléchirent.

On cite ces trois circonstances pour prouver le courage de Nicolas. Quelques auteurs lui ont reproché de n'avoir jamais figuré à la tête de ses troupes, surtout dans la guerre de Pologne, et n'ont pas cru à un courage incapable de se démentir. On s'est demandé si cette énergie de l'empereur ne s'expliquait point par la connaissance qu'il a du peuple russe, infatué de son chef, son Dieu sur la terre. Cette question est d'autant plus rationnelle que Nicolas s'est toujours montré inquiet relativement à l'opinion que les puissances européennes, la France surtout, avaient de lui. Ici commence à se dessiner l'esprit retors en qui réside une fébrile appétence de pouvoir. Quelles circonstances ont porté Nicolas sur le trône, à la mort de celui que Napoléon appelait *un Grec du Bas-Empire*, tandis qu'il était puîné de Constantin, son frère? Ce qu'on sait bien, c'est qu'un pli secret se trouva dans les mains du président du sénat, à la nouvelle du décès subitement survenu d'Alexandre, avec cette suscription : « A garder au conseil de l'empire jusqu'à ce que j'en ordonne autrement, ou à ouvrir en séance extraordinaire si je viens à mourir. » Le pli renfermait un acte de renoncement au trône du grand-duc Constantin, et un oukase qui déférait l'empire au grand-duc Nicolas. Victorieux de l'émeute et fort des titres dont le sénat est nanti, le troisième fils de l'empereur Paul, pourrait recevoir à l'heure même le serment de l'armée; mais trois semaines durant, il affectera d'hésiter à ceindre un diadème qu'il veut avoir l'air de tenir de Dieu, en ménageant, pour la forme, un frère qu'il brûle de dépouiller. Il sait le peu de fond qu'il peut faire sur l'aristocratie qui le hait, qui voudrait accomplir une révolution de palais, en l'immolant. Il tourne ses regards du côté des masses, il tente de les fasciner de son mieux, pour tenir les boyards en haleine, et poursuivre les projets de Pierre Ier, projets que les succès immérités de ses entreprises ont concouru jusqu'ici à faire craindre qu'il n'accomplît. Quel était cependant le but des chefs de la conjuration? Leur pensée était de diviser la Russie en petits états fédérés. Deux cents délégués des provinces eussent élu dix membres, lesquels choisissant un président parmi eux, eussent, de concert avec ce dernier, régi la fédération. C'était une utopie; mais ce qu'ils méditaient de meilleur était l'émancipation graduelle des esclaves.

Qu'y a-t-il eu de sincère dans l'oukase par lequel le Czar, en 1839, tendait à réaliser, à l'avantage de son pouvoir, cette émancipation progressive, par certains contrats qu'il permettait entre les serfs et les seigneurs? Je ne saurais le dire. Il paraîtrait que les boyards restant dépendants de la couronne, tandis que les esclaves pouvaient peu à peu être élevés à la dignité d'hommes libres, il y eut des rumeurs et des menaces, et Nicolas ne se crut en sûreté qu'en laissant son décret sans effet aucun. Néanmoins il laissait sur les serfs une impression à lui favorable. D'un autre côté, la législation porte : « Un esclave reçoit *sa liberté et celle de sa famille, s'il dénonce* son seigneur conspirant contre l'état, ou ayant attenté à la vie de son souverain, ou comme complice d'un attentat de cette nature. » De même : « À l'expiration du temps déterminé pour le service militaire, ceux qui l'ont accompli demeurent affranchis eux et leurs descendants de toute servitude. » Ce sont de pareilles considérations et l'enseignement superstitieux qui leur est donné, qui fournissent l'explication du prestige exercé par l'empereur sur ses sujets. En voici une preuve due à un voyageur cité :

« Dernièrement il (l'empereur) acheta une propriété considérable dans le canton qui s'est révolté depuis ; à l'instant, des paysans sont députés de tous les points du pays vers les nouveaux administrateurs des terres impériales, pour faire supplier l'empereur d'acheter aussi les hommes et les domaines du voisinage ; des serfs choisis pour ambassadeurs sont envoyés jusqu'à Pétersbourg : l'empereur les reçoit, il les accueille avec bonté ; cependant, à leur grand regret, il ne les achète pas. Je ne puis, leur dit-il, acquérir la Russie tout entière ; mais un temps viendra, je l'espère, où chaque paysan de cet empire sera libre ; si cela ne dépendait que de moi, les Russes jouiraient dès aujourd'hui de l'indépendance que je leur souhaite, et que je travaille de toutes mes forces à leur procurer dans l'avenir...

» Ce discours interprété par des hommes sauvages et envieux, a mis toute une province en feu. Puis il a fallu punir le peuple des crimes qu'on lui avait fait commettre. *Le père* veut notre délivrance, s'écrient sur les bords du Volga les députés revenus de leur mission. Il n'aspire qu'à faire notre bonheur, il nous l'a dit lui-même ; ce sont donc les seigneurs et tous leurs préposés qui sont nos ennemis et qui s'opposent aux bons desseins du *père* ! Vengeons-nous, vengeons l'Empereur ! » Là-dessus les paysans croient faire une œuvre pie en se jetant sur leurs maîtres, et voilà tous les seigneurs d'un canton et tous les intendants massacrés à la fois avec leurs familles. Ils embrochent l'un pour le faire rôtir tout vif, ils font bouillir l'autre dans une chaudière, ils éventrent les délégués, tuent de diverses manières les préposés des administrations ; ils font main basse sur tout ce qu'ils rencontrent, mettent des villes entières à feu et à sang, enfin ils dévastent une province, non pas au nom de la liberté, ils ne savent ce que c'est, mais au nom de la délivrance et au cri de *vive l'Empereur!* mots clairs et bien définis pour eux. »

J'expose des faits qu'il appartient à chacun de juger. Voici deux mots de Nicolas que je rapporte pour mémoire : s'adressant aux députés polonais de 1830, il leur dit : « Votre Pologne, je la roulerai. » — Plus tard, s'adressant aux Varsoviens : « Vous voyez cette citadelle que j'ai fait bâtir : si votre ville ose bouger encore, elle la brûlera, et ce ne sera pas moi qui la rebâtirai. » Le Czar n'a pas même respecté la cendre des rois et des héros, puisque la république de Cracovie, qui survivait à la chute de la Pologne, a été supprimée et donnée à l'Autriche, il a rejeté ainsi avec mépris la terre où reposaient les Jagellon, les Kosciusko, les Poniatowski. Quoi de surprenant qu'il s'en prenne à la mémoire de ceux qui ne sont plus, celui qui, sur la foi jurée, avait reçu la soumission d'un corps de sept cents braves Polonais, et qui méprisant une promesse engagée, mit ces nobles soldats entre le choix d'un serment ou des tortures. Les tortures furent préférées, et la honte resta pour le tyran.

On a loué les qualités domestiques du Czar. Son épouse, la princesse Charlotte de Prusse, est connue par sa douceur. Elle est mère de six enfants : l'aîné, Alexandre, âgé de 37 ans ; Constantin, qui a neuf ans de moins ; les grands-ducs Nicolas et Michel, dont l'un à 22 et l'autre 23 ans ; enfin la princesse Marie, veuve d'Eugène de Beauharnais, duc de Leuchtenberg, et Olga, femme du prince de Wurtemberg. Les princesses russes, dans la main de Nicolas, sont des instruments de politique : en les mariant, l'empereur a toujours des vues d'autocrate. La couronne d'hymen ne leur constitue pas le nom de leur époux ; elles conservent le leur. On se demande pourquoi, à la mort du duc de Leuchtemberg, un oukase a ravi à ses enfants le nom glorieux qui leur appartient?

Nicolas ne quitte point l'habit militaire. Il aime surtout de porter le costume de général des Cosaques. Malgré ses 57 ans, il est plein d'activité, ne craint ni la fatigue des courses dans la capitale, chaque jour renouvelées en voiture découverte, ni celles que procure le travail de cabinet. Infatigable, en un mot, il semble camper continuellement, et c'est par ce moyen qu'il a préparé ses troupes aux luttes qu'il prévoyait. M. Léouzon le Duc a tracé de Nicolas le portrait suivant qui sera bien placé en ce lieu :

« Mélange étonnant de sévérité et de tendresse, de grandeur d'âme et d'effrayante implacabilité ; un maître d'esclaves et un chef de soldats ; d'un côté, entrant dans l'orbite d'une civilisation qu'il redoute, cédant au désir d'une domination sans bornes, dont le principe posé par ses ancêtres le séduit personnellement à outrance ; de l'autre, usant ses bras à ramener dans son lit une nationalité dévoyée ; luttant contre les hommes et les choses ; tantôt fléchissant à la tempête pour se relever soudain, tantôt s'opposant comme un mur au choc des obstacles ; européen et asiatique, homme de la cité et de la horde, de la tente et du palais ; mêlant le canon au protocole, la prudence à l'audace, achetant les traîtres et couronnant les braves ; contradiction logique, chaos harmonieux ; en somme personnalité monumentale touchant aux cieux et aux abîmes, frontispice vivant et initiateur d'un empire où le monde entier bouillonne, et d'où l'on ne sait ce qui surgira un jour, de la civilisation ou de la barbarie, de la régénération ou de la mort. »

M. de Custine achèvera cette figure, à laquelle il manque un trait :

Les successeurs de ce législateur en sayon (Pierre Ier), ont joint pendant cent ans l'ambition de subjuger leurs voisins à la faiblesse de les copier. Aujourd'hui l'empereur Nicolas croit enfin le temps venu où la Russie n'a plus besoin d'aller prendre ses modèles chez les étrangers *pour dominer et conquérir le monde.* »

Le noble explorateur glissant de l'Autocrate à la nation russe., ajoute bientôt :

« Il résulte d'une semblable organisation sociale une fièvre d'envie tellement violente , une tension si constante des esprits vers l'ambition, que le peuple russe a dû devenir inepte à tout, excepté à *la conquête du monde.* Je reviens toujours à ce terme, parce qu'on ne peut s'expliquer que pour un tel but l'excès des sacrifices imposés ici à l'individu par la société. »

Si Nicolas s'est vivement préoccupé de ce que l'Europe pensait de lui, c'est qu'il n'ignore pas l'histoire de son pays ; il pratique le conseil laissé par Monomaque à ses enfants, en 1126.

« Respectez surtout les étrangers, de quelque qualité qu'ils soient, et si vous n'êtes pas à même de les combler de présents, prodiguez-leur au moins des marques de bienveillance , *puisque de la manière dont ils sont traités dans un pays dépend le bien et le mal qu'ils disent en retournant dans le leur.* » Ainsi, au douzième siècle , Monomaque était déjà un Grec du Bas-Empire. »

Alexandre envahissant la Finlande, lors de la lutte avec Napoléon, déclarait les larmes aux yeux que les circonstances l'obligeaient d'agir ainsi ; mais qu'il jurait de ne pas garder un *seul village* de ce pays : Nicolas avait promis à son tour de laisser aux Finlandais leur manière d'être gouvernés. On sait comment l'une et l'autre garantie ont été observées.

Napoléon, dont les sentences ont été si souvent des prédictions du génie , s'écriait : « Malheur à l'Europe » si jamais il s'élève un czar *qui porte une barbe;* » ce qui signifie être vraiment russe , et Nicolas nous fait l'effet de tout ce qu'il y a de plus russe. C'est bien l'homme entreprenant, aux genoux de qui l'empire tremble ; qui d'un mot, d'un geste, arrête ou fait mouvoir les passions; par qui, en un mot la Russie veut, pense , agit, souffre , marche ou respire. Les boyards l'abhorrent en secret; il s'est tourné du côté des commerçants et a commencé d'accorder à quelques-uns les priviléges de la huitième classe des nobles , à d'autres les droits attachés aux deux premières guildes. Un fait personnel au grand-duc Constantin , alors vice-roi de Pologne, rendra sensible le servilisme des grands en Russie : avant sa mort, qui eut lieu en 1831, Constantin passait un jour, à Varsovie, sa garde en revue. L'envie le prend de montrer à un visiteur de distinction jusqu'à quel degré la discipline existe dans son armée, et s'approchant d'un officier général, il lui appuie sur le pied la pointe de son épée qui pénètre dans la chair ; le blessé ne dit mot, et on l'emporte quand l'épée du prince a été retirée. Est-ce de la servitude? Est-ce de l'inhumanité et de l'orgueil?

Tandis que la presse muette de Pétersbourg , la suspicion exercée partout dans l'empire sur une large échelle, nous laissent ignorants des faits et gestes de la Russie , les journaux de l'Europe trop souvent échos des scandales causés par l'esprit de parti , qui n'est pas le patriotisme, apprend au Czar toutes nos affaires. De plus, Nicolas n'exerce pas seulement une influence sur une partie de la presse européenne, mais il a encore des affidés secrets dans toutes les capitales, et ces espions en jupes assez souvent, l'informent d'autant mieux de ce qu'il veut connaître, qu'ils sont moins soupçonnés.

« Avec son armée d'agents amphibies, dit un observateur, d'amazones politiques, à l'esprit fin et mâle, au langage féminin , au caractère astucieux , la cour de Russie recueille des nouvelles, reçoit des rapports, des avis qui, s'ils étaient connus, expliqueraient bien des mystères, donneraient la clef de bien des contradictions, révèleraient bien des petitesses. »

L'habileté tient parfois lieu de génie : qui oserait avancer que la ruse ne soit développée au plus haut point chez l'empereur Nicolas? Toujours suivi, toujours lui, il a mis son fatalisme, son vouloir de fer, toute la logique de son machiavélisme, au profit de son ambition, laquelle se révèle enfin dans sa vérité, à propos de la guerre d'Orient. Nicolas se présente à l'Europe comme l'incarnation du despotisme, et ce cœur inassouvi et fermé aux grands sentiments, ne s'ouvrit jamais à la clémence. Le prince Troubetzkoï, impliqué dans le complot de 1825, est condamné aux mines. Sa femme, nouvelle Eponine, le suit dans sa proscription. Au bout de sept années de désolation, elle fait demander à l'empereur l'autorisation de faire élever dans quelque ville russe les enfants qu'elle a mis au monde dans les souterrains de l'Oural : « Les enfants de galériens, galériens eux-mêmes, sont toujours assez savants, » répond l'empereur. Sept années se passent encore : c'est le terme de la peine du prince. Il quitte les mines avec sa famille, mais pour habiter un séjour non moins austère, une misérable cabane du Caucase, sous l'œil menaçant d'une surveillance continuelle. L'héroïque épouse recueille toute la touchante simplicité d'un cœur maternel, et par l'un de ses parents qui sont encore à la cour, elle fait de nouveau présenter la même supplique qu'auparavant à l'autocrate. « Je suis étonné, répond le Czar, qu'on ose encore me parler d'une famille dont le chef a conspiré contre moi. » Voilà l'homme ! voilà le prince ! voilà le dieu !

La résultante de cette insensibilité, de cette raideur, de cette duplicité, de cette puissance dont les bases sont la terreur des uns, la superstition des autres, de cette force physique accrue de la condensation des affinités morales, la résultante, dis-je, c'est une fièvre ardente d'ambition. Dès 1826, époque de son couronnement, il manifesta carrément ses prétentions sur l'Orient, en présence des ambassadeurs de France et d'Angleterre, le général Marmont et le duc de Wellington. Les fils de Nicolas, les deux aînés surtout, le grand-duc héritier et le grand-duc Constantin, sont pleinement initiés à la politique de leur père. Le premier, doué d'un naturel distingué, s'est formé à la guerre sur les champs de bataille du Caucase. L'autre, amiral général des flottes, est instruit, parle les langues orientales, et on cite en particulier sa fierté et sa soif de puissance. Le regard long-temps attaché sur les cartes, si parfois il lui a été demandé d'où venait cette attention soutenue, et ces lignes qu'il traçait au crayon : « Je fixe, a-t-il répondu, la part de chacun ; à mon frère ceci, à moi cela. » L'interprétation de ces paroles est facile, et la déduction en sera tirée par qui le voudra.

« Depuis vingt-huit ans, dit M. Lamarche (*les Turcs et les Russes*), que règne l'empereur Nicolas, la Russie continue de marcher dans les voies d'une civilisation apparente. Les hommes y sont les maisons des villes : coquettes, propres au dehors et bien alignées ; au-dedans noires, infectes, en désordre. A l'extérieur, les expéditions russes sont ce qu'elles ont été, bruyantes, altières, mais vides de toute haute pensée.

« Ajouter des territoires à des territoires, sans y semer les germes de la moralité qui vivifie, c'est voler, ce n'est pas conquérir. Accabler sous le nombre ou frapper par derrière tout peuple en lutte pour la revendication de ses droits, ce n'est pas servir un principe politique, c'est abuser de la force brutale contre l'intelligence humaine. »

Sur ces entrefaites est survenue la question des Lieux-Saints, et de là le prétexte impatiemment [attendu par la Russie de marcher sur Constantinople.

La réclamation par la France des lieux d'adoration possédés à Jérusalem par les Latins, *ab antiquo*, est-elle une chimère ? La Judée où vécurent les prophètes, fut le berceau du christianisme. Bethléem, Nazareth, le Golgotha sont restés un objet d'impérissable vénération pour les fidèles. Quel homme sérieux mettra en parallèle les droits de l'église romaine avec les prétentions de l'église grecque? Ne serait-ce pas rapprocher l'antiquité de la première de la nouveauté de la seconde; le sacerdoce si digne de l'une du clergé si déshonoré de l'autre? « Depuis saint Pierre, les trente-deux évêques de Rome qui ont succédé à sa primauté, ont été comme lui martyrisés. Ainsi trois siècles durant, la *chaire* romaine fut un échafaud, qui procurait infailliblement la mort à celui qui y était appelé (1). » Saint Paul, dans la ville éternelle, mêle son sang à celui du prince des apôtres, de tant d'autres confesseurs de la foi, et y cimente aussi l'église du Crucifié qu'il a prêché. Saint Ambroise, saint Augustin, Léon-le-Grand, saint Jérôme et cette phalange de pontifes et de docteurs qui illustrent dans une succession non interrompue les fastes du catholicisme, fulminent l'hérésie, maintiennent intact le dépôt des vérités évangéliques, et font rebrousser chemin à la barbarie qui promène avec son escorte d'incendie, de dévastations et de meurtres, la rage qui la transporte. Les lettres et les arts sont proscrits, méconnus, et ils ne trouvent un asile que dans la cellule du cénobite latin. Les monastères qui conservent ainsi le feu sacré pieusement recueilli par eux, rallumeront plus tard, à ce foyer béni, les flambeaux éteints de l'inspiration artistique, des spéculations de la science. En attendant, ils restent la protection du faible, et travaillent activement aux défrichements des landes et des terres improductives. Voici venir les trois premiers Carlovingiens, qui sauveront la chrétienté du glaive égale-

---

(1) Paroles de Napoléon. (De Beauterne).

ment ravageur des Sarrazins et des Normands, qui fonderont la puissance temporelle des papes et ranimeront en la France et autour d'elle les lumières et la civilisation. C'est maintenant Pierre-l'Ermite, saint Bernard, Urbain II, prêchant la croisade, et Godefroy arborant bientôt sur Jérusalem la bannière sacrée. Le sang français des Bouillon et celui des Lusignan règnent sur le royaume des Croisés. Philippe-Auguste et Louis IX rendent ensuite la Palestine témoin de leur bravoure et de leur piété, et s'ils ne parviennent pas à reconquérir la terre sanctifiée par les pas du Sauveur, ils laisseront du moins derrière eux ces chevaliers dont Rhodes et Malte conservent la glorieuse mémoire.

Et l'Orient, que faisait-il pendant ce temps? il s'endormait dans les délices et la mollesse; laissait l'épiscopat et l'empire livrés à la faiblesse et à l'intrigue. Il déclinait d'affaissement en affaissement, jusqu'à ce qu'ayant été traversé vingt fois et dans tous les sens par des hordes odieuses, il tombât définitivement aux mains de Mahomet II.

Les droits de l'église latine et de la France sur les Lieux-Saints sont-ils contestables? Moralement ils restèrent ce qu'ils furent toujours, si bien que sous François Ier, un traité signé par Soleyman, reconnut hautement ces mêmes droits, ratifiés par un nouveau traité conclu avec la Porte en 1740.

Que vient donc faire ici la Russie, que le Vatican ne connaît que par sa déloyauté envers les papes, par ses persécutions frénétiques contre le catholicisme? Où était-elle à l'époque chevaleresque des Croisades? Dans l'asservissement. Qu'a-t-elle accompli pour le christianisme en général? Elle l'a réduit à ce je ne sais quoi qui n'est plus seulement l'Evangile, mais une idolâtrie à l'usage des autocrates devenus pontifes , et faisant consacrer l'esclavage par ses évêques? Arrière l'hypocrisie athée qui, changeant en fléau le sceptre temporel, usurpe la houlette épiscopale , se servant malignement de cette double force, pour implanter dans le monde des steppes, le fanatisme religieux et le fanatisme de l'invasion!

Cependant les Grecs schismatiques, secrètement poussés par la Russie, sans doute, qui attache une si haute importance à la haute main sur l'église d'Orient, qu'elle violente, s'étaient emparés, profitant des orages de nos révolutions , et forçant la main à la Sublime-Porte, de douze sanctuaires, au nombre desquels sont la coupole du Saint-Sépulcre , la grande église de Bethléem , le tombeau de la Vierge. Ces anciennes propriétés des catholiques furent revendiquées en 1846, par l'ambassadeur de France à Constantinople. Une étoile d'argent, avec une inscription en latin, placée à la porte de la grotte de Bethléem, où est né Jésus-Christ, avait été enlevée par les Grecs. Les Latins la redemandaient. Les négociations traînèrent sans succès jusqu'après la chute de Louis-Philippe. Une commission examinait alors les documents présentés par les deux partis, quand le Czar intervint ostensiblement par une lettre autographe, qui gourmandait les ministres du Sultan, et leur reprochait d'avoir reconnu le traité de 1740. Cette lettre eut pour effet de causer la dissolution de la commission dont faisait partie le conseiller du patriarche grec, ce qui avait donné lieu à l'ambassadeur de France de se plaindre contre la présence de cette partie intéressée. Une commission nouvelle, composée d'ulémas et de fonctionnaires ottomans, fut saisie de la question. Ce n'était point là l'affaire du Czar, qui se proposait comme protecteur de l'église d'Orient, dont il voulait devenir le chef. Que fit-il en cette occurrence ? Il proposa à la France de s'entendre avec elle, et d'imposer leur résolution au gouvernement turc. Le tour était digne de l'homme; mais le pouvoir des Tuileries y vit clair, et répondit sagement que la question n'était et ne devait être engagée qu'avec le cabinet ottoman. C'était déranger tous les plans de Nicolas, qui pourtant venait de mettre à jour sa pensée intime à l'égard de Constantinople.

Le travail de la commission aboutit enfin aux décisions suivantes : la grande coupole du Saint-Sépulcre devenait commune; la petite coupole restait aux Grecs; les Latins pouvaient officier dans le sanctuaire du tombeau de la Vierge : les objets du culte étaient enlevés après les cérémonies; une clef de la grotte de la Nativité et deux clefs de l'autel au-dessous duquel se trouve la grotte, revenaient aux catholiques. Ces décisions furent officiellement communiquées à l'empereur de Russie, rendues publiques par un firman et tenues obligatoires à Jérusalem, malgré une certaine opposition des schismatiques. Le Sultan faisait lui-même fabriquer une étoile d'argent pour remplacer celle qui avait été soustraite.

Ces dispositions n'étaient pas équitables. La Porte, en accordant partiellement justice aux Latins, représentés par la France, avait voulu ménager la Russie que les Grecs eurent l'air d'invoquer. La France se réserva tous ses droits, basés sur les anciennes capitulations, titres civils et commerciaux de nos nationaux et les juridictions dont ils relèvent. La royauté sacerdotale, tête et cœur de l'autocratie, que Nicolas s'est promis de poursuivre, d'après le programme du czar Pierre, envoie en ce moment l'amiral prince Mentschikoff à Constantinople, comme ambassadeur extraordinaire.

Il y a quinze ans, on se demandait pourquoi une armée de 900,000 hommes en Russie? Pourquoi surtout ces forces maritimes dans ces ports, alors que la Russie n'a pas à défendre des possessions lointaines? « Les vaisseaux de guerre des Russes, glosait-on avec lord Durham, sont les joujoux de l'empereur. » Ce jugement a dû changer le 28 février 1853, à l'arrivée du vapeur de guerre *le Foudroyant*, que vont saluer le personnel de la légation russe et plusieurs milliers de chrétiens grecs, organisés par les agents de Nicolas, pour ménager une ovation à Mentschikoff. Le 2 mars, le vieux boyard se présente à la Porte en complet négligé, est reçu par le grand-visir, refuse de voir Fuad-Effendi, ministre des affaires extérieures, qui avait, assurait-il, manqué de foi à son souverain. Fuad résigne son portefeuille, ce qui était un premier succès pour l'arrogant envoyé, nanti d'une lettre autographe du Czar, afin d'avoir prétexte de présenter tout refus comme une insulte directe pour son maître.

L'Autocrate averti par ses créatures et en particulier par le logothète du patriarche, tout dans ses intérêts, du congé pris en ce moment par M. de Lavalette, ambassadeur de France, en profite pour lancer son mandataire. Mettant, de plus, son habileté en œuvre, pour faire prendre le change à la Grande-Bretagne, il lui présente sa démarche comme n'ayant qu'une portée religieuse. Le gouvernement anglais persuadé ou hésitant, a d'abord été séparé de la France, comme désintéressé dans la question. C'était un point capital pour la Russie de ne pas effaroucher l'Angleterre. Mais les notes non moins cyniques qu'effrontées du prince Mentschikof au Divan, auraient ouvert les yeux à des hommes d'état moins avisés que ne le sont les ministres de Saint-James. Accuser de perfidie le cabinet du Sultan, prendre un ton d'insultante protection, exiger en langage, non de chancellerie, mais d'ancien Varaigue imposant des conditions, un traité assurant au Czar le protectorat de l'église grecque, en Turquie, telle était dans le fond comme dans la forme, l'ultimatum trois fois présenté à la Sublime-Porte. Les réponses de la Turquie furent mesurées, intelligentes, mais refusèrent obstinément une concession qui eût compromis les principes de l'indépendance et de la souveraineté du pouvoir ottoman. Cette résolution conservait à la France la parole qui lui avait été donnée concernant les Lieux-Saints, où Nicolas voulait la primauté. Les patriarches et le clergé, en Turquie, exercent, par un certain ordre établi sur leurs coreligionnaires, une autorité qui peut être considérée comme civile et même politique. C'est la raison pour laquelle le protectorat livrerait au czar une ingérence considérable dans les affaires intérieures de l'empire ottoman. Cependant l'ambassadeur extraordinaire de plus en plus hautain et impératif, annonça sa mission comme terminée; le départ de la légation russe, en vertu des pleins pouvoirs dont il était porteur; et une sérieuse mésintelligence survenue entre les deux empires. Il partit enfin pour Odessa. Cependant un firman impérial avait nettement confirmé au clergé grec les privilèges, immunités, possessions et liberté de culte dont il jouissait depuis long-temps. Les patriarches métropolitains, évêques et chefs de corporations grecques, en avaient solennellement exprimé leur satisfaction au Sultan, par une adresse collective. Cette déclaration du clergé schismatique n'est-elle pas un indice éloquent que la communion grecque, proprement dite, ne demande aucune protection au Czar

était-il convaincu de ce qu'il disait si affirmativement? Dieu le sait, qui lit dans les cœurs. Tout ce que nous pouvons dire d'après les faits extérieurs et tangibles, c'est que *l'empereur de Russie ne venait pas à Olmutz pour y parler de paix ; il y venait pour y nouer une nouvelle coalition , et comme c'est à l'oreille qu'il a parlé au jeune François-Joseph , l'avenir seul révèlera les conditions qui furent alors offertes à l'Autriche, puis, quelques jours plus tard à la Prusse,* pour prendre les armes contre la *France et l'Angleterre.* » (LAMARCHE.— *Les Turcs et les Russes*).

Quelques jours après, une note secrète était présentée à la Porte par M. de Bruck. Inacceptable, cette note resta inacceptée. Les temps ont marché depuis , et quoi qu'il se soit passé à Olmutz et à Varsovie , où le roi de Prusse joignit la même semaine l'empereur de Russie, le cabinet de Vienne, et par suite celui de Prusse, ont pris une attitude qui leur sied. C'est celle de vouloir garantir la liberté du commerce du Danube, et en se préparant par des armements à toutes les éventualités, à demander nettement que la Russie évacue les Principautés et ne franchisse pas les Balkans.

En entrant dans la Roumélie (principautés) , le général Gortschakoff invitait, par une proclamation, les habitants à continuer leurs paisibles travaux, leur assurant leur gouvernement, l'occupation ne devant les priver d'aucune des prérogatives dont ils jouissaient. Cette promesse était menteuse comme tant d'autres, alors que les Moldo-Valaques devaient si tôt être exaspérés par les mauvais traitements , les exactions dont ils ont été l'objet.

La duplicité, la mauvaise foi, tant reprochée par la Russie à la Turquie, c'est elle qui s'en nourrit, qui s'en rassasie. « *Nous attendrons l'attaque des Turcs, sans prendre l'initiative des hostilités,* assurait la dépêche

Nesselrode du 19 octobre 1853. *Il dépendra donc entièrement des autres puissances de ne point élargir les limites de la guerre, si les Turcs s'obstinent à vouloir nous la
faire absolument, et de ne point lui imprimer un caractère autre que celui que nous entendons lui laisser.* »
Le 23 octobre quelques compagnies en étaient venues
aux mains à Issatcha; mais une évolution bien entendue et menée avec décisiond'Omer Pacha, lui procura
le succès d'Oltenitza, où les Russes furent battus et forcés à la retraite. Chacun des corps d'armée était
composée d'environ dix mille hommes. Cet échec, qui
au début de la campagne impressionna si vivement
les Russes, porta Nicolas au guet-apens de Sinope.
La flotille turque comptant en tout 406 canons, em-
bossée sans défiance dans la baie de Sinope, s'y croyait
en sécurité, vu les déclarations de la Russie et la
mission présente des onze vaisseaux qui la composaient,
qui était d'entretenir uniquement des relations entre
Stamboul et l'armée d'Anatolie. Sinope, à 400 kil. du
Bosphore, est située sur la rive asiatique, presque vis-à-
vis de Sébastopol. L'escadre russe qui arriva furtive-
ment devant le port ottoman, était formée de grands
vaisseaux, de frégates et de vapeurs, portant ensemble
760 canons du plus fort calibre. La lutte était par
trop inégale; aussi, malgré la courageuse défense d'Os-
man-Pacha, dans quelques heures sa flotte fut détruite.
Plusieurs bâtiments se firent sauter eux-mêmes. 4155
hommes périrent à Sinope; 120 furent pris par les
Russes, parmi lesquels l'amiral turc avec une cuisse
emportée. Aucun secours ne fut accordée à trois cents
blessés à qui on pouvait encore sauver la vie. Le
chantier avec une frégate en construction fut foudroyé,
et la rage moscovite ne s'arrêta que lorsque la ville
elle-même, dont les faibles batteries par le fait seul

de leur disposition, n'avaient pu défendre la flottille, fut brûlée. Les habitants inoffensifs s'étaient heureusement éloignés dans la campagne. Telle est la foi jurée, telle est la loyauté de la Russie.

Cette honteuse affaire avait eu lieu le 30 novembre. Il est bon de rappeler la manière dont le Czar, lui qui s'échauffe tant à l'endroit de son évangélisme, reçut cette révoltante nouvelle. C'est encore M. Lamarche qui a la parole :

« L'officier envoyé à Pétersbourg par le prince Mentschikoff pour porter la nouvelle de ce que les Russes appellent la victoire de Sinope, ayant été présenté tout couvert de boue et brisé de fatigues, remit au Czar ses dépêches en disant : J'apporté à Votre Majesté la nouvelle de l'heureuse issue d'une affaire considérable. L'empereur, enchanté, l'emmena dans son cabinet. Après la lecture des dépêches, le Czar, adressant la parole au courrier pour lui exprimer toute sa satisfaction, s'aperçut que la nature l'avait emporté sur le respect, l'officier était endormi. Le Czar se mit alors à crier fortement : « Debout ! debout ! vos chevaux sont prêts. » L'officier se réveilla et se mit en devoir de remplir sa mission. « Quel grade avez-vous? » demanda le Czar. — « Capitaine. — C'est bien.» Se tournant vers un aide de camp de service : « Apportez-moi sur-le-champ une paire d'épaulettes. Je vous nomme lieutenant-colonel ; embrassez-moi. » Et lorsque l'officier eut embrassé le Czar, celui-ci l'embrassa à son tour sur la joue. Depuis ce moment, aucun rasoir n'a profané la joue sur laquelle s'était posée la lèvre de l'autocrate. »

Ce qui triple l'opprobre de l'escadre russe, c'est qu'elle se cache piteusement depuis le lâche fait d'armes de Sinope, autant dans la mer Noire que dans la Baltique. Cependant le Sultan avait fait appel aux flottes alliées, qui un mois encore furent stationnaires, à cause des protocoles interminables des conférences de Vienne, dont les séances prolongées étaient motivées par le fictif espoir de la paix, entretenu par le Czar. qui, lui, mettait sans cesse le temps à profit. Une vaine attente ayant encore fait perdre 30 jours, les amiraux d'Angleterre et de France prenaient enfin carrément possession de la mer Noire, le 6 janvier, et tenaient un *gage matériel* équivalent à celui qu'avait usurpé la Russie dans les Principautés. En même temps que les escadres pénétraient dans la mer Noire, se livrait la bataille de Citate, à quelque distance du Danube, sur la route de Kalafat, où encore l'avantage resta aux Turcs.

Imperturbable dans son rôle de narquoise mystification, le gouvernement russe accusait le système de pression des deux puissances maritimes d'avoir seul envenimé la question. L'empereur des Français écrivant au Czar, releva l'inconvenance, réprouva *les coups de canon de Sinope, qui avaient douloureusement retenti dans le cœur de tous ceux qui en Angleterre et en France ont un vif sentiment de la dignité nationale.* Napoléon III proposait enfin un armistice, la reprise des négociations, moyennant l'évacuation des Principautés par les Russes et de la mer Noire par l'escadre unie. Un ambassadeur moscovite eût directement traité avec la Turquie, et la convention eût été soumise à la conférence des quatre puissances. Nicolas repoussa ces propositions, et préféra à la justice et à la paix du monde le sort des armes et le choc des combats. Le 19 février cette nouvelle était au *Moniteur.* L'ambassade russe avait quitté Paris le 4 du même mois.

L'historique des faits particuliers, des combats partiels qui se sont livrés sur les bords du Danube, dans la Roumélie, et sur le territoire asiatique, ne sauraient entrer dans notre plan. D'ailleurs, il ne s'est rien passé encore de décisif. Plusieurs places de guerre et des forts démantelés par l'escadre anglo-française, ne sont que le prélude de graves engagements peut-être déjà accomplis et dont le résultat sera le châtiment trop mérité des outrages de la Moscovie. Il se posait, l'Autocrate, comme le protecteur de la terre dont sa folie a cru pouvoir se rendre maître. Ce n'était partout qu'une insolente provocation à tout pouvoir qui ne s'endormait pas bénignement à ses discours illusoires, à ses mensonges czariquement lustrés. Et voilà que, fuyard du champ d'honneur sur ses propres mers, le dieu est devenu homme, le contempteur s'est fait couard. Il se trouve déjà devant les fils des soldats qui humilièrent tant de fois les armées d'Alexandre ; devant les marins d'Albion, dont le gouvernement a rougi des propositions spoliatrices exprimées à sir H. Seymour, et le frisson de la crainte le gagne ! Il a peur ! Il a peur ! Son or avait révolutionné la Grèce, où le rapt, le pillage, l'incendie, des scènes cannibaliques ont eu lieu ; mais la présence des nouveaux croisés a suffi pour ramener à l'ordre le vieux pays des Miltiade et des Phocion, désormais surveillé. Il a menacé la Perse de sa colère, pour en faire son auxiliaire et un agresseur contre Byzance, et la Perse n'a pas obéi. Il a voulu insurger tous les pays voisins de l'Allemagne et de la Turquie, pour profiter d'une débâcle, et s'emparer enfin de cette Constantinople, sa faim, sa soif, sa passion, la pensée qui l'accable, comme un nain qui serait forcé de porter un géant. Sur les mers, il avait lancé des corsaires, demandant à la piraterie aide et appui, comme pour atteindre le point culminant de la terreur armée ; et les forbans saisis çà et là, contribuent à faire écrouler son pitoyable espoir. Il n'est pas jusqu'en Amérique, où il n'ait posté ses émissaires, d'ailleurs présents en tous lieux, en tous lieux colportant le propagandisme de celui qui rétablit sur une vaste échelle la police secrète supprimée par Alexandre.

Mais des clameurs éloignées, des esprits captés et rendus indécis, ne servent ni de génie guerrier, ni de bastions inexpugnables, pas plus qu'ils ne remportent des victoires. L'Allemagne, l'Allemagne elle-même, dont il avait cru tenir étroitement les deux grands états dans ses filets, l'Allemagne lui échappe, et il n'est pas bien sûr de ne pas rencontrer la confédération sur les champs de bataille, pour lesquels l'Autriche surtout se prépare éventuellement par une forte levée de boucliers. La Circassie, qu'il faudrait soumettre par l'évangile, qui était encore sa croyance au quinzième siècle, non par le fer qu'elle sait manier, heurte de son côté les vastes flancs du colosse.

Qu'il gronde, qu'il s'étende l'orage qui va fondre sur ce Pierre 1er civilisé, mais civilisé pour raffiner davantage encore l'artificieuse conduite de son devancier, puisque l'un avait conseillé l'oppression des peuples, et que l'autre a cru voir le jour de la réaliser. Qu'il soit frappé comme un champ par la grêle, le Czar avide, qui s'est dit en lui-même : Le monde est à moi; qui se sert traîtreusement du nom et de la cause de Dieu, pour appesantir son intolérance. Qu'il nous informe, ce Merlin du sabre, si singulièrement pieux, à qui incombent les vexations subies en dernier lieu, à Jérusalem, par les chrétiens du rite latin, vexations entretenues, stipendiées, et de telle nature, que le patriarche catholique, par respect pour les saints mystères, pour épargner des collisions sanglantes, cédant enfin à la force matérielle, a été contraint de déserter la ville sainte et de se réfugier à Jaffa ! C'est lui, l'Autocrate, qui est l'auteur, par ses agents, des épreuves que les catholiques, leurs prêtres, leurs religieux, ont subies dans ces derniers temps, dans la ville où mourut le Christ, épreuves qui ont douloureusement mu l'Europe et la France en particulier.

Il y eut à Rome un César qui désirait une seule tête au peuple romain, pour l'abattre d'un seul coup. Nicolas voudrait que l'humanité, comme un seul homme, tombât à ses genoux. Oh ! le Czar ! le Czar ! il a tant formé de desseins ambitieux, qu'il en suffoque, qu'il en étouffe. Tourmenté, abattu de l'insuccès de ses brigues universelles, son orgueil délirant ne reculera pas. Il est ivre maintenant de déception et de frénésie ; il ira en avant, il épuisera, s'il le faut, la Russie d'hommes et d'argent. Dieu devant abattre le superbe, ne veut pas le renverser à demi ; et voilà pourquoi il le livrera à toute sa démence. Tout lui deviendra obstacle, tout se liguera contre lui, la maladie, les éléments ; et ce seraient ces dernières forces qui le réduiraient à l'impuissance, si nos armées ne devaient surtout lui infliger une punition mémorable.

Un précurseur de la défaillance des bataillons, c'est le manque de finances, c'est l'émission de papier monnaie, d'assignats, auxquels on donne cours forcé à Pétersbourg, dans la Moldo-Valachie. Déjà les popes tonnent par ordre, du haut des chaires, contre les dons trop légers faits à la guerre par les riches, et signalent ceux sur qui tombent plus directement leurs reproches. Bientôt ils dépouilleront, de concert avec le Czar, les églises et leurs autels, de l'or, des pierreries que les siècles y ont prodigués, et on affectera ces trésors aux besoins de la guerre. Pierre Ier fondit bien les cloches pour se redonner des canons que l'ennemi lui avait enlevés. Mais c'est alors qu'un peuple superstitieux voyant ses images vénérées privées de leurs richesses, perdra confiance, tombera dans l'abattement, sentira le vertige l'emporter, et qu'exerçant de fatales représailles, il donnera le coup de grâce à l'autocratie, par suite des iniquités qu'elle traîne derrière elle. On prie dans les temples pour les progrès de l'insurrection grecque, sous-entendant bien d'autres insurrections, ne songeant pas que l'anarchie finit pas se ruer sur ceux qui en font leur marchepied. Qui se sert injustement du glaive, sera frappé par le glaive.

Voulez-vous connaître le Czar, voulez-vous analyser ce turbulent hermaphrodite qui résume Pierre Ier et Catherine II; lisez les documents publiés par le cabinet anglais, exposant les conversations de lord Seymour, ambassadeur d'Albion en Russie, avec Nicolas. Lisez, lisez ces pièces : elles décèlent un cauchemar dont l'empereur est obsédé sans répit, sans trève aucune. Il ne dort pas, il a des spasmes. Son œil ardent franchit les Balkans, il le rive sur le Bosphore, ce détroit que les vaisseaux de son frère voulurent passer de gré ou de force, en 1803, pour aller réprimer des troubles que la Russie avait elle-même suscités, sans nul doute dans la pensée d'assiéger un peu après Constantinople, si les luttes d'Alexandre avec Napoléon ne l'en eussent empêché; ce détroit constamment menacé par les armées de ce même empereur, jusqu'en 1819, où il devint l'arbitre de la Roumélie, en la plaçant sous son patronage; ce détroit que Nicolas, à son tour, tenait aux trois quarts, en 1829, quand étant entré à Andrinople, ses troupes en marche sur Byzance ne s'arrêtèrent que sur la protestation des royaumes occidentaux, mais où un traité lui assura une indemnité à fournir par le Divan de 180,000,000. Constantinople est là! la grande veuve impériale! l'incomparable métropole autrefois si splendide, que toute la lignée des Romanoff envia! Elle est là, la voyez-vous ? Hé bien! pour le Czar, il n'y a plus de la Sublime-Porte que l'ombre ; *c'est un malade qui agonise, qui se meurt. A qui donc Byzance? A l'Angleterre? Jamais. Ce qui convient à la Grande-Bretagne, c'est l'Egypte, c'est Candie? A la France? Il ne le souffrirait pas; fi donc! à l'Autriche? Oh! l'Autriche, soyez tranquille; ce qui convient* au Czar convient à son alliée allemande. Le nom de Prusse n'est pas prononcé. Enfant que vous êtes, la Prusse? — A qui finalement Stamboul, cette beauté séculaire qui attend les parures d'un nouvel hymen, le trône d'un nouveau Constantin? *Le Czar s'en chargera en dépositaire, en attendant que l'on se soit entendu sur le reste.* — Y voyez-vous bien maintenant, incrédules, qui pensiez l'Autocrate un pacificateur? Le suivez-vous dans les piéges qu'il dresse, dans les leurres qu'il tend? Il se ménage l'Angleterre, pour la respuer à la fin, s'entend. Il écarte la France. Il trompe l'Autriche. Il dédaigne le reste, lui ment, ou s'en amuse. Et ne concluez-vous pas que c'est toute la réalisation du testament de Pierre Ier? Prononcez-vous maintenant.

Pour nous, qu'on n'accusera pas d'affollement pour l'Angleterre, nous reconnaissons hautement qu'elle a été franche et loyale dans cette longue affaire des entretiens de lord Seymour avec Nicolas, relativement au partage de l'Orient, et nous aimons à le déclarer à sa louange. Quant à ces révélations, elles sont si graves, que les paroles y deviennent du feu, et se convertissent en charbons ardents qui retombent sur la tête de l'Autocrate, comme la réprobation de tous les esprits désintéressés et chevaleresques de l'Occident. L'Autriche aurait assurément autant ou plus à nous communiquer; mais elle n'a rien éventé encore. Ce sera pour plus tard, dût-on ne savoir le fond des choses que lorsque notre génération posera pour l'histoire.

Et Nicolas a fait signe à ses armées, qui se sont remuées dans tous les sens, dégarnissant l'intérieur, et se groupant partie sur sa frontière polonaise, partie en Asie, partie enfin dans la Roumélie, dont la route à travers les Balkans placés derrière Silistrie, Schoumla, Varna, conduit à Andrinople, et de celle-ci à Byzance. Quatre lustres d'efforts ont formé ces lignes nombreuses; mais l'étendue sur laquelle il a fallu les établir amoindrit leurs forces gigantesques. Si l'escadre russe fuit et se cache, ce n'est pas sans cause; quelques états-majors ayant de la théorie, mais peu ou point de pratique; des marins qui craignent la mer et qui pour la plupart n'ont jamais quitté le golfe de Finlande, sont-ils de taille à se mesurer avec les successeurs des Duguay-Trouin, des Edward Russel. Il se figurait l'Autocrate avoir tout despotiquement saisi, et voilà que tout lui échappe. Ne faut-il pas enfin que cet empire grandissant, grandissant sans cesse, et qui avec son fanatisme de conquêtes est fait pour ne jamais s'arrêter, ne faut-il pas qu'il soit enfin contenu et mis dans l'impossibilité de menacer encore l'univers? A-t-il cessé de s'étendre depuis Ivan III, qui soumit Nowgorod, Pskow, la Biarmie, la Sévérie, et la Sibérie? Ivan IV et ses successeurs n'ont-ils pas subjugué Kazan et Astrakan? Pierre 1er ne procura-t-il pas à la Russie trois mers et six provinces? Catherine n'ajouta-t-elle pas à ses possessions la Petite-Tartarie, la Lithuanie, la Courlande, le Caucase, la moitié de la Pologne? Alexandre ne déroba-t-il pas la Finlande, la Bothnie orientale, la Bessarabie, la Géorgie, une portion de plus de la Pologne? Nicolas n'a-t-il pas mis la main sur l'Arménie persane, sur divers pays des bords du Danube. N'allait-il pas, en 1829, saisir la proie qui lui est si chère, Constantinople?

L'Occident l'arrêta, l'Occident avec lequel il se voit encore aux prises, et qui cette fois le réduira à l'impuissance de renouveler des agressions et des entreprises qui paralysent la confiance des transactions et précipitent les armées de tous les continents sur les champs de batailles.

Les têtes inquiètes, lorsqu'elles sont couronnées surtout, ont besoin de ne rapporter la gloire qu'à Dieu, principe et fin de la grandeur. Du moment qu'elles se défèrent les honneurs de l'apothéose, elles ont dépossédé l'Eternel pour s'attribuer l'encens de l'humanité, et comme alors leur cœur que l'avidité, le désir toujours inassouvi, dévore, consume, ne rencontre que le vide, il se rabat sur le globe entier dont il convoite l'assujettissement, et jusqu'aux pierres du chemin tout prend la parole pour exciter sa fièvre; tout devient force pour le précipiter dans la voie fatale des envahissements. Qui nous dira, aux heures où la pensée de la mort, cette inévitable messagère de l'éternité, se présente à l'esprit du Czar, les fantômes que son imagination évoque pour écarter ce terrible souvenir du terme de la vie, et pour le rattacher au fil de ses rêves choyés? Il n'est pas jusqu'au glaive aiguisé par les révolutions de palais qui ne luise à ses regards; jusqu'à ce préjugé répandu dans son empire, lequel n'accorde qu'exceptionnellement aux czars, un règne de plus de 25 ans, qui ne le gourmandent, qui ne le poussent en avant.

Le sort en est enfin jeté. La Russie a mis sur pied, après de longues prévisions, les plus grandes forces qu'un monarque ait jamais commandées. Par la neutralité ou par la contendance active, le monde est levé contre elle. Croyez-vous qu'elle réfléchisse, qu'elle s'humilie enfin, avouant ses torts, et renonçant à son fanatisme; qu'elle reste daus son vaste territoire, riche et fécond, malgré ses steppes et ses neiges? Non, l'orgueil qui s'appelle l'autocratie, ruse, trompe, abuse, faiblit, se déshonore par la félonie, mais n'abdique jamais. Il a cru à la fatalité, il succombera par la fatalité même. Dieu, la valeur et le bon droit de l'Occident, passeront devant ces hordes armées, devant ces navires et ces citadelles, devant ces capitales; et ces hordes, ces citadelles, ces capitales, ces navires ne seront plus. Et l'Autocrate! l'Autocrate! Il séchera de dépit. Il pleurera des larmes de sang sur ces cités détruites, sur ces légions vaincues, appelant vainement ses Varus pour lui rendre ses légions! Son sceptre tombera à ses pieds, mis en pièces par la foudre; ses vingt couronnes seront balayées par le vent. Et il blasphèmera. Il maudira le ciel et les hommes, et ses imprécations honoreront la vraie religion qu'il tyrannisa, la monarchie paternelle qu'il démentit par ses excès de pouvoir, la liberté qu'il mit aux fers! Les princes de l'abîme, qui l'inspirèrent, le narguéront dans sa prostration par le rire saccadé de leur triomphe? Et secoué comme Mazeppa sur sa cavale, comme les malheureux sur qui l'affreux Ivan lançait des ours furieux, pour réjouir ses yeux d'un spectacle sanglant, il sera un exemple inouï d'expiation ici-bas, et brisé par le désespoir, il tombera aux mains des dernières justices du Dieu vivant.

CHAPITRE XI.

Conclusion.

L'Europe aux prises avec l'Orient; l'harmonie pondératrice du monde mise en question par la guerre; la lutte du scepticisme avec la vieille foi du Calvaire entretenant au milieu de certains peuples les inquiétudes et le malaise; des nations indécises se préparant par des armements à fondre dans la mêlée; est-ce là, pour l'humanité une condition régulière? N'y a-t-il pas dans toutes ces agitations un travail de Dieu? Deux empires, l'un formant la tête et le cœur de l'Occident, la France; l'autre adossant son territoire à trois continents divers, la Russie; l'un, l'intelligence, la loyauté; l'autre, la force matérielle, la dissimulation; l'un, le fils aîné de l'Eglise; l'autre, deux fois immolateur de l'unité chrétienne: ces deux empires, disons-nous, centres par une affinité diverse des deux grandes portions de l'humanité qui avoisinent respectivement leurs latitudes, se sont levés les premiers pour se heurter. La Moscovie a commencé par des bravades, s'acheminant à la dépossession des nationalités; la terre des Francs ne s'inspirant que de son devoir, de sa dignité, de la sécurité à venir de l'univers. La France, soudaine comme toujours, a d'abord déployé son drapeau; l'Angleterre l'a suivie.

Qui l'emportera, des Occidentaux ou des Russes, de la civilisation ou de la barbarie? des deux grands milieux d'activité et de progrès de l'Europe et du globe, ou du colosse qui ne sait qu'engloutir, s'enfler, s'enfler encore; qui ne pose le pied sur une terre que pour la clouer à ses domaines et l'absorber? Le triomphe ne saurait rester au janissaire du mal contre les champions du bien, aux promoteurs de l'esclavage contre les héros de la liberté. La Russie tend à l'empire de l'univers. Napoléon Ier, sans le désastre de Moscou, était peut-être au moment d'accomplir ce dessein proportionné à la taille de son génie, donnant l'impulsion à la France, si ce dessein était réalisable. Mais admettons-le hypothétiquement possible, pour peu d'instants, et comparons, pour mieux confondre l'autocratie et son bagage, ce qu'eût été la monarchie universelle, sous la haute main de la France, qui ne prétend à rien sur le globe, en dehors de ses droits légitimes, qu'au sceptre de l'intelligence; et ce qu'elle serait sous la terrifiante sujétion des autocrates du Nord.

Au moment où parut le vainqueur des Pyramides et d'Iéna, au sein de cette tourmente qui s'appelle la révolution française, une perturbation immense s'était opérée dans les idées, dans les faits sociaux et politiques. Louis XIV, oubliant que ses successeurs n'auraient pas tous une égale dose de grandeur que lui, et que les exigences gouvernementales les déborderaient, accapara le pouvoir monarchique avec trop de complaisance, et ne sembla pas soupçonner que la France avait eu des états-généraux. Louis XV, après la tutèle de ce grand coupable désigné par l'histoire sous le titre de Régent, et digne par sa dépravation d'avoir été le bisaïeul de Philippe-Egalité, Louis XV eut le malheur de déshonorer le sceptre par de mauvaises mœurs. La haute classe ne se souvenant plus que les preux d'autrefois tournaient la pointe de leur épée vers l'autel, en signe de leur respect pour le Seigneur, quand à la messe le prêtre lisait l'évangile, avait changé les traditions de la chevalerie pour les voluptés du boudoir ; les ministres saints, oublieux aussi, pour une partie, de l'austérité sacerdotale, avaient justifié une fois encore cette parole de saint Bernard, reproduite par Bossuet : « Qui me donnera que je voie, avant de mourir, l'Eglise de Dieu comme elle était dans les premiers jours? » Il y avait eu un infame Dubois et d'autres individualités hautement répréhensibles. Ce relâchement, cette incurie avaient livré l'arène aux perfides déclamations de l'incrédulité, qui rendit la morale et les dogmes de l'Eglise responsables de vices individuels, et s'en prit, pour corriger les abus, à ces principes éternels, qui sont l'esprit de Dieu. De tout cet amas de vanités, de cette ligue des égoïsmes, il résulta une licence qui bientôt emportant toutes les digues, abolit une royauté de quatorze siècles, rendit les temples veufs et du prêtre et de la Divinité, et par une intervertion de tout ce qui dans l'humanité est tenu pour saint et pour sacré, évoqua, d'un bout de la France à l'autre, l'enfer dans ses joies sanglantes, cette rage impie de nivellement qui ne respecta pas même la cendre des rois morts. L'ensemble des crimes de la terreur est la plus grande somme connue de saccagements dirigés contre la civilisation et la liberté, appellations dont les révolutionnaires de toutes les couleurs avaient menteusement fait leur devise. Napoléon surgit au milieu de cet orage, et c'est lui qui devait prescrire des limites aux vagues de cet océan bondissantes hors de leur lit.

Commencer l'épopée impériale par le coup de canon qui délivra Toulon ; s'illustrer une première fois en Italie ; partir bientôt pour l'Egypte, où croit le sacrifier le Directoire ombrageux ; là, buriner de brillants faits d'armes sur le granit quarante fois séculaire des

Pyramides, et se demander s'il ne domptera pas l'Orient pour y faire étinceler les lumières européennes et rendre aux anciennes cités des Pharaons, des Sémiramis, des Zénobie, des Salomon, leur gloire et leur majesté ; revenir en France et y ravir la dictature à la république caduque, pour endosser bientôt la pourpre impériale ; rouvrir les sanctuaires; électriser ses soldats et foudroyer cent fois les armes réunies de l'Autriche, de la Prusse, de la Russie, états autour desquels d'autres états étaient groupés, et qui avaient formé le projet de se partager la France, comme ces puissances avaient naguère divisé la Pologne (1) ; rendre enfin son épée l'arbitre de vingt royaumes ; telle est la rapide analyse de l'iliade napoléonienne. Le héros avait mis un terme aux vagues de l'extension perpétuelle des maisons de Hapsbourg, de Romanoff, de Hohenzollern, de Hanovre. L'une était à deux doigts de sa reddition, par la fermentation et la pénurie causées dans la Grande-Bretagne par le blocus continental; la seconde avait perdu la moitié de son territoire, après les batailles de 1806; la troisième, dépouillée en Italie, entamée en Allemagne, venait de s'engager nouvellement par le mariage de Marie-Louise; Alexandre avait à son tour dit à Tilsitt, à son vainqueur : *Vous sauvez l'empire de Russie.* Cependant une guerre était inévitable entre la Russie et la France : les préparatifs se faisaient à Pétersbourg avec discrétion et promptitude ; le Czar opérait sur une vaste échelle. Napoléon connaissait son antagoniste du Nord pour adroit et très-

(1) Dès la fin du XVIIIe siècle, tout équilibre était perdu en Europe ; les puissances du premier ordre n'avaient que des idées d'agrandissement ; et lorsqu'elles s'armèrent contre la révolution française, elles ne s'armèrent véritablement que pour conquérir ; à Valenciennes, à Condé, l'Autriche n'en fit pas mystère ; et, plus tard, elle ne dissimula plus que son principal objet, dans la guerre, avait été la possession de l'Italie. (Marco de St-Hilaire).

ambitieux, et lui aussi dut encore songer à renouveler la lutte.

« Ses nuits, dit M. de Ségur , étaient troublées par le choc violent de ses désirs et de ses pensées contraires ; et durant le jour, il avait sans cesse sur sa table un résumé général de l'état de chaque puissance de l'Europe, propre à l'éclairer sur les chances de l'entreprise qui l'occupait malgré lui-même.

Malgré lui-même ! C'est que l'empereur savait de quoi la Russie est capable ; qu'il sentait le besoin d'enrayer cette nation dans des limites infranchissables ; qu'il regrettait peut-être de n'avoir pas persisté à soutenir la Turquie , et de n'avoir pas rétabli la nationalité polonaise , comme il le pouvait en 1809 , en désintéressant l'Autriche. Toujours est-il qu'il avait écrit au Sénat en 1807 :

« La *tiare grecque* relevée et triomphante depuis la Baltique jusqu'à la Méditerranée, on verrait de nos jours, nos provinces attaquées par une nuée de barbares ; et dans cette lutte trop tardive , l'*Europe civilisée venant à périr*, notre coupable indifférence exciterait justement les plaintes de la postérité. Ce serait un titre d'opprobre dans l'histoire. »

C'est donc pour protéger la civilisation européenne, menacée par *la tiare grecque,* qu'eut lieu la campagne de 1812. Si l'acte de Napoléon sur l'Espagne était injustifiable, au point que l'empire fut peut-être puni par ce pays même, dont le cri d'indépendance, à l'époque de la guerre de Russie, retentit aux oreilles des rois humiliés, lesquels songèrent dès-lors à échapper à leur tutèle, il n'en était pas ainsi de la marche de nos braves sur Moscou. Les événements qui se passent en sont une preuve nouvelle et déterminante. La grande expédition ainsi justifiée, transportons-nous à Moscou, au moment où l'empereur y entra avec son état-major.

Ne vous semble-t-il pas, la première nuit qu'il passa

au Kremlin , après la victoire de la Moscowa , où 120,000 coups de canons et 2,800,000 coups de fusils avaient été tirés de part et d'autre, voir le triomphant capitaine, seul sur un siége armorié, les bras croisés sur sa poitrine, le front légèrement incliné, s'entretenir de la sorte :

« Enfin l'ennemi a livré une bataille ; il a été battu ; Moscou est prise ; Alexandre pour la recouvrer fera la paix ; c'est là le terme de mes expéditions de guerre. C'est la fin des hasards et le commencement de la sécurité. Un nouvel horizon , de nouveaux travaux vont se dérouler, tous pleins du bien-être et de la prospérité de chacun. Le système européen se trouve fondé, il n'est plus question que de l'organiser. La cause du siècle est gagnée, la révolution accomplie ; il ne s'agit plus que de la raccommoder avec ce qu'elle n'a pas détruit. Or cet ouvrage m'appartient. Je deviens l'arche de l'ancienne et de la nouvelle alliance. Si Alexandre se refuse à la paix , il ne reste plus qu'une capitale de la Russie, nous y marcherons (1). »

Cependant, de réflexion en réflexion, le héros, dans une sorte de demi-sommeil, laisse errer sa pensée vagabonde, qui, ne voyant plus d'obstacles à briser, réalise , sans soupçonner le réveil qui l'attend , l'épopée merveilleuse d'une monarchie universelle ; il forme trois états distincts de la Russie, après avoir rétabli l'ancien royaume de Pologne, sous le sceptre de Poniatowski , après avoir resoudé la Finlande à la Suède, distrait les provinces et les places voisines du Danube et des Dardanelles, et exigé un milliard d'indemnité pour les frais de la guerre. Alexandre abdique , et chacun des trois grands-ducs, Nicolas , Constantin et Michel , vont régner , l'un à Pétersbourg , l'autre à Moscou, l'autre à Tobolsk, capitales des trois principautés tributaires ayant formé ci-devant l'empire du Nord. L'esclavage est aboli , les princes russes dépouil-

---

(1) Ces paroles ont été dites dans les entretiens de Ste-Hélène.

lès de la suprématie ecclésiastique. Les ports de Cronstadt et de Sébastopol avec leurs flottes deviennent propriétés françaises. Le Sultan, qui a méconnu la France en refusant son alliance, est refoulé dans l'Asie, et ses possessions européennes, avec Constantinople, la Grèce, l'Archipel, les principautés Danubiennes, sont annexées à l'empire, déjà composé de tous les pays qu'avait commandés Charlemagne, et au-delà. Les autres royaumes sont feudataires de l'empereur, et les deux tiers obéissent à des membres de sa famille ou à des généraux qu'il a promus rois. Reste la fière Grande-Bretagne; car l'Espagne vient d'être définitivement réduite dans une campagne rapide, commandée par l'empereur en personne. Une descente heureusement accomplie sur cette terre; deux batailles, où le patriotisme anglais a vainement accompli des miracles de valeur, ont mis fin au royaume-uni. L'Angleterre est déclarée directement province française, et Georges IV reçoit comme roi tributaire, le trône d'Irlande et d'Ecosse. En Europe, il ne reste ainsi plus rien à faire pour la conquête. Le triomphateur revient en France avec

« Sa grande armée victorieuse, quand elle se déploie, étincelante de fer et de fierté, le long des routes de France, comme un immense serpent aux couleurs d'or et d'émeraude. Les journaux racontent ces fêtes, cette joie qui éclate sur leur passage, cette population se tenant par la main et ne faisant de la frontière à Paris qu'une double haie incessante de cris, d'hommages et d'enthousiasme. Et les arcs de triomphe ! et les fleurs dont on avait jonché les chemins ! et les jeunes filles en blanc, réunies comme des guirlandes de roses blanches, entourant le héros... Et les canons des grandes villes, les cloches et les fusées des villages, et toutes les collines flamboyantes sous les feux de joie ! Et ce délire de tous ! Et les corps de l'état qui se transportent à vingt lieues de la capitale, pour assurer plus tôt le grand homme de leur respect et de leur allégresse ! Et l'entrée dans ce Paris sous les arcs de victoire de l'Etoile et de Louis XIV, les rues avec leurs tapis de fleurs, les maisons vêtues d'étoffes comme d'habits de fête; et des têtes apparaissant partout, des soupiraux aux fenêtres les plus élevées, et des millions de bouches retentissant du cri sans fin : Vive l'Empereur ! — Et lui! l'empereur ! accablé de fatigues, de gloire et d'ennuis, entrant le soir en son château des Tuileries, où il ne peut dormir.— Voilà un triomphe (1) ! »

Cependant il aura dit à Pie VII son regret des circonstances qui ont causé la douleur de Sa Sainteté, qu'il a conjurée de reprendre le chemin de la ville éternelle, avec l'autorité temporelle de ses prédécesseurs sur le patrimoine de St. Pierre. Et le pontife a béni et glorifié Dieu. Alors en France et en Italie, à Paris et à Rome, refleurissent pour les beaux arts et pour les lettres, les siècles de Léon X et de Louis-le-Grand. L'enthousiasme des peuples est à son comble ; on élève au magnanime empereur des statues colossales. L'arc de triomphe de l'Etoile est revêtu du bronze des canons pris sur l'ennemi. Le Louvre est achevé et joint aux Tuileries; la rue de Rivoli est prolongée jusqu'à l'Hôtel-de-Ville par une suite non interrompue de palais. L'opulente Lutèce se couvre de merveilles artistiques. Des canaux sont creusés dans tous les sens ; des routes d'une capitale à l'autre, comme les anciennes voies romaines, sont construites. L'administration est forte, juste, éclairée ; elle protége tous les intérêts et tous les droits. Les lois revues et remaniées sont des monuments de sagesse : l'Europe est riche, heureuse, pacifiée, et la France reçoit en temps opportun, autant de liberté bien entendue qu'elle avait déjà reçu d'égalité. Cependant Alger, ce repaire de pirates, a insulté le pavillon français. Un mois suffit pour s'emparer du nid de ces écu-

---

(1) Louis Geoffroy. — Napoléon apocryphe. — Les verbes de ce passage ont été mis de l'imparfait au présent, et le mot Strasbourg est remplacé par le mot frontière. Plusieurs idées de cette nomenclature ont été aussi empruntées par nous au même ouvrage.

meurs de la Méditerranée , et pour assujétir toutes les côtes barharesques. Le commerce est plus libre. L'Afrique est colonisée. Des trésors immenses s'entassent dans les caves des Tuileries. Mais le roi des rois a tourné ses regards vers l'Egypte et vers l'Asie, dont il a eu des sujets de mécontentement. Il part pour les conquérir avec des flottes et des armées. Rien ne résiste à l'Alexandre de l'Occident , le royaume des Pharaons prend place dans la domination française. A l'Asie maintenant. La Syrie résiste à peine. A Jérusalem, Napoléon se recueille profondément au Saint-Sépulcre , et reprend sa marche vers la Chine, à travers Médine , et la Mecque, où il brise le tombeau de Mahomet , et renverse l'islamisme , considéré qu'il est, le héros , comme un envoyé d'en-haut mentionné dans les traditions musulmanes , devant un jour mettre fin au règne du Coran ; il soumet en courant l'Arabie, l'Asie-Mineure , la Perse , l'empire de Brama , la Tartarie, les Indes. Le Thibet, l'Indoustan , le Bengale, le pays des Birmans , la Cochinchine , Siam , le Japon , tout vient se soumettre comme de lui-même au pouvoir de cet inexplicable demi-dieu, dont la réputation sans pareille est exaltée par les mille voix de la renommée. Des savants et des artistes l'accompagnent, et sous ses ordres , fouillent les tombeaux des vieilles capitales, interrogent tous les souvenirs, recueillent tous les débris. L'idolâtrie, le mahométisme en tous lieux déracinés , font place à l'Evangile et à la croix. En Afrique , ses capitaines ont sans peine acquis à l'autorité du souverain du monde , la Nubie , le Mozambique, la Guinée , la Sénégambie , le Congo , le Monomotapa , la Cafrérie , l'Abyssinie. Les Amériques et l'Océanie devinant leurs vrais intérêts , et poussées par une irrésistible impulsion, font leur soumission d'elles-mêmes. Les plus vaillants généraux s'asseyent sur les divers trônes d'une foule de royaumes feudataires du monarque de l'univers, qui retourne encore, après une absence de quelques années, dans cette France, où sa marche triomphale offre le tableau de toutes les splendeurs, de toutes les joies, de tous les délires, de tous les trophées. Paris est rempli du bruit et de la magnificence des fêtes. Une solennité militaire déroule au Champ-de-Mars son indescriptible tableau. Enfin un concile œcuménique est assemblé, et l'unité déjà établie dans les lois, dans l'administration de l'univers soumis et pacifié, s'établit enfin dans la religion, et le catholicisme voit toutes les hérésies, toutes les sectes, toutes les déviations lui rendre les armes, le temps étant sans doute arrivé où il ne doit y avoir qu'un seul bercail et qu'un seul pasteur. Après cette solennelle proclamation qui fait couler de tous les yeux des larmes d'attendrissement et d'allégresse, le roi du monde est couronné et sacré par le Souverain-Pontife, au milieu d'une pompe, d'un éclat inoui dans tous les siècles.

Telle nous supposons la vision de Napoléon, au Kremlin, quand bientôt il s'éveilla et vit la cité des Czars irrémédiablement la proie des flammes, et cet incendie, la barrière de feu qui lui ferme l'accès d'une puissance, au-dessus de laquelle il n'y eut jamais, il n'y a que Dieu seul. Loi terrible de la Providence, qui laisse incomplets et inachevés les travaux de la gloire et du génie ! « Loi terrible ! qui tue Alexandre, Raphaël, Pascal, Mozart et Byron, avant l'âge de trente-neuf ans (1); » et qui va jeter sur un rocher désert celui qui a été la pensée et la vie de son siècle !

Et maintenant que vous avez vu la grandeur et la

____
(1) Louis Geoffroy.

félicité des peuples de la terre, avec l'unité de pouvoir et de religion que leurs eussent procurée Napoléon et la France, en admettant la vision du Kremlin réalisée, suivons Nicolas dans sa pensée fixe, à lui léguée par Pierre Ier. Supposons Constantinople et les Indes conquises ; puis la Perse, puis la Suède, l'Allemagne, la France, l'Europe enfin ; considérons même comme accomplis par le Czar les mouvements énumérés ci-dessus et effectués par le vainqueur de Moscou sur tous les continents ; quel spectacle se présente à nos yeux ? L'application des traditions autocratiques, sans en excepter Ivan IV, « dont la brutalité féroce fait pâlir les Tibère, les Néron, les Caracalla, les Louis XI, les Pierre-le-Cruel, les Richard III, les Henri VIII, enfin tous les tyrans anciens et modernes, avec leurs juges les plus incorruptibles, Tacite à leur tête (*Russie en* 1839) ; » la mise en pratique de ce serment prêté au Czar, par le synode : « *Je reconnais qu'il est le juge suprême de ce collége spirituel;* » la loi martiale, à l'usage des autocrates, qui ferme les églises romaines, en envahissant un pays, et qui met à mort les soldats catholiques qui ne croient pas pouvoir participer à la communion des popes (1) ; la parole d'Ivan III : « Je donnerai la Russie à qui je voudrai ; » parole convertie en loi par le czar Pierre, qui a voulu laisser au souverain la faculté de désigner l'ordre de succession au trône ; la doctrine des jurisconsultes, comme M. Tolstoï, qui a écrit : « Qu'on ne dise pas qu'un seul homme peut faillir, que ses aberrations peuvent amener de graves catastrophes, d'autant plus

______

(1) On sait qu'en pénétrant dans les Principautés danubiennes, Nicolas a fait fermer les églises catholiques, et qu'au siége de Silistrie, un général obligeant ses soldats à communier, au petit jour, avant l'assaut, deux polonais catholiques, ayant refusé la communion schismatique, ont été déférés devant un conseil de guerre, et passés par les armes.

qu'aucune responsabilité ne domine ses actes.... Où en serait l'empereur de Russie , si Pierre-le-Grand eût été gêné dans l'exercice de son pouvoir?... Que deviendrions-nous , si nous n'avions pas à la tête des destinées de la Russie , un monarque dont la pensée sage et énergique , *libre de tout contrôle*, n'est dirigée que vers un seul but , le bonheur de la Russie ? »

L'emploi des deniers publics arriverait à leur destination, comme ces seize millions affectés par Nicolas aux fortifications d'Odessa,et du détournement desquels, en partie du moins , les chroniques contemporaines ont fait mention (1). Les armées seraient composées par des enrôlements forcés, comme ces trente mille Arméniens récemment contraints violemment de faire partie des gros bataillons russes. Les catholiques seraient privés de la faculté de construire des églises, comme la chose a lieu en Pologne , comme elle vient de se produire à Kirsova (2). Jérusalem,en particulier, au lieu d'être ouverte à la piété éclairée des vrais fidèles, éterniserait les brutalités exercées naguère contre le patriarche romain et ses ouailles (3).

Elle serait , elle serait la monarchie universelle du Czar, la glorification de cet état de choses qui, sous Catherine II , élevait de vastes établissements d'enfants trouvés, sous la qualification *de sanctuaires et de tem-*

(1) L'empereur Nicolas avait envoyé, de ses deniers privés, deux millions de roubles , au général Osten-Saken , pour fortifier le système de défense d'Odessa. Cet officier supérieur a été publiquement accusé de n'avoir employé aux travaux commandés qu'une partie de la somme. Ces faits , on le sait , sont très communs dans les états-majors russes.

(2) A Kirsova (Valachie) , le colonel Erzenankoff s'est opposé à l'érection d'une église, dont les catholiques manquaient et qu'ils voulaient se donner à leurs frais.

(3) Les journaux ont assez retenti de ces mauvais traitements des agents russes , excitant les schismatiques , et qui ont forcé Mgr le patriarche de Jérusalem à s'éloigner de son siége épiscopal et du Saint-Sépulcre , pour que nous ayons besoin de les relater longuement.

ples bénis de l'humanité; le bannissement de la vérité dont l'âme humaine a besoin comme le corps a besoin d'air ; le mépris de l'étranger que la plèbe russe déteste par défiance , et les riches par hostilité ; la proscription de l'honneur, appelé en Moscovie : *une chimère française* ; la corruption à prix d'or, par les caresses mêlées aux menaces ; toutes les détestables passions par une basse finesse , par une habileté cynique ou par la violence ; partout et toujours le mépris pour la sainteté de la parole, pour la justice des actes ; l'improbité, la fraude; cette procession de vices, en un mot, qu'un écrivain a cru voir sortir par toutes les portes du Kremlin pour inonder la Russie entière. Ce serait l'idolâtrie comme principe de pouvoir , et le pouvoir lui-même le mensonge sous le diadème. Ce serait l'imitation commandée des grandes créations de l'art ; mais la création aurait tari dans sa source , comme la science aurait laissé éteindre le feu sacré du perfectionnement et de l'invention. Ce serait la religion byzantine, cette lente infusion de l'esclavage où finit la civilisation , et bonne seulement à détruire la liberté individuelle , la liberté collective, à tromper et à abrutir les nations. Ce serait le ministère sacerdotal communiquant à l'homme les révélations divines, de par celui pour qui « *il n'existe plus aucune voie légitime de s'opposer à ses volontés.* » (Karamsin). Prêtres, pontifes , docteurs, poètes , artistes , savants, individus , peuples , rien ne serait soi ; il ne survivrait que l'autocratie, l'autocratie, dont l'unique soin serait de jeter l'univers dans le moule moscovite , à dater des Ivans , et représenté comme suit par l'historien indigène et adoucisseur des Czars, Karamsin: « Habiles à tromper les Tatars, il devinrent aussi (les Russes) plus savants dans l'art de se tromper mutuellement ; achetant des barbares leur sécurité personnelle ; ils furent plus avides d'argent et moins sensibles aux injures, à la honte, exposés sans cesse à l'insolence des tyrans etrangers.» Et plus loin : « Il se pourrait que le caractère actuel des Russes conservât quelques-unes des taches dont l'a souillé la barbarie des Mongols.... Nous remarquons *qu'avec plusieurs sentiments élevés on vit s'affaiblir en nous le courage.* »

Elle est donc là celte nation sans Catholicisme qui lui aurait légué la civilisation , la justice, le bonheur ; à laquelle la servitude a été inoculée, aussi bien que l'ignorance, l'intrigue, la dissimulation, l'ambition, l'ambition energiquement sauvage ; elle est là, l'héritière des Tartares, dont chaque chef reste par la volonté un Timour, un Gengis!

Nous touchons au terme de notre tâche , tâche remplie d'obligations déchirantes , puisqu'entreprise au nom du triple amour de la patrie, des nationalités et de la religion , il ne nous a été donné que d'enregistrer des menaces pour la France et pour le monde , comme aussi une grande désolation pour le Catholicisme que la Russie a conçu le fol espoir de détruire. Qu'y pouvons-nous si, dans la course que nous avons fournie, tout ce qui s'est offert à nous n'a pu que faire gémir les douleurs de notre âme? Loin de sacrifier à l'exagération et à la sévérité, nous avons hâté le pas très-souvent, pour avoir moins à sonder les puits de turpitudes et de forfaits qui s'ouvraient devant nos yeux. Si pourtant nous déplorons le sort des persécutés et des martyrs uniates et autres; si nous élevons la voix contre les maux dont pourraient être frappées encore les agrégations d'hommes attachés à la foi romaine, par la colère de l'autocratie, ce n'est pas pour la foi catholique elle-même , cette colonne de diamant sur laquelle viennent s'émousser tous les glaives proscripteurs, expirer d'impuissance les tourmentes de tous les siècles, et se fracasser le front de tous les despotes : le Catholicisme, c'est la doctrine que rien n'altère, la lumière qui ne saurait être enténébrée, le point d'appui du monde social, la pierre de touche des pouvoirs et des systèmes, le testament du Verbe, éternel, impérissable comme lui; mais ce qui nous préoccupe pour l'Europe, c'est sa foi attiédie, c'est le doute, c'est sa somnolence, c'est la déification de l'égoïsme, c'est le culte de la matière, la soif de l'or, substitués presque en tous lieux aux pratiques du juste, aux habitudes de l'honnête, à la foi naïve de nos pères, aux inspirations vigoureuses des grands créateurs de la pensée, passionnés pour la vérité vraie. L'humanité égarée de la sorte et ne s'amendant pas, aurait tout à craindre des justices providentielles, dont les races du Nord deviendraient peut-être alors les instruments. — Je vois le reste aplati et ridiculisé de l'école voltairienne s'effarer au nom de l'église romaine, si souvent invoqué dans ce livre, d'ailleurs si carrément indépendant, et repousser ces pages en déclinant quelques noms malheureux dans l'histoire du sacerdoce, et certains abus commis dans le passé sous le prétexte religieux : scribes intéressés, défenseurs d'utopies qu'un peu de sincérité vous ferait si promptement dépouiller, invoquez-vous la liberté? Elle n'est que dans le Catholicisme; le bien-être pour tous? l'égalité devant la loi? l'encouragement pour les arts? un gouvernent paternel? tout cela n'est procuré que par le Catholicisme, uniquement par le Catholicisme. Tout ce qui opprime les peuples, tout ce qui ôte le bien public, c'est la tyrannie ou la démagogie; c'est toujours la négation de la charité, la charité, essence du Catholicisme, soit que l'oppression vienne d'un monarque, soit d'une oligarchie d'ambitieux et d'intrigants. Louis IX rendant la justice sous les ombrages de Vincennes, Fénélon visitant les chaumières pour les consoler, Rollin le patriarche de l'enseignement, le populaire Lassale, sont le prince, le prêtre, le recteur, l'instituteur du Catholicisme. Les Czars sans entrailles, les tueurs de la convention, Calvin désertant ses vœux et jetant dans la boue son froc avec sa foi, Rousseau, déclamant son *Contrat social* et jetant ses enfants à l'hôpital, Fourier l'utopiste sexagénaire, tels sont les gouvernants, le pontife, le rehéteur, l'enseignant que produisent vos rêves humains. Est-ce que les modérés d'entre vos adeptes arrivent jamais euxmêmes à une direction quelconque? Non, car ils sont constamment éliminés par les plus violents, par les plus exaltés d'entre vous. Enumérez les bienfaits de l'Eglise Romaine dans ses hospices, dans ses établissements de secours, dans les œuvres de refuge et de protection de tout genre institués par elle, au sein de nos cités et jusque dans les hameaux, et puis, dites-nous quelles sont les fondations de ces soi-disant réformateurs du dernier siècle et du siècle présent? Nous ne passons en revue dans leurs rangs que des égoïstes, des hommes dissolus, des sybarites de boudoir, des parleurs, de mauvais citoyens.

Il ressort de ce qui précède que l'école rationaliste ne saurait avancer quelque chose de logique et de pratique, dans ses écrits, qu'elle n'en ait pris le germe dans l'Evangile. Insensés! et où donc est l'Evangile, sinon dans le Catholicisme? Et de même qu'il n'y a qu'un Evangile, comme il n'y a eu qu'un temple chez les Juifs, il ne saurait y avoir qu'une religion. Le Catholicisme est donc la voie, la vérité et la vie; la vie sans laquelle la société se meurt, s'éteint comme une lampe privée d'aliment. D'après M. Guizot, il n'existe aucun

rapport entre l'Evangile et la politique (1). C'est un blasphême. La métaphysique sans la révélation, c'est la porte
ouverte à tous les écarts. Supposez que Descartes faisant
table rase , pour édifier son système, n'eût pas réservé le
Christianisme, quel monstre n'eût-il pas enfanté ! Toute
politique qui se sépare de la religion, aboutit au pyrrho-
nisme. La loi est athée , a dit un homme d'état ; mais
alors cette loi c'est l'aimant qui attire la foudre , c'est
la légalité qui servira de thèse aux révolutions.

Le gouvernement devient l'anarchie , s'il n'est soutenu par la morale et par la justice. La morale et
la justice résidant dans l'Evangile comme dans leur
source, l'Evangile est donc inséparable de tout exercice
de l'autorité. Que les pouvoirs soient franchement religieux, les peuples reviendront à la vertu. Là se trouve
la sécurité pour les uns et pour les autres. Les Israé-
lites triomphaient tandis que Moïse avait les mains
levées vers le ciel. La légion fulminante assura la
victoire à Marc-Aurèle. Il ne fut jamais de guerriers
supérieurs aux moines-soldats nommés chevaliers du
Temple. Tous les anciens législateurs eux-mêmes pla-
çaient leurs codes sous la protection de la Divinité. Ce
fut Jéhovah qui dicta la loi mosaïque. Le Tout-Puissant
n'a-t-il pas voulu être nommé le miroir de la justice,
le maître jaloux, le Dieu des combats ? La Russie sera
donc humiliée, réduite à jamais à l'impuissance de lever la tête contre l'Europe et contre l'Orient , si les

(1) Je suis protestant , et tout en admettant une supériorité dans le
Christ sur tout ce qui a existé, telle qu'il est impossible à mon esprit de l'expliquer ni de la concevoir , néammoins *je ne vois aucun rapport entre l'E-
vangile et la Politique* , et c'est ce qui me retient ; puisque le Christ n'a pas
réglé les choses de la terre , puisqu'il a laissé le sceptre à César , je me crois
obligé de recourir à mes lumières , et à les suivre pour le règlement de mes
affaires , et pour celles de la société. (Paroles de M. Guizot, rapportées par
M. de Beauterne , dans son livre : *Sentiments de Napoléon sur la Divinité.*)

monarques adversaires de l'Autocrate , donnent à leur intervention la portée morale qu'elle doit avoir, et s'ils ne se dissimulent pas qu'il faut déjouer et punir surtout les mouvements de la force matérielle, par l'esprit chrétien. L'invasion des barbares , au moyen-âge, était un flux et un reflux providentiel et correcteur du mépris de la Divinité et de ses lois. Toutes les invasions, toutes les émeutes sont une expiation permise de Dieu, à cause de la sagesse oubliée , de la justice méconnue, de la foi tombée en désuétude. L'intelligence , l'activité , les forces mises à la poursuite de l'expédition en Orient ; les plans de la Russie avortant ou avortés autour d'elle ; les pays décimés, comme la Suède et la Perse , reprenant confiance de rentrer dans leur intégrité et prêtes à joindre leur armes aux nôtres ; l'effroi mal dissimulé de Nicolas : tout nous persuade que Dieu a béni les armes combinées , et que leur triomphe sera complet.

France, Catholicisme, noms que j'aime jusqu'à l'enthousiasme , jusqu'à en avoir le délire , vous n'êtes jamais séparés dans ma pensée, et à l'heure d'à présent, vous imprimez à mon cœur des bonds impétueux d'espérance et d'amour, par la protection que vous donnez ensemble à la société allanguie, inquiète, et demandant à se rasseoir dans son assiette normale, et à mettre un terme aux oscillations qui ont violemment dérangé son équilibre ! Les doctrines subversives , les penchants détestables, ont tout divisé, la foi, le gouvernement , les spéculations de la pensée, les transactions commerciales; et cet émiettement commun à chaque ordre de choses, s'étend à la terre entière. D'ailleurs , un retour au lien d'une même doctrine travaille le monde. Les tentatives du protestantisme, qui n'a jamais pu s'entendre, malgré ses professions de foi multipliées, et qui se divise en 70 sectes, en est une première preuve, dans les méthodistes, les piétistes, les puséystes, qui, poussés par le besoin de leur cœur, cherchent, depuis quelques années, à sortir des abîmes de la confusion où errent les branches séparées de Rome, depuis la rupture de Luther et de Calvin avec l'autorité doctrinale. Il n'est pas jusqu'aux rêveries socialistes, auxquelles des niais s'étaient laissés gagner, et que des habiles cherchaient à exploiter pour eux, qui n'accusent la lassitude des esprits, désireux d'un repos à qui l'erreur ne fournit jamais de base. A propos d'un livre de M. Valérien Krasinski, qui ne voit de salut pour ses frères réformés que dans l'union protestante, réalisée sous l'action de l'Angleterre, M. Laurentie reconnaît les phénomènes suivants dans le choc actuel de l'Orient : « Un besoin d'unité, écrit-il, se remue au sein du slavisme (1) ; chacun le sent en Russie, comme partout ; même en cherchant l'unité par des artifices, par des violences, on proteste contre les ruptures et contre les schismes. N'est-ce pas un indice que les séparations de l'Eglise chrétienne arrivent à leur terme ? Notre âge en verra la fin, n'en doutons pas ! Et le grand ébranlement de l'Orient, sous les coups d'une guerre mystérieuse, n'aura été que la préparation d'un si grand événement. »

Réjouis-toi donc, ô France, de la part glorieuse que tu prends et qui t'est réservée jusqu'au bout, dans la rénovation du monde. Tu ne peux supporter l'anarchie, ni le despotisme ; il te faut l'ordre et la liberté, parce que le Catholicisme, ton partage religieux, repousse les premiers et demeure seul le père des seconds. Avec la foi des Charlemagne, des Louis XIV, des Napoléon, tu crois au Capitole, tu ne crois plus à la roche

____

(1) Le slavisme des diverses communions dépasse cent millions d'individus.

Tarpeïenne. Il te reste deux types qui t'ont tenu place de tout, c'est le prêtre et le soldat, saint Rémy et Clovis, saint Bernard et Godefroy de Bouillon, types conservés depuis et survivant encore de nos jours. Oui, tu es, tu seras la fille aînée de l'Eglise, et ton bras aussi bien que ta croyance, aura fortement concouru au salut des nations. A la tête de la propagation évangélique, tes missionnaires font resplendir les lumières de la foi, au sein des peuplades les plus éloignées, et tes guerriers, à l'heure qu'il est, couvrent de la protection de leurs armes, les trois grandes capitales des temps passés, Rome, Athènes, Stamboul. De tout temps protectrice du pouvoir temporel des Papes, tu devais balayer la ville aux sept collines des anarchistes qui l'infestaient ; tout Français qui soutient le contraire, ne fut jamais un patriote, et n'eut de culte que celui de ses passions. La cité d'Alcibiade et celle de Constantin appelaient, pour les défendre contre l'insurrection et contre la spoliation russe, la puissance qui jeta la première le cri des Croisades ; et la France est accourue ; gloire à elle !

« L'Orient, a dit un célèbre orateur contemporain, c'est là que de grandes destinées se décideront par le sabre et par les traités. Quand Dieu veut faire quelque chose de grand, c'est avec quelques noms de Liban, de Jérusalem, qu'il enchante le génie et le fait tressaillir. Jamais Rome ne fera vibrer votre imagination comme Jérusalem ; Torquato Tasso et Milton ont écrit sous la dictée de Dieu... Sésostris, Alexandre et Napoléon sont allés là ; c'est là que s'est fait tout ce qu'il y a eu de plus mémorable dans l'univers, et le dernier coup de canon des grands peuples a été tiré sur cette terre. Leur diplomatie est là comme y fut le passé, et la tendance du commerce et de la politique y retourne. »

N'est-elle pas, cette croyance de l'unité,

« La religion du pouvoir et de la société, comme le protestantisme est la doctrine de la révolte et de l'égoïsme ? La religion catholique est une , mère de la paix et de l'union. Le clergé catholique a présidé à la fondation de la société européenne ; ce qu'il y a de meilleur dans la civilisation moderne, les arts, les sciences , la poésie, tout ce dont nous jouissons, est son ouvrage. Tous les éléments d'ordre , qui assurent la paix des états, sont encore un de ses bienfaits. La religion catholique possède des avantages qui me la feront toujours préférer à toute autre. Elle est une , elle n'a jamais varié , et elle ne peut changer. Ce n'est pas la religion de tel homme, mais la vérité des conciles et des papes, qui remonte sans interruption jusqu'à Jésus-Christ, son auteur.

« Elle possède tous les caractères d'une chose naturelle et d'une chose divine ; elle plane au-dessus des passions et des vices ; elle est un soleil qui éclaire notre âme avec mystère et majesté ; elle est infiniment supérieure à notre esprit, et malgré cette supériorité , très-appropriée aux plus communes intelligences. Sa vertu est une vertu cachée, qui est au-dedans de l'homme , comme la sève au-dedans des arbres. Telle est la religion catholique, qui met l'ordre partout, qui est à la fois un lien social et un lien religieux, qui fortifie le pouvoir, qui prêche à tous l'union et l'amour, et qui persuade à chacun son devoir. C'est pour cela que je suis chrétien , catholique, romain, parce que mon père l'était, que mon fils l'est comme moi, et que j'aurais un grand chagrin , si mon petit-fils pouvait ne pas l'être (1). »

Que les cœurs s'unissent, que les bonnes intentions

(1) Paroles de Napoléon à Ste-Hélène. — De Beauterne. — Le même auteur rapporte aussi la relation importante qui suit : « Napoléon avait un sens droit ; il s'en servait pour juger tout ce qui s'offrait à son esprit. Il racontait un jour, à Ste-Hélène , qu'on avait fait plusieurs fois des tentatives auprès de lui , à diverses époques de sa puissance ; pour l'engager à se déclarer le chef de la religion , en mettant de côté le Pape. « On ne se bornait pas là ; disait-il ; on voulait que je fisse moi-même une religion à ma guise , m'assurant qu'en France, et dans le reste du monde , j'étais sûr de ne pas manquer de partisans et de dévots du nouveau culte. Que répondre à de pareilles sottises ? Un jour cependant, que j'étais pressé sur ce sujet, par un personnage qui voyait là dessous une grande pensée politique , je l'arrêtai tout court : Assez, monsieur, assez ; voulez vous aussi que je me fasse crucifier? Et comme il me regardait d'un air étonné : Ce n'est pas là votre pensée, ni la mienne non plus : eh bien ! monsieur, c'est là ce qu'il faut pour la vraie religion ! Et après celle-là , je n'en connais pas , ni n'en veux connaître une autre. »

La leçon est bonne pour les autocrates.

se confondent, que le talent et le génie soient au niveau de leur mission, que le pauvre croie et espère, que le riche n'aille pas se lamentant sur le chaos social, pour rester immobile et sommeiller ensuite; mais que rompant la torpeur qui le captive, il étende sa bonne volonté à refaire un saint des saints à toutes les majestés proscrites qui prennent nom, principes, patrie, chevalerie, noble conviction, grandeur nationale, tradition, vertu, catholicisme; et la société sera sauvée, et les arrogants en casque et en éperons, qui sur la Néva, s'étaient promis une moisson de couronnes royales, en faisant de la liturgie et en montrant leurs canons, seront accablés par les bataillons de l'Occident, l'Occident dont l'unanime malédiction précède déjà la défaite de la Russie.

Et vous, lieux consacrés par tant de miracles et par l'action visible et fréquente du ciel, Golgotha, Sion, Moriah, Cédron, Thabor, Jourdain, Nazareth; lieux habités par les patriarches, par les prophètes, par la sainte famille; lieux où le Messie aima les hommes, enseigna sa doctrine et mourut; lieux où les chrétiens vont suivre à genoux, depuis dix-neuf siècles, les traces du Rédempteur sur le douloureux chemin de la croix; lieux ou l'expiation conduisit, avant les Croisés, un Foulques de Nerra, un comte d'Anjou, un Robert-le-Frison, un comte de Flandre, un Béranger de Barcelone, un Frédéric de Verdun, un Robert de Normandie, et d'autres seigneurs puissants, jusqu'aux sept mille chevaliers partis des bords du Rhin; lieux où le système féodal, dégénéré en despotisme et en perturbation, entraîna les barons et les hommes d'armes, *soldats de l'enfer devenant soldats de Dieu*, comme s'exprime Urbain II, à l'assemblée de Clermont, et ces masses de combattants dans le transport desquels « l'Europe entière

De même que l'empereur de Russie a eu l'intention de soutirer à l'Autriche la Hongrie et la Transylvanie, pour en faire un royaume soi-disant indépendant, sous l'épée d'un prince russe, ainsi son action révolutionnaire dans la Péninsule avait pour objet principal de frayer les voies au trône de la nationalité italienne à son gendre le duc de Leuchtemberg, lequel avait acquis à Rome un hôtel d'une valeur de plusieurs millions, non encore soldé. On sait que l'*Opinione*, de Turin, avait soutenu la candidature de ce prince, en 1850 et 1851. Le peu d'autorité laissée au duc dans sa propre maison, à Pétersbourg, annonce suffisamment que sa royauté en Italie n'eût été que le plastron de l'omnipotence du beau-père. Ainsi s'explique le voyage de l'Autocrate, en 1845, à Naples et à Rome, dont le soulèvement avait, comme tant d'autres, son moteur à Pétersbourg. De sourdes rumeurs ne nous indiquent-elles pas en dernier lieu l'Italie comme un volcan insurrectionnel prêt à vomir de nouveau ses laves enflammées, et Mazzini, fort de beaucoup d'argent venu des coffres de Nicolas, prêt à paraître, comme le vent qui y doit exciter l'éruption ?

Instigation, source, aliment perpétuel de perturbations, de séditions, sur tous les continents, dans tous les royaumes, dans toutes les capitales, de Paris à Jérusalem, de Turin à Constantinople, de Fribourg à Alexandrie, de Messine et de Naples à Téhéran, de Gênes et de Venise à Bude, de Rome à Athènes, l'or de l'Autocrate, sa fourbe, ses parjures, sous une apparence d'amour des peuples, sous un faux semblant d'ordre à protéger, fomente et solde l'insurrection, soulève les ambitions des partis, stipendie les publications et les trahisons, le tout pour avoir occasion de s'imposer par les armes. Ces grandes machinations sont le produit des deux grossières énergies russes, la frénésie des conquêtes, l'esclavage à universaliser.

Quelle soit donc dévoilée à tout ce qui tressaille encore aux noms vénérés d'indépendance, de dignité humaine, d'honneur national, de chevalerie, de vrai Christianisme, cette menteuse et cynique Moscovie; qu'un long cri réprobateur soit le stimulant qui confonde contre elle toutes les nobles aspirations de l'Europe; qui unisse de plus en plus à la France et à l'Angleterre, l'Allemagne entière, les états baignés par la Baltique; et que cette puissante ligue de réparation, vengeant les outrages séculaires prodigués si loin par les Czars, satisfasse enfin toutes les justices !

APERÇU CHOROGRAPHIQUE

De la Russie, de la Turquie et du Théâtre de la guerre.

—

RUSSIE.

Un coup d'œil rapide sur l'ensemble de l'empire de Russie et une description du théâtre de la guerre, ne sauraient que remplir en cet endroit un vœu né de lui-même dans l'esprit du lecteur. L'empire des Czars, le plus vaste du globe, s'étend en Europe, en Asie, en Amérique, de 15° 10' long. O., et de 58° 40' à 81° lat. N.; dimensions en ligne droite, 14,000 kil. de l'E. à l'O.; 5,600 du N. au S.; 17,000 diagonalement, du S.-O. au N.-E. C'est le septième de la terre habitée, et la vingt-cinquième partie du globe (1,028,500 l. c.) La Russie d'Europe, bien plus importante que la Russie d'Asie, n'a pourtant que la moitié en étendue, et renferme les sept huitièmes de la population totale, que certains géographes évaluent à 70,000,000 d'âmes.

La Russie d'Europe a pour bornes, au N. la mer glaciale; à l'O. la Suède, la mer Baltique, la Prusse, l'Autriche; au S., la Turquie d'Europe et la mer Noire; à l'E. la Russie d'Asie, ou Sibérie, qui fait le tiers de cette partie du monde, et a pour bornes à son tour, à l'E. la mer du Japon, au S. la Tartarie, à l'O. la Russie, au N. la mer Glaciale.

La Russie d'Europe présente un vaste plateau, sillonné de quelques hauteurs, tels que les monts Valdaï, Olonetz. Aux limites orientales se trouvent les monts Ourals et Poyas, d'une grande élévation. Plus de cinquante gouvernements, dont presque tous ont une capitale du même nom, sont répartis en sept régions : la Russie Baltique, cap. St-Pétersbourg, 500,000 habitants : villes principales, Cronstadt, Riga. Grande-Russie, cap. Moscou, 260,000 hab.; villes principales, Smolensk, Nowgorod, Arkhangel; Petite-Russie, villes principales, Kief, Tchernigof, Pultawa; Russie-Orientale, villes principales Penza, Kazan, Astrakan; Russie-Méridionale, ville principale, Odessa; Russie-Occidentale, ville principale, Wilna; enfin archipel d'Aland et d'Abo, dans la Baltique; les îles de Kalgouef, de Vaïgatz et de la Nouvelle-Zemble, dans la mer Glaciale.

St-Pétersbourg, sur la Néva, près de son embouchure sur le golfe de Finlande, est à 2,700 kil. N.-E. de Paris. Les rues sont régulières, les édifices spacieux, en grand nombre, mais pour la plupart manquant de goût et de perfection architecturale. Les quais offrent de belles perspectives. La Néva y forme plusieurs îles et partage la ville en cinq quartiers. On cite les places du palais d'Hiver, de l'Amirauté, d'Isaac, du Sénat, le Champ-de-Mars. Les églises de Cazan, de St-Isaac, de St-Pierre et St-Paul, de St-Nicolas, de St-Alexandre Newski, sont remarquables, les unes par leur style grandiose, les autres par l'entassement des richesses. L'hôtel de l'Académie des beaux arts est estimé le plus beau monument de Pétersbourg. Toutes les administrations centrales, les principaux établissements scientifiques de la Russie, sont dans cette capitale, si exposée aux inondations, que celles de 1726, 1777, et surtout 1824, ont failli l'emporter. Fondée en 1704, par le czar Pierre, Pétersbourg, quoique déclarée par l'autocrate capitale de l'empire, ne l'est devenue véritablement que sous Élisabeth, qui enleva aux Suédois, en 1745, une partie de la Finlande. La capitale de toutes les Russies a peu d'industrie, mais fait un commerce considérable, en grande partie aux mains des Anglais, pour l'extérieur. Les importations consistent surtout en denrées coloniales, meubles, objets de luxe, métaux travaillés. Pétersbourg a deux archevêques, un grec et un latin. Le climat y est très-froid.

Cronstadt est à 27 kil. de Pétersbourg, dont elle est le boulevard et le port, à un endroit où le golfe de Finlande est fort resserré, par 27° 29' long. E., 59° 59' lat. N.; environ 50,000 habitants, dont ordinairement 10,000 marins. Place forte; trois ports, dont deux militaires; forts, batteries, arsenaux, chantiers de constructions, résidence de l'Amirauté. Pierre Ier, fonda cette ville maritime en 1710. Le fort Cronschlot la défend du côté de la mer. On vante beaucoup ses fortifications, que plusieurs disent inexpugnables. Peut-on partager cette opinion, quand l'inondation de 1824 leur fit subir de notables dommages? C'est la principale station des flottes impériales devastées par les glaces plus de la moitié de l'année.

Moscou, capitale de la Russie avant Pétersbourg, qui en

est éloignée de 770 kil. S.-E., sur la Moscowa et deux autres rivières. Elle est à 2,945 kil. N.-E. de Paris. L'aspect oriental offert autrefois par cette ville, s'efface chaque jour, pour faire place à un extérieur européen. Cependant ses coupoles dorées ou peintes de vives couleurs, ses clochers, ses monuments de divers âges et de toutes les architectures, lui conservent une curieuse originalité. Elle est formée de quatre quartiers concentriques : la ville de Terre, la ville Blanche, la ville Chinoise, le Kremlin ou citadelle et ancien palais des Czars. Moscou renferme de nombreux édifices, parmi lesquels de spacieux hôpitaux et la tour d'Ivan, la plus haute de la ville, où était autrefois la cloche prétendue miraculeuse de 165,000 kilog. pesant. L'ancienne capitale possède aussi de nombreuses sociétés scientifiques et d'instituts : l'université de Moscou est encore la première de l'empire.

Cette ville fait un commerce très-actif. Elle est comme l'entrepôt entre la Russie Occidentale, d'une part, la Russie d'Asie, l'Asie centrale et la Chine, de l'autre. Un chemin de fer la relie depuis quelques années à Pétersbourg. Dolgorouki fonda Moscou vers 1147. La chute du grand-principat de Kief, causée par l'invasion mongole, et l'occupation du midi par la Horde-d'Or, firent prédominer Moscou, à partir d'Iéroslaf II, 1258. Dès 1500 elle resta la vraie capitale de la Russie. De 1569 à 1812, elle a été assiégée ou prise dix fois. Brûlée presque entière par le gouverneur Rostopchin, d'après un ordre d'Alexandre, elle a été relevée depuis. Les Russes l'appellent la ville Sainte. Il reste démontré que le peuple ne fut pour rien dans l'incendie ; c'est au point qu'une partie des habitants prenaient Napoléon pour un envoyé du ciel venant rompre leurs fers.

Sébastopol, sur la mer Noire, ne date que de 1786. Cette ville de la Crimée a de 12 à 15,000 hab. Elle est à 60 kil. S.-O. de Simféropol, sur la côte S.-O. Belle baie ; un des meilleurs ports de l'Europe ; mais pas assez d'eau douce. Bâtiments de l'amirauté, arsenal, hôpital, magasins publics, chantiers, casernes. Ses fortifications, au dire de plusieurs observateurs, n'ont point la solidité que d'autres leur attribuent. Le système de défense serit meilleur que la force des murailles.

Odessa, à 170 kil. O.-S.-O. de Kherson, sur la mer Noire ; 50,000 habitants, port franc, citadelle. Ville bien bâtie ; monuments remarquables, entre autres le Lazaret, la Bourse, la

Banque. Industrie. Grand commerce de grains ; poudre, soieries, savons, forges , chantiers de constructions. Odessa , en 1792, était encore un humble village ; elle est élevée sur l'ancien emplacement d'une colonie grecque connue sous le nom de *Istrianorum Portus.* Ce fut Catherine II, qui l'agrandit en 1796 , et l'appela Odessa, en mémoire de la ville grecque d'*Odessus*, qui fleurit autrefois sur la rive gauche du Dniester. Sa prospérité lui est venue surtout de ce qu'en 1802 , elle fut déclarée port franc. Elle doit aussi une partie du développement de son commerce à un Français, le duc de Richelieu, qui en a été gouverneur.

La Pologne a conservé le titre de royaume ; elle a environ 4,000,000, d'habitants ; Varsovie en a 160,000.

La Russie d'Asie est divisée en deux contrées : 1° Sibérie; 2° région Caucasienne. Cinq millions d'individus seulement, partagés à peu près également, pour chacune de ces deux divisions, sont les seuls habitants d'un pays qui en ligne droite à 7,000 k. de l'E. à l'O., sur 1,750 du N. au S. Là se trouvent les *Ostiacks*, les *Yakoutes*, les *Samoyèdes*, les *Toungouses*, les *Kirghis* et autres races généralement idolâtres. Les fourrures et les mines d'argent, d'or, de fer, etc. , forment les richesses de ce pays. Tobolsk en est la capitale. Très vastes systèmes de montagnes, surtout au S.: grand et petit Altaï, monts Daouriens, Stanovoï, etc.; fleuves, lacs; froid descendant jusqu'à 40 degrés, sol stérile, sauf au midi, steppes immenses. La Sibérie sert à la Russie de bagne, où les criminels sont confondus avec les exilés politiques. Le Cosaque Iermak conquit cette contrée en 1580, pour Ivan IV.

La région Caucasienne comprend : la Géorgie, le Chirvan, l'Arménie, l'Iméritie, le Daghestan, les montagnes de la Circassie où se défend l'intrépide Schamyl, à même de prendre désormais l'offensive. Les peuplades de ces régions ont presque toujours été indépendantes. Les Russes ont établi pour les contenir des forteresses sur toutes les cimes. La race blanche qui a peuplé l'Europe et une grande partie de l'Asie est sortie du Caucase; on la nomme pour cette raison : *Race Caucasienne*, Les Circassiens passent , avec les Géorgiens, pour les plus beaux hommes de la terre.

La Russie américaine se compose d'une partie continentale et d'une partie insulaire , qui comprennent tout le N.-O. de l'Amérique septentrionale. La partie continentale comprend des établissements dans le pays des Esquimaux , des Koluches, qui dépendent d'une compagnie de commerçants russes. La partie insulaire comprend les archipels du *Prince de Galles,du Duc d'York, de Georges* III, *de Tchalka, des Aléoutes.*La population n'est que de 60,000 habitants.

TURQUIE.

La Turquie,ou empire Ottoman,comprend la Turquie d'Europe et la Turquie d'Asie, auxquelles on joint , en Europe, les trois provinces tributaires de Servie,Valachie, Moldavie, et en Afrique,l'Egypte et les régences de Tripoli et de Tunis, qui ne dépendent de la Porte que nominalement. Elle est bornée au N.par la Russie et la mer Noire, à l'O.par l'Autriche et la mer Adriatique, au S. par la Grèce, la Méditerrannée, l'Arabie et l'Isthme de Suez,à l'E. par la Perse. La population est d'environ 24 millions d'habitants, à peu près également partagés en Europe et en Asie ; la moitié à peine sont Turcs : le reste se compose de Grec , Juifs, Arméniens , Syriens, Arabes , Francs, La Turquie d'Europe se compose des provinces de Bulgarie, Bosnie, avec la Croatie, Roumélie, Macédoine,avec la Thessalie. Sol très fertile en grains , fruits exquis, etc. Villes principales, Constantinople , capitale, Belgrade, sur le Danube, ville très-forte, Bucharest, au N. du Danube, Andrinople, ancienne capitale , Salonique , port très-commerçant: Gallipoli , sur les Dardanelles , Sophia , dans la Bulgarie, Choumla et Silistrie, villes très-fortes,Varna,sur la mer Noire, Scutari, sur le lac de ce nom ; au N. de l'Archipel, le Divan possède *Tasso , Samothraki, Imbro* , Stalimène; au S. l'île de Candie ou de Crète; les capitales de ces îles portent le même nom. La principale chaîne de montagnes est celle des Balkans, qui s'étend , sous divers noms , depuis la mer Adriatique jusqu'à la mer Noire.

La Turquie d'Asie se divise en six parties : l'*Asie-Mineure,* l'*Arménie, le Kurdistan Ottoman , la Mésopotamie, la Syrie,* et les îles de Rhodes,Chio,Samos,Mételin, dans la Méditerranée ; Marmara, dans la mer de ce nom. Villes principales : Trébizonde, Scutari, Brousse, Smyrne, ville la plus riche et la plus commerçante du Levant ; Erzeroum, Bagdad, Alep, Damas , Acre , Jérusalem. Chacune des deux Turquies est divisée en gouvernements ou yalets. Le *Taurus* qui se joint au *Caucase,* le *Liban,* l'*Anti-Liban,* l'*Ararat* sont les principales montagnes.

Constantinople, ancienne Byzance, et nommée Stamboul par les Turcs, superbe position, sur le Bosphore, a de 7 à 800,000 habitants. Epaisses murailles, flanquées de vingt tours ; un des plus magnifiques ports du globe. Cette capitale a trois vastes faubourgs : Galata, quartier des négociants ; Péra, quartier des ambassadeurs ; Cassim-Pacha. Beaucoup de maisons en bois, cause de fréquents et terribles incendies. Palais, bains, bazars, 344 mosquée, dont plusieurs de divers sultans très-remarquables, aussi bien que l'ancienne église de Sainte-Sophie, construite par Justinien, monument du Bas-Empire ; célèbre château des Sept-Tours, aujourd'hui prison d'état. Les environs de Constantinople offrent un aspect enchanteur : les kiosques qui bordent au loin les deux rives du détroit, sont d'un effet délicieux pour le plaisir de la vue.

Byzance, dévastée sous Septime-Sévère, sous Gallien, se releva avec splendeur sous Constantin, qui lui donna son nom et en fit sa résidence (330). En 395, lors du partage du monde romain par les enfants de Théodose, Constantinople devint la capitale de l'empire d'Orient, et laissa bientôt derrière elle la cité des Césars, autant par sa population que par ses monuments, son commerce et ses richesses. Un tremblement de terre l'ayant renversée en 557, elle fut rebâtie plus magnifique que jamais. Les Avares, en 595, ceux-ci unis aux Perses en 625, l'assiégèrent sans succès. En 671 et 678, ce fut le tour des Arabes ; les Bulgares, en 755, et les Varaigues, en 866, vinrent ensuite : mais aucun de ces peuples ne pénétra dans la ville. Elle fut prise en 1195 par les Croisés, qui la reprirent et s'y établirent l'année suivante, sur un usurpateur qui avait chassé Alexis-le-Jeune, placé par eux sur le trône paternel. Les Croisés fondèrent ainsi l'empire latin ; mais en 1261, Michel Paléologue, empereur de Nicée, surprit la ville et y régna. Les efforts d'Orkhan, de Bajazet, d'Amurath, ne purent mettre à bout Constantinople, qui succomba enfin en 1455, devant Mahomet II, lequel en fit la capitale de l'Empire Ottoman. Les Turcs l'occupent depuis. De nombreux conciles y ont été tenus, de 581 à 869 ; Photius fut anathématisé dans cette dernière assemblée d'évêques.

Scutari. — Cette ville élégante, sur le Bosphore, dans les superbes cimetières de laquelle sont inhumés les Turcs de distinction, est sur la côte d'Asie, en face de Constantinople,

dont, à tout prendre, elle est un faubourg ; 40,000 habit. ;
résidences et mosquées remarquables.

DANUBE, MER NOIRE, MER BALTIQUE.

Le théâtre de la guerre s'étend, en Europe comme en
Asie, sur les eaux de la Baltique et de la mer Noire, et sur
les territoires voisins de ces deux mers et du Danube. La mer
Noire, au sud-est de l'Europe, n'est qu'un golfe de la Méditerranée ; elle communique avec cette mer par le détroit de
Constantinople, la mer de Marmara et les Dardanelles. Au
nord, elle se rattache à la mer d'Azof par le détroit d'Iéni-
kalé ; elle a 1,080 kilom. sur 620. Au nord et à l'ouest, elle
baigne la Russie méridionale et la Turquie, au sud et à l'est
la Turquie d'Asie et la Russie asiatique. Les eaux de cette
mer, très-peu salées, se gèlent aisément, mais à grande distance des côtes. Les tempêtes y sont fréquentes. Le Danube,
le Dniester, le Dniéper, le Don, le Kouban, etc., en sont
tributaires. La Russie n'a rien négligé pour arriver à la clôture de cette mer, c'est-à-dire à en interdire l'entrée à toute
autre nation qu'elle-même et la Turquie ; c'était le but détruit
en 1841, du traité de 1855.

En suivant le rivage du Bosphore, du côté de Scutari, on
trouve le port d'Inéboli, puis celui de Sinope, à l'embouchure de l'Achar, qui a une forteresse, 10,000 habit., deux
bassins et des chantiers de construction. Plusieurs ports moins
importants contournent la mer Noire ; mais Trébizonde, à
140 kilom. nord-est d'Erzeroum, a 20,000 habit., une citadelle, une enceinte terrassée, et un commerce important.
Son antiquité remonte à la guerre de Troie. Cette ville et sa
province formèrent une principauté, après 1204, dépendante
de Constantinople.

Le Danube, prend naissance dans le duché de Bade,
traverse la Bavière, l'Autriche, la Hongrie ; sépare ce dernier
pays ainsi que la Valachie, la Moldavie et la Bessarabie d'a-
vec la Servie et la Bulgarie, et se jette dans la mer Noire, par
cinq embouchures, près de Brablof, après un cours de 2,780
kilom. La bouche Saint-Georges, la plus méridionale des
cinq, sépare la Russie de l'Empire Ottoman.

Le Pruth sépare la Moldavie de la Russie d'Europe, naît
en Galicie, dans les Carpathes, et tombe dans le Danube près
de Galatz. Cours, 800 kilom.

Samakovo, Midhia, Sizebolis, Bourgas, Varna , Kestendji, Cara, Kherman , sont des villes sur la rive européenne de la mer Noire. Varna est à 115 kilom. de Silistrie, ville fortifiée de 22,000 habit., au confluent de la Drista et du Danube. Kilia est aussi une ville forte , sur la rive gauche du Danube, à 150 kilom. de Bender. La ville d'Akkerman , à 48 kilom. sud-ouest d'Odessa , et à 17 kilom. de la mer Noire, a des fortifications et appartient à la Russie. Après Odessa, Kherson, à l'embouchure du Dniéper , port de mer russe fortifié, avec 15,000 habit., est à 1,500 kilom. de Pétersbourg. Fondée en 1778, par Potemkin, cette ville fut d'abord importante, mais Odessa lui a porté un grand coup, ainsi que Nikolaïef, situé entre ces deux places.

—

La mer Baltique est un vaste golfe de la mer du Nord, à laquelle il est joint par les détroits le Cattégat, le Sund, le Grand-Belt et le Petit-Belt. Ses limites sont, au nord, la Bothnie, au sud le Mecklembourg et les Etats prussiens, à l'ouest la Suède, à l'est la Russie. L'Oder, la Vistule, le Niémen, la Dwina méridionale se jettent dans la mer Baltique. En 1625 et 1670, toutes les eaux, entre la Suède et le Danemark, gelèrent. Le commerce est immense sur cette mer, à cause de ses excellents ports, et des villes qui sont sur le bord ou près de l'embouchure des rivières qu'elle reçoit. Par le Sund, elle communique avec l'Océan Atlantique. Le Grand et le Petit-Belt dépendant du Danemark , l'alliance de cette dernière puissance a de l'importance , soit pour la Russie, soit pour les alliés , puisque Cronstadt est dans le golfe de Finlande, formé par la mer Baltique, et que de Cronstadt à Pétersbourg il n'y a pas sept lieues. La Finlande , autrefois à la Suède, aujourd'hui à la Russie, renferme sur le golfe, les ports d'Abo, de Borgo, de Frédériksham, de Viborg. Sur la rive opposée de l'Estonie, se trouvent les ports d'Hopsal, de Revel, de Kounda, de Narva. Viborg est à 100 kilom. de Pétersbourg, et Narva à 168 kilom. sud-est de Viborg. Vindau , Berzelzoum , Salis , Perneau , Ganel , sont sur le golfe de Livonie, au fond duquel Riga est une ville forte de 40,000 habit. Son port est très-fréquenté.

—

Les Dardanelles sont le détroit qui fait communiquer l'Archipel à la mer de Marmara, et qui conduit à Constantinople par le détroit de ce nom, aboutissant à la mer Noire. Sa largeur varie de deux à neuf kilom..; la côte occidentale appartient à l'Europe, la côte orientale à l'Asie. Des forts et des batteries défendent ces bords, si resserrés en certains endroits, que le canal y peut être traversé à la nage. Le passage des Dardanelles est considéré comme presque impossible sous le coup des 556 bouches à feu qui le défendent sur le rivage européen, et des 488 qui hérissent le rivage asiatique. Gallipoli, à 140 kilom. d'Andrinople, est située sur le canal ; cette ville a deux ports et 20,000 hab. ; c'est la première ville qui ait été possédée par les Turcs en Europe (1556).

La Roumélie, autrement dit la Valachie, la Moldavie et la Servie, sont les Principautés danubiennes envahies par le Czar. Depuis Pierre Ier, qu'elles ont noué des rapports avec la Russie, celle-ci n'a pas cessé de les convoiter. En 1829, le traité d'Andrinople les maintint sous la protection de la Russie, mais elles continuèrent de payer tribut au Sultan. On y professe la religion grecque en majorité. A l'entrée des troupes russes, Nicolas a fait fermer les églises catholiques. Le sol, généralement très-fertile, se compose de coteaux couverts de vignes, de riches plaines, de riantes vallées, d'excellents pâturages. Bucharest est la capitale de la Valachie, 100,000 habit., Jassy, celle de la Moldavie, Semendrie, celle de la Servie. Commerce actif en grains, vin, tabac, etc. Par le traité de Bucharest (1812), la Turquie céda au Czar la Bessarabie. Ce dernier acceptait le Pruth pour limite. Jassy est à 700 kilom. de Constantinople, 50,000 habit. ; incendies fréquents qui l'ont dépeuplée. Le Pruth est à 17 kilom. La population réunie de ces provinces s'élève à cinq millions d'habitants.

NOTES.

—

Forces militaires et maritimes de la Russie, de la Turquie et des Armées combinées.

La garde impériale russe est composée de la manière suivante :

Infanterie. . . . . 40,000 ⎫
Cavalerie. . . . . 15,000 ⎬ 115,000
Régiments de la jeune garde et corps des grenadiers . . . . 60,000 ⎭

Levée servant de réserve avec l'effectif de la garde 98,000
Armée disponible 486,000

Total de l'armée d'opération. 699,000
Armée locale. 515,000
Cavalerie irrégulière, Cosaques, Baschkirs, Kirghis. 150,000

Total général des cadres. 1,164,000

Ce sont là sans doute des forces prodigieuses ; mais les forteresses à garnir, l'armée du Caucase, l'éloignement des points à défendre, leur ôtent beaucoup de leur importance. La Russie n'ayant qu'un budget d'un milliard, se trouve aussi paralysée du côté des finances, pour mettre de grandes masses en campagne. On pense que ces cadres militaires ne sont pas sans exagération, sauf des levées exceptionnelles.

La réserve en entier est servie par 472 canons.
L'armée disponible, par 996 —
L'armée locale, par environ 552 —

Total, environ 1800 canons.

4 vaisseaux de ligne de 100 canons et au-dessus, 6 de 84 canons, 18 de 74 canons, 18 frégates, 5 corvettes, 12 bricks, montés par environ 50,000 hommes, composent la flotte de la Baltique. — Celle de la mer Noire réunit 5 vaisseaux de

ligne de 100 canons et au-dessus , 4 de 84 canons, 12 de 72 canons, 12 frégates, 2 corvettes , 8 bricks, montés par environ 20,000 hommes. — A cet effectif on ajoute , pour les deux mers, environ 500 bateaux à vapeur, galères, flottilles à rames, avec environ 10,000 hommes : effectif général, 80,000 hommes. On prétend que Nicolas a dépensé 800,000,000 à la construction de son escadre. — Plusieurs vaisseaux à hélice en confection n'ont pu être mis à flot, les machines commandées en Angleterre ayant été saisies.

Le fils aîné de l'Empereur a le commandement en chef de la garde impériale. Le grand-duc Constantin est grand amiral des flottes.

—

La Turquie réunit un effectif général, en Asie et en Europe, de 212,000 hommes de troupes de toutes armes. Son escadre, après la perte de Sinope , est composée de 22 bâtiments. L'Egypte peut fournir 50,000 hommes et plusieurs vaisseaux.

On estime à 80,000 hommes l'effectif des troupes françaises présentes en Orient. Les soldats anglais y sont, pense-t-on, au nombre de 40,000.

L'escadre française de la Baltique , commandée par le vice-amiral Parseval-Deschêne, est composée de 4 vaisseaux de 100 canons, 5 de 90 canons, 2 de 82 canons, 5 frégates de 50 canons, 5 de 46 canons, 1 de 40 canons, 1 de 10 canons, et 14 frégates de 4 à 16 canons.

Notre escadre de la Méditerranée qui opère dans la mer Noire comprend 5 vaisseaux de 120 canons , 2 de 100 canons, 5 de 90 canons, 1 de 82 canons, et 11 frégates de 4 à 20 canons.

Enfin, l'escadre du vice-amiral Bruat, destinée aussi à la mer Noire, mais agissant dans les eaux de la Grèce et réprimant la piraterie de l'Archipel , réunit 1 frégate de 56 canons , 1 corvette de 20 canons , 2 bricks de 18 canons , 1 brick-aviso de 10 canons, et 8 navires à vapeur de 2 à 16 canons. — En outre, 17 frégates, armées dans le port de Toulon, prêtes à prendre la mer, au premier ordre, en situation d'embarquer 12,000 hommes, ont pu partir pour Constantinople. Enfin, 14 vaisseaux de ligne entièrement neufs, dont 7 à hélice, 2 de 120 canons, 7 de 100 canons, et 5 de 90 canons, forment une escadre de réserve.

—

L'escadre anglaise, au début de la campagne , réunissait 5 vaisseaux de 120 canons, 5 de 90, 1 de 80, 1 de 70, 1 de 50, 9 de 6 à 16. Ces forces navales ont été accrues depuis, en proportion de celles de la France qui , à la même époque, étaient ainsi composées : 5 navires de 120 canons, 1 de 100, 5 de 90, 1 de 86 , 7 de 14 à 24 canons. Dans la Baltique, les forces navales anglaises , unies à celles de la France, comptent 54 vaisseaux et 50,000 marins.

SCHAMYL.

Déjà en 1750, Pierre Ier avait été défait par Chamcal, chef des peuplades du Daghestan. Depuis 1800, que la Géorgie fut soumise à l'empire moscovite, la guerre est ouverte entre les Russes et les Tchetchens , que cinquante-quatre ans de résistance n'ont pas affaiblis , malgré les moyens puissants dont les czars ont disposé contre ce pays si faible en population , en comparaison de leur adversaire. Schamyl a été fait iman en 1834 : il a aujourd'hui 57 ans. Ayant appartenu au corps des prêtres musulmans connus dans les montagnes sous le nom de Murides , il puise , dans l'espèce d'enthousiasme religieux de ces derniers, son exaltation patriotique. Ne possédant que ses chevaux et ses armes , il n'en est pas moins craint, respecté, obéi. Il a vingt fois déjoué les efforts et le talent des premiers généraux russes, vaincus ou repoussés bien plus souvent encore. De nombreuses tribus ont fini par se rapprocher des Tchetchens,et par reconnaître Schamyl pour général et souverain commun. Pouvant désormais obtenir des munitions et des armes, par nos flottes longeant la côte asiatique de l'Euxin , le général russe Woronzoff, qui s'était déjà résigné à la défensive, se trouve dans la nécessité de soutenir une agression des plus impétueuses. Depuis l'extension de son pouvoir, Schamyl a reçu une garde de mille hommes,dont la moitié le suit toujours.On connaît les progrès récents de ce chef, et sa position nouvelle sur la côte de Circassie.

ABD-UL-MEDJID.

Le Sultan, monté sur le trône en 1859 , âgé seulement de seize ans, a donc aujourd'hui trente-un ans. Le hatti-shérif de Gulhané, ou charte qu'il publia , l'année même de son avènement, est un monument de justice et de sagesse, lequel a déjà porté des fruits, et qui permet d'espérer l'abolition des excès dont la société turque a présenté jusqu'à Mahmoud de si lamentables exemples. Le hatti-shérif porte en toutes lettres la *pensée* de l'Empereur *pour le bien public* et pour le *soulagement des peuples*; pour la *parfaite sécurité de la vie, du bonheur, de la fortune de ses sujets*; pour la *quotité de l'impôt en raison de leur fortune et de leurs facultés*; pour *tout prévenu* soumis *publiquement à un jugement régulier*; pour *la garantie des propriétés* et la suppression de *tout droit de confiscation*, même vis-à-vis *des héritiers innocents* d'un criminel; ces *concessions impériales s'étendant à tous les sujets ottomans, de quelque religion ou secte qu'ils puissent être*; le même pacte fondamental menace quiconque violerait ces institutions, des peines légales, *sans qu'on ait égard au rang, à la considération et au crédit de personne*; il s'élève *contre le trafic de la faveur des charges, et a été communiqué officiellement à tous les ambassadeurs des puissances résidant à Constantinople, pour qu'ils soient témoins de l'octroi de ces institutions*. C'est là un véritable acheminement à la réalisation de cette parole de Mahmoud : « Je veux à l'avenir que, parmi mes sujets, on ne distingue le musulman qu'à la mosquée, le juif qu'à la synagogue, le chrétien qu'à l'église. » Osons dire, sans trop de témérité, que c'est aussi un pas de l'Islam vers le Catholicisme.

Un publiciste donne le portrait ci-après d'Abd-ul-Medjid :

« Sa figure, assez mince, légèrement marquée de petite vérole, ses grands yeux d'une forme un peu ronde, avec leurs regards empreints d'une certaine langueur, vous feraient penser d'abord que vous êtes en face d'un prince de taille moyenne, d'un naturel timide, d'une complexion frêle. Mais observez mieux, vous verrez des bras et des mains d'athlète, une poitrine sèche et large, où le cœur bat à l'aise, et sous un buste longuement développé, des jambes courtes, mais fortes et nerveuses; la robuste constitution de l'Ulysse antique, avec les manières d'un jeune homme de bonne éducation de nos sociétés modernes. »

A propos du Sultan, beaucoup de personnes ignorent peut-être que le patriarche de Constantinople juge souverainement toutes les affaires civiles et religieuses qui regardent les chrétiens de sa communion. Ses sentences et celles des autres évêques sont exécutoires pour l'autorité turque. Ils président à la répartition des impôts , et sont de droit membres des conseils municipaux, etc. On comprendra , par cette influence du clergé grec, toute la portée qu'aurait eue le protectorat immédiat de l'empereur Nicolas.

PRINCIPAUTÉS DU DANUBE.

En 1711 , le czar Pierre passa le Pruth, et par un traité d'alliance , garantissait aux Moldo-Valaques, la conservation de leurs lois, de leurs propriétés, de leurs usages. Ayant perdu la moitié des cent mille hommes qu'il commandait, il fut heureux de retourner dans ses frontières, au prix des supplications et des diamants de Catherine , sa femme. En 1774, sous Catherine II, outre tous les avantages que procurait à la Russie le traité du 21 juillet, l'empire du Nord se faisait accepter comme puissance protectrice de la religion grecque, obtenait la faculté *d'élever une église grecque à Constantinople, dans le faubourg de Galata* , et la libre navigation de toutes les mers de l'Empire Ottoman. En 1792 et 1812 , les priviléges sur la Moldavie et la Valachie furent confirmés par les nouveaux traités, et en 1829 , réserve a été faite qu'aucun point fortifié ne serait conservé par le Divan sur le territoire des principautés. En 1849, lorsque les Moldo-Valaques réclamaient la liberté de nommer directement leurs gouverneurs, la Russie occupa la première ce pays tant désiré , dans l'espoir de n'en plus sortir. Ainsi, c'est toujours la politique continuée de Pierre Ier. Les divers traités conclus entre la Sublime-Porte et la Russie peuvent être appréciés par ce qu'a dit un diplomate autrichien contemporain , sur la convention de 1774 : « Le traité de Kaïnardji est un modèle d'habileté de la part des diplomates russes, et un rare exemple d'imbécillité de la part des négociateurs turcs. Aux termes de ce traité, la Russie sera toujours maîtresse , quand elle le jugera à propos , d'opérer des descentes sur la mer Noire ; de sa nouvelle frontière de Kertch , elle pourra conduire , en quarante-huit heures , un corps d'armée jusque sous les murs de Constantinople. Une conjuration contre les chefs de la religion schismatique éclatera sans nul doute dans ce cas, et le Sultan n'aura plus qu'à fuir au fond de l'Asie , en abandonnant le trône de l'empire d'Orient à un possesseur plus habile. La conquête de Constantinople pourra se faire à l'improviste , et avant même que la nouvelle en soit parvenue aux autres puissances chrétiennes. C'est avec douleur que je prévois les tristes conséquences qui résulteront pour la religion catholique, dans le Levant, de la supériorité de la religion schismatique. »

L'état d'écrasement où le despotisme retient la Russie ne lui laisse que le feu d'une seule grande passion, c'est la haine de l'étranger, c'est la fureur de subjuguer l'univers. Ainsi, la littérature moscovite, pâle, décolorée, chétive, a trouvé des accents remplis de verve et de chaleur, pour exprimer ce double penchant fanatique. Qu'on en juge par la traduction suivante d'une pièce du poète Kamakoff :

LA RUSSIE.

« Sois fière, t'ont dit tes flatteurs, terre au front couronné, terre d'acier inflexible, toi qui de ton glaive as conquis la moitié du monde ! Il n'est pas de bornes à tes domaines, et le sort, esclave de tes volontés, s'empresse d'obéir à tes ordres suprêmes. Ils sont beaux les ornements de tes steppes ; la cîme de tes montagnes s'élève jusqu'au ciel, et tes lacs sont comme des mers. N'y ajoute pas foi ; ne les écoute pas ; ne sois pas fière. Qu'importe que les eaux profondes de tes rivières soient semblables aux eaux bleues de la mer , que les flancs de tes montagnes soient pleins de pierres précieuses, et que le sol de tes steppes soit fertile en moissons ? Qu'importe que devant ton éclat souverain le peuple baisse les yeux avec crainte, et que tes mers, de leur bruissement incessant, te chantent un hymne glorieux ? Qu'importe que tes foudres aient jeté de toutes parts un orage sanglant ? Ne sois pas fière de toute cette puissance , de toute cette gloire , de tout ce néant. Rome, la grande reine des sept collines, a été plus redoutable encore que toi ; Rome , cette chimère réalisée des forces de fer et d'une volonté sauvage. Il était tout-puissant le glaive qui étincelait entre les mains des Tartares , et la reine des mers occidentales était toute ensevelie dans des amas d'or ; et aujourd'hui, où est donc Rome , où sont les Mongols ? Et Albion , tremblant sur l'abîme ouvert devant elle, forge des piéges impuissants, étouffant dans sa poitrine le cri avant-coureur de sa mort. Tout esprit de présomption est infructueux ; l'or n'est pas sûr ; l'acier est fragile ; il n'y a de fort que le monde des idées saintes ; il n'y a rien de puis-

sant que la main qui prie, et ton héritage, à toi, ta mission,
le lot qui t'a été décerné par la main de Dieu, c'est de conserver pour le monde la richesse des grands sacrifices et des
œuvres pures, de conserver la sainte fraternité des nations,
le vase vivifiant de l'amour, les trésors d'une foi ardente, la
vérité, et une justice pure de sang. Tout ce qui sanctifie l'esprit est à toi ; tout ce qui fait entendre la voix des cieux, et
tout ce qui recèle en soi le germe de l'avenir. Oh ! souviens-
toi de ta haute mission ; réveille le passé en ton cœur, et interroge en lui l'esprit de la vie qui y est mystérieusement
caché. Prête l'oreille à cette voix, et, embrassant tous les
peuples dans ton amour, dis-leur le mystère de la liberté, et
verse sur eux les rayons de la foi. C'est alors qu'enveloppée
d'une gloire merveilleuse, tu t'élèveras au-dessus de tous les
fils de la terre, comme s'élève la voûte azurée du ciel, cette
demeure transparente du Très-Haut. »

Quel enthousiasme ! mais aussi quelle amère dérision ! Quel
cynisme ! quelle idole !

———

On lit dans le *Times*, du 24 mars, à propos de la correspon-
dance de la Russie et de la Grande-Bretagne :

Dès sa première conversation avec sir Hamilton Seymour,
l'Empereur lui dit : « Lorsque nous, Angleterre et Russie,
sommes d'accord, je m'inquiète peu de l'ouest de l'Europe ;
peu m'importe ce que disent ou font les autres puissances.

» Dans la conversation suivante, l'Empereur répéta ces
mots, et ajouta que si la France faisait une expédition contre
les États du Sultan, cette expédition causerait une crise et le
forcerait d'envoyer sans délai ni hésitation une armée en Turquie. Le 24 février, l'Empereur dit « qu'il se souciait peu de
» la politique de la France en Orient, mais que sa conduite
» était suspecte, qu'elle semblait vouloir nous brouiller tous
» en Orient pour mener à fin ses projets, dont l'un était sans
» doute la possession de Tunis. »

» Dans ces conversations, l'Empereur parle de la France
comme d'une puissance qui ne vaut pas la peine qu'on cherche à se la concilier, et il est évident que l'exclusion de l'influence française en Orient faisait partie de son plan. Les
puissances allemandes sont traitées avec plus de mépris encore. Il est difficile de prévoir le parti que va prendre le roi
de Prusse dans les événements qui vont avoir lieu ; mais il

ne semble pas que son impérial beau-frère ait attaché assez d'importance aux résolutions de la cour de Berlin pour en dire un mot.

» Dans le cours de ses conversations relatives non-seulement à l'Orient, mais aux rapports avec les puissances européennes, il n'est pas question un seul instant de la Prusse, même par allusion. Rien ne prouve mieux la position secondaire à laquelle cet Etat est descendu, que ce fait que l'empereur de Russie ne tient pas plus compte de ses intérêts ou de ses objections, que de ceux du Wurtemberg ou de la Bavière.

» Il n'en est pas de même de l'Autriche. Il est évident que l'empereur de Russie croyait avoir pourvu à toute velléité de résistance de ce côté. Sir Hamilton Seymour lui ayant dit : « Votre Majesté a oublié l'Autriche : toutes ces questions d'Orient la touchent de bien près ; elle doit s'attendre à être consultée », l'Empereur répondit : « Oh ! vous devez comprendre que lorsque je parle de la Russie, je parle en même temps de l'Autriche ; ce qui convient à l'une convient à l'autre. Nos intérêts, quant à la Turquie, sont complètement identiques. »

» De ces expressions et de quelques autres détails des négociations, le ministre anglais conclut que les deux cours impériales devaient s'être préalablement entendues au sujet de la Turquie ; il considère cette entente comme un fait certain, et suppose que les bases en ont été jetées dans quelquelqu'un des congrès de souverains qui ont eu lieu pendant l'automne précédent, et que les arrangements ont été terminés par le baron de Meyendorff, ambassadeur de Russie à Vienne.

» Nous n'avons pas d'autres preuves de ce fait ; mais il est certain que si un arrangement de ce genre a existé ou existe entre les deux cours impériales, il doit avoir été imposé à l'empereur François-Joseph par son formidable voisin et allié ; car il n'y a rien de moins vrai que l'identité des intérêts de l'Autriche et de la Russie relativement à la Turquie. Ces intérêts sont au contraire diamétralement opposés. L'Autriche a besoin que la navigation du Danube soit libre. Ce serait abandonner sa politique traditionnelle et ses plus chers intérêts que d'avoir la faiblesse de livrer à un protectorat russe les provinces situées sur les deux bords du fleuve, de laisser occuper temporairement Constantinople par les Russes et de consentir à un partage de la Turquie , dont l'effet immédiat serait d'exposer les états autrichiens à la vengeance de la France. Nous croyons plutôt que le Czar voulait dire que l'Autriche n'était pas en état de résister à sa volonté, car nous ne voyons rien , dans la conduite ultérieure de cette puissance, qui prouve qu'elle ait déjà abdiqué sa liberté d'action , et qu'il existe des engagements pareils à ceux que nous venons d'indiquer. Le pays pourra établir une comparaison entre la conduite de nos ministres envers l'Autriche et celle de la Russie , qui se dit sa plus proche alliée. L'Angleterre observe qu'il faut, en tout cas, consulter les intérêts de l'Autriche , et quoique nos relations avec cette puissance ne fussent nullement cordiales à cette époque , nous n'avons pas voulu un instant agir contre elle sans la consulter. L'empereur de Russie, au contraire, parle comme si les intérêts et l'existence même de l'Autriche étaient dans sa main et faisaient partie de son domaine en quelque sorte.

» Les révélations que contiennent ces documents , au moment même de la concentration des armées russes et de la mission du prince Mentschikoff , prouvent que l'empereur de Russie avait formé un projet pour subjuguer ou partager la Turquie , provoquer la France , réduire l'Autriche à la situation de vassale et la Prusse à zéro , s'il avait obtenu l'assentiment exprès ou tacite de l'Angleterre. »

TABLE.

FIN.

www.ingramcontent.com/pod-product-compliance
Lightning Source LLC
LaVergne TN
LVHW021940030726
842523LV00001B/218